R. Eppelmann · Wendewege

Inhalt

1. Wen [illegible] (10. April 1990) 1
2. Mi[illegible] Abrüstung und Verteidigung (25.April 1990) 15
3. [illegible]r Appell (26. April 1990) 25
4. Erste Begegnung mit Stoltenberg (27. April 1990) 33
5. Die erste Kommandeurstagung (2. Mai 1990) 40
6. Besuch in Leningrad (10. Mai 1990) 49
7. Die Nato als gesamteuropäisches Bündnis (16. Mai 1990) 59
8. Meine Träume und die Wirklichkeit (12. Juni 1990) 65
9. Schwerter zu Pflugscharen (18. Juni 1990) 75
10. Meine Manöverabsage (25. Juni 1990) 87
11. Wachsen braucht Zeit (10. Juli 1990) 93
12. Fremde im eigenen Haus (16. Juli 1990) 101
13. Das neue Gelöbnis (18. Juli 1990) 112
14. 20. Juli in Strausberg (20.Juli 1990) 120
15. Der Rufmord (27. August 1990) 132
16. Der Warschauer Vertrag (24. September 1990) 148
17. Nach-Denken (2. Oktober 1990) 160
18. Menschliches - Allzumenschliches (5. Oktober 1990) 168
19. Wegemarken (10. Oktober 1990) 178
20. Anstelle eines Nachworts (3. Oktober 1991) 187

Anhang 197

Stationen 199

Weggefährten 209

Dokumente: 211

Berliner Appell 213

Gemeinsame Erklärung zum 50. Jahrestag des Überfalls auf Polen 216

WamS-Artikel und Widerruf 220

Austrittsprotokoll aus dem Warschauer Vertrag 221

Rede des Ministers a.D. 224

Abbildungsnachweis 227

Organisationsschema des Ministeriums für Abrüstung und Verteidigung nach 227

1. Wendepunkte

10. Apr. 1990

Liebe Evi,

Du bist der wichtigste Mensch für mich! Seitdem ich Dich liebe und wir zusammenleben, hast Du meine Wege entscheidend beeinflußt. Es gibt Punkte in meinem Leben, an denen ich immer wieder das Gespräch mit Dir gesucht habe. Ein solcher Punkt ist nun wieder erreicht.

Du bist leider nicht mehr hier. Seit dem 11. Juni 1988 sind wir geschieden. Du wolltest es so. Ich würde gerne heute mit Dir in unserer Küche hocken, wie so oft früher, mit viel Tee und Rotwein, und in dem Bewußtsein, daß wir nun nicht mehr abgehört werden.

Ich hätte heute das Gespräch gebraucht, weil ich mich entschlossen habe, in der Regierung Lothar de Maizières das Amt des Ministers für Abrüstung und Verteidigung zu übernehmen. Nun will ich Dir wenigstens schreiben, in der Hoffnung, auf diese Weise ein Stück Vertrautheit und Nähe wiederherzustellen, um mir indirekt Deinen Rat zu holen..

Du hast mich immer auch kritisch begleitet. Es ist dabei so viel Verbindendes entstanden. Manchmal war es ärgerlich für mich, aber immer wichtig, weil es mich zum Nachdenken gebracht hat. Ich sehe auch, daß mich Deine Kritik zur Abgrenzung oder zur Umkehr gezwungen hat. Manchmal hat sie mich bestätigt oder zum Einlenken bewogen. An diese gute und wichtige Tradition möchte dieser Brief anknüpfen.

Wir haben uns Stück für Stück auseinandergelebt. Wendepunkt für unsere Beziehung war, wenn ich das richtig wahrgenommen habe, mein immer stärkeres Engagement in der Gemeinde und in der Bürgerrechtsbewegung. Nach 18 Jahren hast Du es nicht mehr ausgehalten. Deine Kraft und Dein Wille waren erschöpft. Du meintest- zurecht -, mein politischer Anspruch läßt die Familie zu kurz kommen. Für andere sei ich immer da, für die Familie nicht. Und dann bist Du ausgezogen.

Im politischen Ziel waren wir uns dennoch einig, und bei allem Trennenden haben wir uns immer in unseren Eigenarten akzeptiert, waren bereit, den Weg zusammen zu erkunden.

Dabei hast Du einige Entwicklungen nach unserer Scheidung am 11. Juni 1988 nur noch am Rande miterlebt, sie kritisch bedacht.

Ich will diesen Brief auch nutzen, Rückblick zu halten, mich mit Dir zu erinnern, unsere Werdegänge und unsere unterschiedlichen Standpunkte herausarbeiten.

Schon mein Eintreten für den "Demokratischen Aufbruch" hast Du sehr kritisch betrachtet und abgelehnt. Dir war allein der Ausdruck Partei schon suspekt. Ich meinte, wir brauchten eine Partei, um im Rahmen eines demokratischen Prozesses mitgestalten zu können. Außerdem hast Du Dich zunächst gegen jegliche Beteiligung an der Macht ausgesprochen. Ich halte diesen Standpunkt für unrealistisch und - genau betrachtet: unehrlich. Ich will ja nicht vordergründig die Macht, sondern ich will verantwortlich mitgestalten. Von außen können wir dieses Land, diese Gesellschaft und diesen Staat nicht verändern.

Ich werde Mitglied der ersten freigewählten, demokratischen Regierung, die es in der DDR gibt. Die Wahlergebnisse, die wir uns für den Demokratischen Aufbruch erhofften, haben wir nicht erhalten. Nur knapp ein Prozent aller Wähler haben dem "Demokratischen Aufbruch" (DA) die Stimme gegeben. Das war und ist für mich enttäuschend. Die Enttarnung von Wolfgang Schnur als Stasi-Mitarbeiter hat uns das "Genick gebrochen". Unser wichtigster politischer Schatz war unsere Glaubwürdigkeit; und diese hat uns Wolfgang Schnur gestohlen.

Trotz dieser Niederlage will ich die Möglichkeit nutzen, aus dieser Position heraus mitzugestalten. Ich sehe durchaus Chancen, eine Armee abzurüsten und so den europäischen Friedensprozeß zu fördern. Zudem möchte ich auch die Zwei-Plus-Vier-Verhandlungen mit beeinflussen.

Erinnerst Du Dich noch an die ersten Blues-Messen, die wir in den 70er Jahren in der Samaritergemeinde abhielten ? Ich erlebte zum ersten Mal, wie sich viele Menschen in einer Veranstaltung versammelten, die ich als Pfarrer der Samaritergemeinde zu verantworten hatte. In den anschließenden Gesprächsrunden und im Gespräch mit Freunden aus dem Osten und dem Westen habe ich versucht zu verstehen, was da passierte. Wir hatten erstmals im kirchlichen Raum Themen öffentlich aufgegriffen, die alle bedrückt haben, die alle interessierten. Wir haben auch im wörtlichen Sinn Raum gegeben, in dem öffentlich diskutiert werden konnte, für viele Menschen in der DDR zum ersten Mal in ihrem Leben. Aber es war wohl vor allem die Atmosphäre, die dieses Unternehmen beförderte. Wir haben - wie Du weißt - bewußt auf Verbote verzichtet. Wir baten, in der Kirche nicht zu rauchen; wir baten, den Alkohol wegzulassen. Wir haben uns immer - und meist gemeinsam - für mehr Demokratie, für mehr Nähe und Menschlichkeit, für Mitspracherechte, für eine offenere und menschlichere DDR stark gemacht.

Erinnerst Du Dich noch daran, wie Du gemeinsam mit Katja im Spätherbst 1981 das Gespräch zwischen Robert Havemann und mir mit einer heimlich besorgten Video-Kamera geführt und aufgezeichnet hast? Du spieltest mit dem Rücken zur Kamera die Fragende und Katja hat gefilmt. Dann wurde der Film ARD und ZDF zugespielt. Wir haben diese Begegnung zwischen Robert Havemann und mir, einem Evangelischen Pfarrer, als etwas DDR-Neues "verkauft". Es war uns etwas mulmig zumute, und wir kamen uns sehr mutig vor. Die Stasi sprach schon damals, im Herbst 1981, von der "Zange der Konterrevolution". Das habe ich aber erst später erfahren.

Damals, vor neun Jahren, haben wir Robert in dem Interview gefragt, wie er sich die Vereinigung vorstellte, wenn Amerikaner und Russen abziehen, ob er bereit wäre, die DDR für eine "Wiedervereinigung" aufzugeben.

Robert antwortete: "Nein, *das ist völlig irre."* Er sah die Wiedervereinigung als politische Möglichkeit, sagte aber damals: "*Wie wir Deutschen diese Möglichkeit verwirklichen, das ist sehr schwer vorauszusehen."* Er wünschte sich das wiedervereinigte Deutschland nicht so, wie damals die Bundesrepublik aussah, aber auch auf keinen Fall so, wie die DDR war. Er sah in beiden deutschen Staaten Eigenschaften, die ihm ganz und gar mißfielen. Es waren Eigenschaften, die sowohl die Lebensbedingungen der Menschen negativ beeinflußten, als auch einzelne Menschen behinderten. Er sah deutlich "*das völlige*

Fehlen der Freiheit des einzelnen gegenüber der Willkür des Staates. Das ist es, was ich diesem Land DDR und diesem System vorwerfe. Das ist es, was mich empört".

Er sah die DDR gegenüber der Bundesrepublik weiter vorangeschritten, weil dieses Land ein, wie er sagte "gefährliches Privileg", nämlich das Privateigentum abgeschafft habe. Und er fuhr fort, "*und es gibt eben nicht diese Clique, diese große Schicht von Mächtigen, die niemand gewählt hat und die sich jeder Kontrolle entziehen. Unsere Mächtigen entziehen sich zwar auch auf ihre Weise der Kontrolle, aber sie sind doch nicht identisch mit Privateigentümern von Produktionsmitteln.*

Das ist der Grund, warum ich dieses Deutschland für das bessere halte. Es ist historisch weiter vorangeschritten, in der Richtung auf eine sozialistische Gesellschaft, die ich mir erstrebe, für die ich mein Leben immer eingesetzt habe, die frei ist von Unternehmerwillkür. Und in der Gerechtigkeit und Demokratie besteht. Für eine solche Wiedervereinigung bin ich.

Aber ich bin auch dann für die Wiedervereinigung, wenn sie nicht so ganz nach meinen Vorstellungen verlaufen sollte. Wenn erst mal eine Art bürgerliche Demokratie mit mehreren Parteien und Wahlmöglichkeiten entsteht, dann würden sich Bürger ähnlich wie die in Weimar entwickeln. Aber selbst das würde ich in Kauf nehmen. Es würde uns irgendwie auf den Weg bringen."

Ich habe mich damals -1981 - nicht festgelegt. Ich habe gesagt, daß vor einer Wiedervereinigung eine radikale Änderung der politischen Verhältnisse in Europa und der beiden deutschen Staaten stehen müsse, "*so daß es... ungeheuer schwierig ist, jetzt hier zu sagen, wie dann eine Entwicklung in beiden Staaten laufen könnte.*" Mit diesen Gedanken - öffentlich geäußert - waren wir schon revolutionär, bzw. "konterrevolutionär" in den Augen der "staatserhaltenden Kräfte".

Heute bin ich gewähltes Mitglied der Volkskammer und ab nächster Woche bin ich Mitglied der Regierung de Maizière.

Mein Verhältnis zur DDR hat sich geändert. Es hat sich gewendet, weil der Staat völlig anders ist - eine Demokratie. Ich sage heute erstmals mit Überzeugung: Dies ist m e i n Staat! Ich fühle mich für diese

Noch-DDR verantwortlich! Das tue ich nicht, weil ich nun zu den Regierenden gehöre, sondern weil ich an diesem Staat mit gebaut habe. Ich habe an den Vorstellungen dazu auch gemeinsam mit Dir mitgewirkt.

Mit Deiner Trennung von mir vollzog sich auch eine Trennung von vielen meiner ehemaligen Freunde und Mitstreiter aus der Bürgerrechtsbewegung. Die Motive waren sicherlich andere als bei Dir, aber meine Bereitschaft, Verantwortung zu übernehmen und mich damit auch der Machtfrage zu stellen, haben viele von mir abrücken lassen. Die eine Gruppe wollte "Bewegung" bleiben, die andere, zu der auch ich gehörte, wollte eine demokratische Partei.

Wenn ich es genau betrachte, sind Anfang Oktober 1989 die Gemeinsamkeiten bereits zerbröselt. Die Gründung der Bürgerbewegung "Neues Forum" und der eilige unabgesprochene Schritt an die Öffentlichkeit stellte für mich zumindest einen ersten menschlichen Riß dar.

Wir haben am 2. November 1989 in einer Runde im Palasthotel, zu der Dietmar Herbst und der Vorsitzende des Arbeitskreises Liberalismus und Kirchen der Niedersächsischen FDP, Staatsekretär Rudolf Fischer, eingeladen hatten, die Situation noch einmal analysiert. Dabei waren: Bärbel Bohley, Christiane Ziller, die Pressesprecherin des Demokratischen Aufbruchs, Ehrhart Neubert, Vorstandsmitglied des DA und ich. An diesem 2. November wurde deutlich, daß das Neue Forum keine Partei sein wollte. Es wollte "Bewegung bleiben". Bärbel Bohley hat formuliert: "Man sollte neben die bestehenden Parteien keine neue stellen. Das Neue Forum versteht sich als Massenorganisation, als Massenbewegung und als politische Elite. Das Neue Forum ist somit durchaus auch als Parallele zur Nationalen Front der dreißiger Jahre zu verstehen. Wir wollen die Besten sammeln und Fachleute auf allen Gebieten bereitstellen. Alle gutgesonnen Kräfte aus allen Schichten und Gruppen wollen wir versammeln".

Die "Nationale Front" sei eine Gegenbewegung zum Faschismus gewesen, das "Neue Forum" sei eine Bewegung, die den offenen Dialog kanalisieren wolle, und dabei sei zu beobachten, daß die SED die Bewegung immer mehr akzeptiere.

An dieser Stelle wurde für uns alle der Unterschied zum "Demokratischen Aufbruch" als Partei deutlich. Ehrhart Neubert hat es an jenem Morgen formuliert: Der DA stellt den Führungsanspruch der SED in Frage. Das Neue Forum tut dies nicht. Der DA befürwortet eine Konfliktstrategie anstelle eines Harmoniemodells, wie ihn das NF verfolgte.

Ich habe in diesem Gespräch verdeutlicht, daß die offensive Auseinandersetzung aller politischen Gruppen und Parteien notwendiger Bestandteil der von uns angestrebten Demokratie ist und daß für uns die Trennung von Staat und Partei unabdingbar ist. Es war für mich selbstverständlich, und das hatte beim "Demokratischen Aufbruch" und allen Strategiedebatten immer wieder eine Rolle gespielt, daß die Gesellschaft die Möglichkeit haben muß, den Staat und seine Apparate zu kontrollieren. Es müssen neue Verwaltungsstrukturen und Rechtsformen aufgebaut werden, die eine solche Kontrolle auch im Rahmen eines demokratisch legitimierten Rechtssystems möglich machen. Auch das haben wir an diesem 2. November klärend herausgestellt.

Diese letzte gemeinsame Begegnung mit Bärbel Bohley hat den tiefen Graben verdeutlicht, der bereits bestand. Eine Brücke, die Dietmar bauen wollte, konnte von uns schon nicht mehr betreten werden. Es lagen vier Wochen dazwischen, die auch Wunden aufgerissen haben. Bärbels Ausspruch "Die Frage nach der Rolle der SED ist mir einfach zu klein", war für mich verletzend. Ihre Auffassung, die Kirche habe ihre spirituelle Aufgabe vernachlässigt und der Aufruf oppositioneller Pfarrer erschiene ihr absurd, deutet darauf hin, daß sie in dieses von ihr proklamierte Vakuum stoßen wollte. Folgen und zustimmen konnte ich nur ihrer Behauptung: "In Ost-Europa haben in den letzten Jahren Bewegungen Bedingungen verändert, nicht Parteien". Die Schlußfolgerungen daraus trennten uns bereits wieder.

Ich stehe auf dem Standpunkt, daß die repräsentative Demokratie nur mit demokratisch legitimierten Parteien zu verwirklichen ist und nicht durch Bewegungen. Politiker und Parteien müssen auch zur Verantwortung gezogen werden können. Hier liegt ein wesentlicher Unterschied zwischen ihr und mir.

Als am 2. und 3. Oktober 1989 im Dresdner Kessel alle verhaftet wurden, alle in Bauzen landeten, hat das "Neue Forum" um Fernsehauftritte gestritten, während Wolfgang Schnur die Verteidigung der Angeklagten übernahm. Am 2. November lief der Prozeß in Dresden bereits.

Im "Demokratischen Aufbruch" waren wir der Auffassung: Die SED läßt das "Neue Forum" im Fernsehen auftreten, weil sie keinen Gegner in den Mitgliedern dieser Gruppe sieht und weil das NF den Alleinvertretungsanspruch der SED nicht in Frage stellt.

Nach unserer Einschätzung hatten die Gespräche, die das "Neue Forum" mit Modrow und Berghofer führte, nichts gebracht. Modrow, vom NF wie von den Westmedien als "Hoffnungsträger" herausgestellt, hatte in unseren Augen bereits abgewirtschaftet. Er hielt z. B. am Alleinvertretungsanspruch der SED fest. Außerdem wollte keiner seine und Berghofers politische Vergangenheit sehen. Erst als Modrow durch harte Verhandlungen zur Zusammenarbeit am Runden Tisch gezwungen wurde und Zugeständnisse machte, war er ein zeitweilig wichtiger Partner für uns. Da gab es aber schon hart kämpfende, von der SED unabhängige Parteien und Gruppen.

Heute haben wir eine demokratisch gewählte Regierung in einem demokratischen Staat. Erfolg bei der Wahl haben wir beide nicht gehabt. Weder dem "Neuen Forum" ist der große Durchbruch gelungen, noch uns, dem "Demokratischen Aufbruch".

Ich bin auch nicht immer mit allem einverstanden, was das Volk will. Ich stehe manchmal kopfschüttelnd davor, um mich über die Geschwindigkeit, den Unmut und die Ungeduld zu wundern. Das Drängen nach den goldenen Kälbern des Westens befremdet mich. Aber dann erinnere ich mich wieder daran, was uns jahrelang vorenthalten worden ist. Ich erinnere mich daran, wie die SED uns eine Welt als schön und lebenswert verkauft hat, die sich nun als wenig erstrebenswert - ja zum Teil als lebensgefährlich - herausstellt. Und dann kann ich das Drängen und Jagen nach den Lebensverhältnissen im Westen sehr gut verstehen.

Wir Menschen in Ost und West müssen uns an so Vieles erinnern, müssen uns so manches immer wieder erzählen, um uns gegenwärtig verstehen zu können. Ohne dieses Verstehen und Zuhören, habe ich den Eindruck, können wir nicht zusammenwachsen zu einem Volk.

Wir haben uns gemeinsam bemüht, diesen Staat menschlicher und wärmer zu machen. Früher wollten wir vornehmlich die Menschenrechte und Bürgerrechte verwirklicht sehen. Das haben wir nun weitgehend erreicht. Wir haben die ersten freien Wahlen hinter uns. Wir haben noch zwei Staaten. Aber wir wollen einen Staat: einen Staat mit einem Sozialsystem, einer Währung, einem Rechtssystem. Und wir wollen ein Volk sein. Ein Volk zu sein heißt: nicht mehr zwei Wirtschaftssystemen anzugehören, die um die Gunst ihrer Staatsbürger buhlen, um des Rechthabens willen, um des Sieges einer Ideologie über die andere willen. Ein Volk zu sein heißt: die Bereitschaft der Volkshälften, aufeinander zuzugehen, einander zu erzählen, einander zuzuhören.

Wir müssen uns erinnern, um die Zukunft gestalten zu können. Wir müssen uns an das erinnern, was wir alles <u>nicht</u> hatten, wofür wir gekämpft haben, um unsere Identität zu wahren. Ich erlebe Menschen, die beim Anblick eines Trabi von Identität reden, als wäre das nicht ein Auto, von dem wir inzwischen wüßten, wie unsäglich es die Umwelt belastet, wie wenig Schutz es den Insassen im Falle eines Unfalls bietet und welche Verseuchung es noch als Schrotthaufen auf den Müllkippen darstellt.

Es erscheint mir immer weniger von dem erhaltenswert, was wir als DDR in die Einheit einbringen, außer uns selbst.

Wir haben den Spruch "*Von der Sowjetunion lernen, heißt siegen lernen*!" erstmals und mit Freude seit Mitte der 80er Jahre, seit Gorbatschow, für uns genutzt. Wir haben ihn zum ersten Mal ernst genommen. Wir schrieben den Spruch auf unsere Transparente, weil wir hofften, daß Glasnost und Perestroika für unser Volk zu verwirklichen waren.

Erinnerst Du Dich noch, daß wir seit 1982 jedes Jahr im Februar Friedenswerkstätten zum Thema "Konkret für den Frieden" durchführten? Seitdem haben wir viele Modelle entwickelt, wie wir im Alltag zwischen uns, zwischen den Völkern, zwischen den Blöcken Frieden gestalten wollten.

Irgendwann ging es dann auch darum, dies zu organisieren. Es galt, den Aufbau alternativer demokratischer Strukturen bei uns voranzutreiben und die Kontakte zu Politikern, Parteien und Bewegungen in West- und Osteuropa herzustellen. Ich habe mit vielen Besuchern darüber geredet, habe versucht zu lernen, wie das in der Bundesrepublik läuft. Ende 1988 / Anfang 1989 habe ich in einem Gespräch mit einem Präsidiumsmitglied der SPD in der Samaritergemeinde vorgeschlagen, die SPD in der DDR wieder zu gründen. Er fand das einen "sehr interessanten, bemerkenswerten Vorschlag". Er fuhr ab, um meinen Plan im Parteipräsidium vorzutragen. Er versprach, sich bald mit einem Bescheid zu melden...

Als dann im Sommer 1989 die SPD-Ost wirklich gegründet wurde, etwas verschämt als SDP, protestierte die "Baracke". Egon Bahr verkündete: "Wir vergessen nichts!" und meinte damit die alten Karteien und die Vermögensaufstellungen und die konfiszierten Verlage und Grundstücke. Da war mir auch klar, daß ohne die westdeutschen Zentralen nichts laufen würde und daß man sich noch nicht im klaren darüber war, wie stark die Regierenden in der DDR wohl noch und die politischen Oppositionellen schon waren. Darum hatte ich damals auch keine Antwort aus der "Baracke" erhalten.

Zu der Zeit - im Frühjahr 1989 - hatten wir den Demokratischen Aufbruch bereits geplant und die Gründung vorbereitet. Vorausgegangen war ein langes Ringen. Es begann nach den Kommunalwahlen am 7. Mai 1989, als wir die Wahllokale mehrerer Berliner Stadtbezirke kontrollierten. Wir haben damit die erste flächendeckende empirische Wahlanalyse erstellt. Als wir anhand der Erhebungen eindeutig nachweisen konnten, daß ein Wahlbetrug in der DDR begangen worden war, wuchs unser Selbstbewußtsein ganz erheblich.

Ich habe damals persönlich Klage gegen den SED-Staat erhoben. Konkret klagte ich gegen die für die Fälschung der Wahl in Friedrichshain Verantwortlichen. Gregor Gisy, der bereit war, mich in der Angelegenheit anwaltlich zu vertreten, obwohl er Vorsitzender der Anwaltskammer in der DDR war, wurde die Einsicht in die staatlicherseits erstellten Wahlunterlagen verweigert. Damit konnte die Beweisführung nicht eindeutig erbracht werden. In den Augen der Öffentlichkeit war dies aber ein zusätzlicher Beweis für die Schuld der SED.

Wir hatten unsere Untersuchungsergebnisse über die niedersächsische Staatskanzlei auch an die Bonner Regierung weitergeleitet. Wir haben dann eine DDR-weite Initiativgruppe "Forum" gebildet. Im September hatten wir 150000 Unterschriften und Mitstreiter gesammelt. Anfang Oktober trafen sich Vertreter aller Oppositionsgruppen, um Wahlfragen zu beraten. Am 4. Oktober 1989 wurden erste Ergebnisse skizziert. Nach Auskunft von Ehrhart Neubert, der dieses Gremium mit leitete, haben Bärbel Bohley und Reinhard Schulte Teilnehmern des Anfang Oktober gegründeten "Neuen Forum" "verboten", an den Besprechungen teilzunehmen.

Ich habe mich diesen Querelen weitgehend entzogen. Mir war die konstruktive Arbeit, die ich beeinflussen konnte, immer wichtiger als die Personaldebatten im Hintergrund. Das hat mich dann auch zeitweilig meine Stellung im Vorstand des "Demokratischen Aufbruch" gekostet. Zur Pressesprecherin wurde z.B. an meiner Stelle eine junge, unerfahrene Frau gewählt, obwohl sie bei den westlichen Journalisten, die für uns besonders wichtig waren, völlig unbekannt war und obwohl sie nicht einmal ein Telefon besaß.

In meinen Augen sind die Menschen die wichtigsten Träger aller Ideen, nicht die Medien. Die vertrauensvolle Zusammenarbeit und das Gespräch mit verläßlichen Partnerinnen und Partnern haben mich geprägt und werden mich sicherlich auch in Zukunft prägen. Deshalb, liebe Evi, bitte ich hier auch weiterhin um Deine kritische Begleitung. Hoffentlich auch wieder intensiver als in den letzten beiden Jahren.

Ich habe mit Norbert Blüm seit 1972 immer wieder gesprochen. Ich habe Ulf Fink nach Berlin geschrieben. Er hatte sich in einer Zeitung geäußert, daß er gerne mit mir als exponiertem Vertreter der Oppositionellen innerhalb der Kirche sprechen wollte. Ich habe ihm daraufhin spontan eine Karte geschrieben und ihm gesagt, daß er dieses Vergnügen haben könne. Er solle mich doch einfach mit seiner Frau besuchen. Er tat das ganz unkompliziert. So entstand ein Kontakt und daraus eine Freundschaft, die - wie Du weißt - nie abgerissen ist.

Stefan Schwarz, ein Mitglied der Jungen Union, ist immer wieder in die Samaritergemeinde gekommen. Mit ihm habe ich mich immer wieder getroffen. Offensichtlich zu oft für die damals Regierenden. Stefan wurde für Monate aus der DDR ausgesperrt.

Am intensivsten habe ich mit Mitgliedern des Arbeitskreises "Liberalismus und Kirchen" der niedersächsischen FDP zusammengearbeitet. Mit Dietmar Herbst, dem Sprecher dieser Gruppe, haben wir mehrmals in der Samaritergemeinde Seminare durchgeführt, die zu uns interessierenden Themen gut vorbereitet abliefen.

Diese Kontakte hatten für uns eine ganz andere Qualität als die zu den Grünen, auch, weil die FDP Regierungspartei in Bonn war. Außerdem kühlte die Begeisterung vieler Grüner für uns ab, weil wir Ost-Bürgerrechtler offenbar nicht so ganz den Vorstellungen der Grünen entsprachen. Die SPD verhandelte mit der SED und machte ein Streitpapier. Auch das war für uns wichtig, weil wir uns bei den Vernehmungen durch die Stasi auf den Text berufen konnten. Ansonsten hatte die große alte sozialdemokratische Partei große Scheu vor uns. Man wollte die Regierenden in der DDR offensichtlich nicht verärgern, in der Hoffnung, so eher etwas für die Menschen zu erreichen. An eine Wende und mögliche Veränderungen dachte offensichtlich niemand in der SPD.

In Dietmars Haus in Hannover fanden die ersten Pressekonferenzen mit mir und westlichen Journalisten statt. Michael Jach von der "Welt", Ekkart Spoo von der "Frankfurter Rundschau", Ivo Frenzel von der "Süddeutschen Zeitung" und der stellvertretende Pressesprecher der Niedersächsischen Landesregierung trafen sich auf dem Dachboden zum Hintergrundgespräch. Dabei verabredeten wir Zeiten, zu denen sie mich anrufen konnten, um zum Schein ihre Fragen erst dann zu stellen. Diese Gespräche konnte die Stasi mitschneiden, und wir konnten so verschleiern, daß ich anläßlich eines Verwandtenbesuchs, für den ich eine dreitägige Ausreisegenehmigung erhalten hatte, im Westen Presseinterviews gegeben habe.

Liebe Evi, ich finde, wir müssen uns an diesen schwierigen Weg immer wieder erinnern, um unseren Weg und die kleinen Fortschritte zu verstehen. Wir haben ja nicht einen Sprung gemacht von der Abhängigkeit und Unterdrückung in die Freiheit des Westens. Wir haben unsere Kämpfe, unsere Biographien. Und das jetzt Erreichte ist uns ja nicht nur in den Schoß gefallen.

Du hast neulich gefragt, warum es denn ausgerechnet diese "rechte" CDU sein müsse, der ich mich nun angeschlossen habe. Die Antwort ist ganz einfach. Die anderen haben uns im Herbst 1989 nicht gewollt. Ich war mit Rudolf Fischer, Dietmar Herbst, Irmgard Adam-Schwaetzer und Gerhard Baum im September zu einem zweistündigen Gespräch bei Genscher in Bonn. Da hatten wir bereits den Vorstand des Demokratischen Aufbruchs konzipiert. Wir hatten zur Vorsicht noch einen zweiten personell vorgeplant, weil wir davon ausgingen, daß die SED anläßlich der Gründung der Partei den Vorstand verhaften würde.

Ich wollte aber die offizielle Unterstützung, zumindest ein Signal. Ich wollte, daß Genscher mich in der Samaritergemeinde besucht, um dadurch seine Verbundenheit mit einem der Exponenten des Demokratischen Aufbruchs öffentlich darzustellen. Für mich war das auch wichtig, damit die SED mich nicht einfach verschwinden lassen konnte, falls wir uns gegen die SED als Partei etablierten.

Im August hatten uns die Freunde aus Hannover mühsam beigebracht, daß wir bereit sein müßten, politische Funktionen und Macht zu übernehmen, wenn wir in der DDR etwas ändern wollten. Diese Vorstellung hat uns viele Schwierigkeiten bereitet. Ich erinnere mich noch daran, wie wir zwischen dem 18. und 20. August 1989 um ein Feuer am Bootssteg bei Wolfgang Schnur im Garten gesessen haben und Begriffe wie "Gallionsfigur" und "ministrabel" und "Reformer" immer wieder mit der Machtfrage zusammen diskutiert haben. Ich erinnere mich noch an meine massive Abwehr.

Ich hatte in dieser Nacht für mich als Programm formuliert: Ich will nicht an die Macht. Ich verstehe mich als Träger einer Reform in der evangelisch-protestantischen Tradition. Ich will reformieren und kontrollieren. Ich will nicht Macht, sondern Mitsprache und Durchschaubarkeit.

Wir haben die Kirche als Gegenkraft gesehen. Uns ging es darum, die Blockparteien aus ihren Machtpositionen zu verdrängen. Mit meinem Mißtrauen gegen die Blockparteien stand ich nicht allein. Wir wollten damals, am 20. August, eine eigene neue Partei. Wolfgang Schnur bekannte sich im Morgengrauen zur Macht. "Ich mach's!", sagte er. Er wollte den Parteivorsitz übernehmen. Damit war eine wichtige Weiche gestellt.

Anfang September bei Genscher schien noch eine Annäherung an die FDP möglich. Damals habe ich vorsichtig die FDP als Partner für den DA ins Spiel bringen wollen. Baum und Genscher waren auch ganz wohlwollend, so schien es mir.

Im Oktober setzten sich dann bereits Mischnick und andere Vorstandsmitglieder durch, die auf die Fähigkeit der LDPD zu Reformen setzten. Mischnick hat die Weichen dann gestellt. Zudem wollte man auch wohl das milliardenschwere Parteivermögen der LDPD für die Bundespartei sichern.

Ich weiß nur, daß ich im Dezember, nach einem Wirtschaftsseminar in der Samaritergemeinde, zu dem auch Graf Lambsdorff erschien, eine Verabredung mit Genscher getroffen habe. Ich fuhr in einem Affentempo von Halle nach Berlin, um pünktlich um 16 Uhr zu dem verabredeten Treff in der Samaritergemeinde zu sein. Genscher erschien nicht. Er hat sich weder vorher noch hinterher entschuldigt, hat mir keine Nachricht zukommen lassen.

Damit war für mich eine weitere Weiche gestellt.

Wir müssen uns an all dies erinnern, weil wir uns beim Aufbau des neuen Staates unserer Geschichte immer bewußt sein müssen. Wir müssen uns erinnern, was wir an Bedrängendem, Einengendem, Kleinlichem und Unmenschlichem hinter uns gelassen haben, um das zu bauen, was wir nun gemeinsam gestalten wollen: ein neues Deutschland, abgerüstet und friedlich, mit friedensfähigen Menschen, die ihre Nachbarn im Osten und im Westen nicht mehr bedrohen, ihnen nicht einmal mehr Angst machen.

In diesem Land sollen unsere Erfahrungen auch mahnende Erinnerungen sein, diese Fehler menschenverachtenden Machtmißbrauchs, wie wir sie jahrelang unter dem stalinistisch geprägten SED-Regime beobachtet haben, nicht selbst zu wiederholen. Was war das für ein Partei-Staat, dessen Machthaber sich dauernd auf die Arbeiter und

Bauern und den Willen des ganzen Volkes beriefen und dabei das Volk unterdrückten und belogen ?! Was war das für eine Regierung, die sich stets mit gefälschten Erfolgsmeldungen feiern ließ ? Die gleichgeschalteten Medien dieses Staates vermittelten den Eindruck, daß von einer anderen DDR - vielleicht auf dem Mond oder dem Mars - berichtet wurde, aber nicht von der, in der wir selbst lebten und litten!

Wir beide beziehen zumindest einen Teil unseres gegenwärtigen Selbstbewußtseins, unserer Kraft und dem Mut zur Mit-Gestaltung aus dem Bewußtsein, an der Entlarvung dieser Verhältnisse mitgewirkt und sie mit verändert zu haben.

In der Hoffnung, daß wir wieder zueinander finden, umarme ich Dich in alter Liebe. Du warst und bleibst wichtig für mich!

Herzlichst,

Rainer

2. Minister für Abrüstung und Verteidigung

25. Apr. 1990

Liebe Ulrike,

heute morgen beim Frühstück habe ich Dir versprochen, die schuldig gebliebenen Antworten auf Deine Fragen schriftlich zu beantworten. Es war ja mal wieder eine klassische Situation: Du wolltest mit mir diskutieren, ich stand unter Zeitdruck und hatte den Kopf voller anderer Dinge. Du bist zu kurz gekommen und warst ärgerlich.

Vor drei Tagen hat mir Evi einen Brief geschrieben, mir erklärt, daß sie sich vorstellen könnte, wieder mit mir zusammenzuleben. Sie hat auch angedeutet, daß Du und Wiebke sie durch intensive Gespräche nicht unwesentlich dazu bewegt habt. Dieser Brief hat mich in den letzten Tagen immer wieder beschäftigt. Ich hatte ihn nicht erwartet und las ihn immer wieder. Er bietet außerdem so viele Möglichkeiten, auch zwischen den Zeilen zu lesen.

Es war wohl auch dieser Brief, der den Gedanken aufkommen ließ, Dir zu schreiben. Den ganzen Tag habe ich neben meinen Geschäften immer wieder an unsere unfertige Situation heute morgen gedacht. Es hat so viele dieser Art in den letzten Jahren gegeben. Ich merke immer wieder, daß kaum Zeit zum Verarbeiten und zum Festhalten ist. So habe ich mich entschlossen, Dir, nein Euch, von Zeit zu Zeit Briefe zu schreiben. Nimm also diesen Brief als Versuch, ein Defizit zu beseitigen, aber auch als Versuch, meine Gedanken, Einschätzungen, meine Unsicherheiten und meine Erkenntnisse zu formulieren, zu klären und zu ordnen.

Das Amt des Ministers, das ich jetzt übernommen habe, wird mir noch weniger Zeit für Euch lassen, als ich sie vorher hatte. Ich werde euch noch seltener sehen. Ich habe diesbezüglich einige Erfahrung in der Zeit gesammelt, als ich mehrmals am "Runden Tisch" saß und als ich sechs Wochen lang vom 5. Februar bis zum 17. März 1990 in der Regierung Modrow als Minister ohne Geschäftsbereich tätig war. Ich weiß aber auch, daß es immer mal wieder Augenblicke gibt, in denen ich mich zurückziehen kann, manchmal abends im Büro, manchmal im Flugzeug. Ich werde die Nischen finden und sie für Mitteilungen an Euch nutzen.

Ich werde in den nächsten Monaten Entscheidungen treffen müssen, für die ich im bisherigen Leben kaum Erfahrungen sammeln konnte. Ich werde für die Armee zuständig sein, für eine männliche Welt, von der ich bislang wenig weiß.

Lothar de Maizière, der erste demokratisch gewählte Regierungschef dieses Landes, den es nach 57 Jahren Diktatur (12 Jahre Faschismus im Dritten Reich und 45 Jahre SBZ und DDR) für uns in Ostdeutschland gibt, hat mich vor wenigen Tagen gebeten, dieses Amt des "Ministers für Abrüstung und Verteidigung" zu übernehmen. Ich habe zugesagt, nachdem er meinem Vorschlag gefolgt ist und das Amt nicht "Ministerium für Verteidigung", sondern "Ministerium für Abrüstung und Verteidigung" - in dieser Reihenfolge! - genannt hat.

Ich glaube, er hat mich gefragt, weil es in dieser Situation in der DDR nur wenige Menschen gibt, die glaubwürdig die Führung dieses Ministeriums übernehmen können. Wir werden uns mit der Bundesrepublik vereinigen, und dennoch werden die NATO und der WVO noch eine Weile - 2 Jahre ? -bestehen. In diesem Prozeß, in dem sich beide Blöcke wandeln müssen, in dem es darum geht, aufeinander zuzugehen anstatt weiter gegeneinander zu arbeiten, kann und darf es keinen militärischen Minister geben, der ja immer auch Oberbefehlshaber der Armee ist.

Ich habe mich immer gegen Aufrüstung und Konfrontation ausgesprochen. Ich bin als Mitunterzeichner des Berliner Appells neben Robert Havemann immer ein Aushängeschild für die Friedensbewegung in der DDR gewesen. Ich bin bei vielen Journalisten bekannt, und ich habe in den letzten zwei Jahren als einer der führenden Oppositionellen in der DDR Kontakt zu vielen Bonner Politikern gehabt. Mit diesen Pfunden will ich wuchern.

Ich bin sicher, daß in Zukunft die Probleme der Menschheit noch sehr viel weniger militärisch zu lösen sein werden, als sie das schon in der Vergangenheit waren. Im Osten ist ein ganzes System eingestürzt.

In Deutschland ist innerhalb eines Jahres die Vereinigung von Menschen von der Straße und aus den Kirchen heraus gemacht worden. So ist dieser Wandel nicht durch Machtapparate, durch Militärs oder durch politische Entscheidungen in Ost oder West in Gang gesetzt worden, sondern durch das Volk, das sich seiner Souveränität bewußt wurde.

Du hast es ja selbst miterlebt, wie die Menschen nicht mehr bereit waren, die Lügen der gleichgeschalteten Medien zu glauben und mangelnde Sach- und Fachkenntnis der vergreisten Regierung hinzunehmen, wie sie plötzlich auf die Straße gingen, im Bewußtsein ihrer eigenen Stärke.

Mit einem gewissen Stolz kann ich sagen, daß ich daran mitgewirkt habe, daß der Wandel in der DDR sich friedlich vollzogen hat. Das weiß Lothar de Maizière, weil er als Rechtsanwalt und leitendes Mitglied der Synode des Bundes der Evangelischen Kirche im offiziellen Kontakt mit den SED-Vertretern uns oppositionelle Vertreter der evangelischen Kirche oft genug verteidigen mußte. Als sehr mutig habe ich weder ihn, noch Stolpe, noch Schönherr in den letzten Jahren empfunden. Aber gerechterweise muß ich sagen, daß ihre Aufgabe eine andere war als meine und daß wir alle unserer Verantwortung nicht gerecht geworden wären, wenn wir immer alle mit einer Stimme geredet oder deckungsgleich gehandelt hätten.

Ich glaube, Lothar de Maizière hat mich auch wegen meiner Erfahrung als "Minister ohne Geschäftsbereich" gefragt. Als nach der Maueröffnung und der vorsichtigen Öffnung des SED-Regimes zur Demokratie hin der Runde Tisch eingerichtet wurde, vertrat ich dort mehrmals den "Demokratischen Aufbruch". Als Hans Modrow dem Druck des Runden Tisches schließlich im Januar 1990 nachgab, wurde ich einer der sieben oder acht "Minister ohne Geschäftsbereich", die als Nicht-SED-Mitglieder ins Kabinett aufgenommen wurden.

Schon im November und Dezember 1989 hatte ich die Bildung einer solchen "großen Regierung der innenpolitischen Verantwortung" vorgeschlagen und später gefordert. Damals wurde ich als "Modrow-Demontierer" beschimpft. Inzwischen ist deutlich geworden, daß z. B. der Betrugsversuch, die Stasi in ein "Amt für Nationale Sicherheit"

(AfNS) umzuwandeln, verhindert worden wäre, wenn man meinen Vorschlag schon im November 1989 verstanden hätte. Ich bin sicher, daß auch noch einige Akten und Vorgänge vorhanden wären, die jetzt verschwunden sind.

Wir Minister ohne Geschäftsbereich hatten keine vorgegebenen Aufgabenbereiche. Die klassischen Ressorts waren noch mit Ministern aus den alten Parteien besetzt. Dies waren Menschen, die offensichtlich bereit waren, dem Wandel zu folgen, die aber doch mit Herz, Verstand und Erfahrung noch ganz im "Gestern" verhaftet waren. Ich bin damals als Minister dieses Kabinetts zur Volkspolizei, zum Zoll und zur Nationalen Volksarmee gegangen. Ich wollte mich klug machen, inwieweit die Demokratie bei den uniformierten Kadern der SED-DDR eine Chance haben könnte. Es interessierte mich auch menschlich, wie die Stützen des alten Regimes mit der friedlichen Revolution, den Revolutionären und den neuen Werten klar kommen würden.

Bei dem Besuch der NVA im Februar habe ich offensichtlich bei den Offizieren der NVA einen positiven Eindruck hinterlassen. Gestern habe ich erfahren, daß damals unter den Obersten die Parole ging: "Den könnten wir uns als Minister vorstellen". Das wird mir ein Stück schwerer Arbeit ersparen, weil es nicht erst mühsam gilt, eine Gegnerschaft zwischen mir als Abrüstungsminister und Verteidigungsminister, der ja oberster Befehlshaber der Armee ist, und ihnen aufzubrechen. Ich habe das Gefühl, daß sie mich in der Doppelfunktion akzeptieren werden. Ich kann also sofort anfangen, Abrüstung konkret zu betreiben. Konkret heißt hier: Abrüstung bei Menschen, Material und Technik. Abrüstung vor allem aber im Denken.

Ich habe jetzt die große Chance, dieses Werk in der Regierung unseres Landes verantwortlich handelnd fortführen, das ich als Vater, Pfarrer und Bürgerrechtler verbal und demonstrierend gefordert habe. Zwölf Jahre lang habe ich als Pfarrer singend, betend, demonstrierend Frieden und Abrüstung gefordert. Jetzt bietet sich eine neue Ebene, eine Position, die auch politische Macht und Durchsetzungvermögen gewährleistet. Ich freue mich auf diese Aufgabe und über diese Chance.

Aber ich habe auch ein bißchen Angst vor der ungeheuren Aufgabe, die mich erwartet. Ich ziehe zunächst mit nur acht vertrauten Menschen in ein Ministerium von fast 5000 Mitarbeitern in Strausberg ein. Ich werde Macht haben und ich frage mich : Was wird diese Macht aus mir machen? Bin ich stark genug, den möglichen Versuchungen der Macht zu widerstehen? Werde ich dem Wunsch nach einem höheren Lebensstandard widerstehen können? Werde ich mit meinen bisherigen Freunden so umgehen können wie bisher?

Die Verbindung zu Euch, zu meiner Familie, wird eine wichtige Hilfe für mich sein. Ihr könnt mich immer wieder kontrollieren. Liebe Ulrike, auch deshalb schreibe ich Dir. Und ich bitte Dich, gib nicht auf! Stell mir immer wieder kritische Fragen! Leg mir notfalls Zettel auf den Tisch, wenn Du mich nicht erreichst!

Ich bin ungeheuer froh darüber, daß sich in den letzten Monaten bei uns so viel friedlich zum Besseren verändert hat. Es hat keine Toten gegeben, keinen Einsatz von Soldaten, Betriebskampfgruppen oder Polizei. Das war wohl nur möglich, weil wir nicht nur im Herbst 1989 immer wieder die Friedfertigkeit gepredigt haben, sondern weil wir uns auch damit durchgesetzt haben. Unsere wichtigste Losung hieß: Keine Gewalt!

Ich glaube nicht, daß die Vorgänge in der DDR umkehrbar sind. Die von uns erkämpfte Demokratie kann durch die Mitglieder des alten Regimes nicht wieder beseitigt werden. Die alten Seilschaften der Stasi sind zwar sicherlich nicht zerschlagen, aber ihr Machtzentrum besteht nicht mehr. Das Politbüro existiert nicht mehr, die Einheits-gewerkschaft und die anderen Massenorganisationen sind nur noch ein Schatten ihrer selbst. Sie werden sich nicht wieder zur alten Macht und Bedeutung entwickeln können.

Ich habe - wie wenige andere auch - in den letzten 25 Jahren darum gekämpft, diese alten unmenschlichen und undemokratischen Machtstrukturen zu überwinden. Ich habe meine Vorstellungen von einem friedlichen Staat klar und deutlich vorgetragen. Ich tat dies in Blues-Messen in meiner Gemeinde. Oder in Seminaren, die ich in der Samariter-Gemeinde veranstaltet habe. Ich tat es ebenfalls 1981 in einem offenen Brief an den damaligen Staatsratsvorsitzenden Erich Honecker, im "Berliner Appell" 1982 - *"Frieden schaffen ohne Waffen"*, in einem veröffentlichten Interview mit Robert Havemann, an dem übrigens auch Evi beteiligt war.

Das alles hat dazu geführt, daß meine Gemeindearbeit immer politischer wurde, daß ich neben meiner seelsorgerischen Tätigkeit immer mehr Zeit für politische Arbeit verwendete. Das hatte auch zur Folge, daß ich ständig von der Stasi kontrolliert wurde, daß ich mit der Kirchenleitung, mit dem Gemeindekirchenrat und mit der Landeskirche gleichermaßen in ein spannungsvolles Verhältnis geraten bin. Ich war ein Unruheherd, der unbequem war und zusätzliche Mühe und Arbeit erzeugte und anderen Angst machte.

Allerdings habe ich es als evangelischer Pfarrer auch leichter gehabt als die meisten anderen Menschen, offen zu reden.

Leider haben zu viele geschwiegen, sich angepaßt und damit ihre wenigen Möglichkeiten, die Lebensbedingungen zu ändern, ungenutzt gelassen. Keiner mußte in die Partei. Keiner mußte in den FdGB, in die Pioniere, in die FDJ oder zu den Demonstrationen am 1. Mai oder am 7. Oktober gehen! Trotzdem waren es viele viele Tausend, die mitgemacht haben, die hingegangen sind und den Verbrechern zugejubelt haben.

Besonders deutlich ist mir die Veränderung der letzten fünf Monate am Tag meiner Amtsübernahme als Minister - am 16. April 1990 - geworden, als mir mein Vorgänger, Admiral Hoffmann, das Amt in Strausberg übergab.

Über diesen Wandel will ich Dir berichten, über dieses Stück meines Weges in der Wende. Ohne diese Veränderungen wäre es nicht möglich geworden, daß ich, ein überzeugter Pazifist, ein Mitglied der Bürgerrechtsbewegung, ein Wehrdienstverweigerer, der für die Verweigerung des Gelöbnisses der Bausoldaten acht Monate im Bau saß, jetzt Oberbefehlshaber einer ganzen Armee bin. - Und das nicht auf einer exotischen Südseeinsel, sondern im Herzen Europas.

Mein Ziel ist, die Nationale Volksarmee abzurüsten. Vor einem Jahr waren es noch 170000 Soldaten und Offiziere. Jetzt sind es bereits 35000 weniger. In den nächsten zwei Jahren möchte ich diese Armee halbieren, allerdings sozial verträglich und in Absprache mit unseren

Nachbarn in Europa, mit den Nato-Ländern genauso wie mit den WVO-Ländern.

Im militärtechnischen Bereich sind die Ausgaben im Vergleich der Jahre 1989 und 1990 jetzt schon um gut 20 Prozent gekürzt. Es bestehen für mich gute Aussichten, die Ausgaben nochmals um 30 Prozent zu reduzieren. Damit werde ich - so hoffe ich - als erster Verteidigungsminister eines europäischen Landes in einem Jahr die Militätausgaben halbieren können.

Zufrieden stelle ich fest, daß sich die Abrüstung tatsächlich in Bewegung bringen läßt. Ich habe ein gutes Gefühl, und ich meine deshalb: "Wir leben in herrlichen Zeiten".

Heute sage ich den Satz Ullrich von Huttens aus dem Jahre 1526: "Es ist eine Lust zu leben" noch viel bewußter, als ich dies vor zwei oder drei Monaten getan habe. Wenn ich heute, am 25. April 1990, sage, daß ich in herrlichen Zeiten lebe, dann tue ich dies auch aufgrund der festen Überzeugung, daß wir Euch eine Welt hinterlassen können, in der es sich lohnt, zu leben. Noch vor einem halben Jahr war ich da sehr skeptisch.

Ich will versuchen, in meinem Amt das zu verwirklichen, was ich in den letzten Jahren in der Samaritergemeinde begonnen habe - immer auch in Gedanken an Euch. Ich habe den Kampf um die Durchsetzung der Menschenrechte und Freiheiten in einer friedlichen Welt erst richtig aufgenommen, als ich Vater wurde, als ich Euch und meine Verantwortung für Euch und Euer Leben bedachte.

In Europa besteht die große Chance, das Gegeneinander der Blöcke völlig abzubauen. Das würde bedeuten, daß wir in absehbarer Zeit viel Geld, Rohstoffe und menschlichen Geist für Renten, Schulen, Wohnungen, Straßen ausgeben könnten, weil wir weniger für Waffen brauchen.

Heute kam General Goldbach aus Moskau zurück, wo er an der Sitzung des "Militärwissenschaftlichen Rates des Warschauer Vertrages" teilgenommen hat. Dieses Gremium tagt reihum in den Ländern des Warschauer Vertrages. Diesmal war nach langer Zeit zum ersten Mal wieder die Sowjetunion an der Reihe. Er berichtete, Verteidigungsminister Jasow sei sehr rüde und unbeweglich gewesen. Allem

Anschein nach sei er unfähig, die alten Funktionen des Bündnisses in Frage zu stellen. Am schwersten fällt ihm wohl festzustellen, daß wir eine eigene Meinung haben und er nicht mehr der große Bestimmer ist. Er wird lernen müssen, daß er - wenn er etwas durchsetzen will -, überzeugen muß. Befehlen allein genügt nicht mehr!

Dazu kommt, daß die Sowjets weiterhin ihre Technik und ihre Lizenzen verkaufen wollen. Die Tschechen haben hingegen vorsichtig, ohne den Sowjets allzudeutlich auf die "Hühneraugen" zu treten, signalisiert, daß sie sich auch im waffentechnischen Bereich aus dem Bündnis lösen wollen. Die Ungarn haben Gleiches gesagt. Nur die Polen sind noch etwas zögerlich und fragen in dem Zusammenhang nach Grenzgarantien. Die Bulgaren verhalten sich sehr zurückhaltend. Sie haben nach Auskunft Goldbachs wirtschaftliche Schwierigkeiten zu überwinden, die mit der Umstrukturierung der sowjetischen Wirtschaft zusammenhängen. Die Bulgaren finden zur Zeit keine Abnehmer für ihre Produkte. Die Sowjetunion entzieht sich den Verträgen und nimmt die Waren nicht mehr ab.

Hier setzt Jasow den Hebel an, um das Militärbündnis am Leben zu erhalten. Er hält die anderen Mitglieder kurz und fordert sie auf, ihren Verpflichtungen nachzukommen: So wie immer! - Er ist wohl zu alt, um noch umdenken zu können. Er gehört zu den Veteranen des Großen Vaterländischen Krieges, d.h. er war im Zweiten Weltkrieg schon aktiver Offizier. Du kannst Dir vorstellen, wie alt Jasow ist.

General Goldbach ist mit dem Auftrag von mir nach Moskau gefahren, dahingehend zu verhandeln, daß die Sowjets für die Luftsicherung in unserem Raum bestimmte Waffentechnik nicht mehr liefern. Sie sollen die Triebwerke für die SS 23 zurücknehmen, die sie nach dem Ausbau der Atomsprengköpfe hier zurückgelassen haben.

Es scheint zu klappen! Wahrscheinlich brauchen wir die von der vorigen Regierung für zwei Milliarden Mark bestellten Waffen nicht mehr zu kaufen! Eventuell sind die Sowjets sogar so großzügig, von uns keine Konventionalstrafe zu fordern, wozu sie nach unserer Einschätzung durchaus berechtigt wären. Die Rücknahme der Triebwerke wäre gleichzeitig ein erster großer Erfolg im Bemühen um reale, ökologisch verantwortbare Abrüstungsschritte. Zur Zeit weiß nämlich niemand genau, wie man diese Triebwerke in einem so dicht besiedelten Gebiet wie Mitteleuropa ohne großen Schaden oder Gefährdung für Mensch und Umwelt vernichten kann. Die Russen und die Amerikaner zerstören sie durch Abbrennen in ihren Wüstenregionen. Dort ist der Abstand zur nächsten Siedlung groß, so daß die riesigen Mengen an freiwerdendem Dioxyn - das ist das Seveso-Gift, über das wir neulich sprachen - keinen - zumindest keinen sichtbaren - Schaden anrichtet.

Über die Lage in der Sowjetunion ist General Goldbach beunruhigt. Er berichtete, daß er viele öffentliche Anschläge und Pamphlete wahrgenommen habe, die sich alle gegen Gorbatschow richten. Goldbachs Eindruck ist, daß die gesellschaftliche Umwandlung in der Sowjetunion keineswegs abgeschlossen ist und daß sich das Militär, insbesondere auch Jasow, gegen Gorbatschows Glasnost und Perestroika wehren.

Andererseits habe Armeegeneral Luschew, der Oberbefehlshaber der Truppen des Warschauer Vertrages, beim Essen ganz interessante Theorien entwickelt. Eine Neutralität Gesamtdeutschlands wollen die meisten in der SU nicht, habe er gesagt. Eine Doppelmitgliedschaft in Nato und Warschauer Vertrag auch nicht. Luschew könne sich hingegen vorstellen, daß es nicht mehr einen Nordatlantikpakt gäbe, sondern einen europäischen Atlantikpakt mit französischem Oberbefehlshaber und einem amerikanischen Generalsekretär.

Ich bin sehr gespannt, welche Modelle eines militärischen Gleichgewichts wir noch diskutieren werden, ob ich mit meinen Vorstellungen von zwei deutschen Armeen - notfalls auch in einem vereinigten Deutschland - für die Zeit des Weiterbestehens von NATO und WVO so falsch liege und wie sich das alles in nächster Zukunft entwicklen wird. Ich bin gespannt darauf, in welchem sicherheitspolitischen Prozeß wir uns bewegen werden und auch, wie ich meine Rolle als erster Abrüstungsminister gestalten kann, ob ich nicht zu viele Ängste erzeuge, z.B. bei den Berufssoldaten der NVA.

Es wird, so ist mir nach diesem ersten Bericht eines von mir entsandten Generals der Nationalen Volksarmee zu einer solchen Konferenz deutlich geworden, viel Fingerspitzengefühl notwendig sein, um auch im internationalen Geschehen, insbesondere im Warschauer Vertrag, Erfolge zu erzielen und auftauchende Ängste zu beseitigen. Dazu kommt die Sorge, ob die Militärs (im Osten) überhaupt nachvollziehen und verstehen können, warum und mit welchen Beweggründen ein evangelischer Pfarrer ein "Verteidigungs"-Ministerium führt. Werden die Christen verstehen können, daß ein Pfarrer Befehlshaber einer Armee ist? Noch weiß ich selbst nicht, wie sich das alles wirkungsvoll und glaubwürdig gestalten läßt.

Mut macht in diesem Zusammenhang ein weiterer Punkt aus dem Bericht General Goldbachs: Armee-General Schabanow hat bei der Sitzung des Militärwissenschaftlichen Rates die Abrüstung und die Entmilitarisierung der Gesellschaft befürwortet. Er schlägt vor, deutlich weniger Truppen zu unterhalten, aber gleichzeitig modernere Waffen anzuschaffen und die Ausbildung der restlichen Soldaten zu verbessern. Das entspricht dem, was ich zur Zeit auch bei der Bundeswehr spüre, was auch die Franzosen ganz offen betreiben und was auch die Amerikaner nach meinen Informationen anstreben.

Wenn sich immer mehr Menschen nach dem Sinn von Armeen fragen und mich viele bedrängen, weil ich die Auflösung der NVA nicht sofort vollständig vollziehe, dann kann das doch nur ein Zeichen dafür sein, daß der Endpunkt des Abrüstungsprozesses noch nicht erreicht ist. Wenn die Menschen im Westen erst einmal begreifen, daß die Armeen im Osten nicht mehr in der alten Stärke und nicht mehr als Gegner vorhanden sind, müßten sie sich doch dagegen wehren, daß ihre Regierungen die Waffensysteme weiterhin modernisieren und die Verteidigungsetats erhöhen - und umgekehrt.

Sei gegrüßt, liebe älteste Tochter,
von Deinem Rainer

3. Berliner Appell

26. Apr.1990

Liebe Wiebke,

Heute morgen, als ich Ulrike den Brief von gestern abend gab, habe ich Deine Erwartung sehr wohl gespürt, auch einen Brief zu bekommen. Du mußtest so schnell weg, zur Theresien-Schule, wir hatten gar keine Zeit, weiter miteinander zu reden.

Ich habe gerade durch eine Terminverschiebung ein bißchen Zeit "gewonnen". So kann ich in diesem Brief an Dich meine Gedanken gleich ein bißchen ordnen. Es geht alles so rasend schnell, daß ich es auch wichtig finde, hin und wieder etwas festzuhalten.

Heute habe ich vor der Volkskammer unter anderem die Beibehaltung der Wehrpflicht für die DDR begründet. Natürlich merkte ich, wie mich ein großer Teil meiner alten Freunde entgeistert anstarrte. Sie verstehen nicht, so hatte ich den Eindruck, daß die Situation in der DDR eine völlig andere ist als in der Zeit der SED-Herrschaft. Damals hätte ich mich auch für die sofortige radikale Abschaffung der Armee eingesetzt, die auch bei mir als Unterdrückungs- und Machterhaltungsinstrument der Parteiendiktatur galt. Heute habe ich mich aber für den Erhalt der Volksarmee und der Wehrpflicht bei Gleichwertigkeit von Zivildienst und Wehrdienst ausgesprochen. Ich habe verdeutlicht, daß eine totale Abrüstung zur Zeit nicht möglich ist. Eine Entmilitarisierung würde einen deutschen Sonderweg darstellen, der Angst bei unseren europäischen Nachbarn erzeugen würde. Ich möchte "Bürger in Uniform" wie in der Bundesrepublik.

Die Angriffe der früheren politischen Mitstreiter heute, habe ich ja nicht zum ersten Mal gespürt. Bis vor kurzem haben wir gemeinsam gegen die SED und gegen die Stasi gekämpft und unter den Mitläufern gelitten. Da war ich auf ihrer Seite. Wir haben Ansätze zur Bildung einer Demokratie geschaffen, weitgehend aus eigener Kraft.

Was nun folgt, wird mühsame, jahrelange Arbeit bedeuten. Wir werden die alten Strukturen und Denkgewohnheiten auflösen und umformen. Das werden wir kalkulierbar und ruhig auch mit dem dazugehörigen militärischen Apparat tun, ohne die Gefahr eines Rückfalls zu provozieren. Bisher hat alles immer die Parteizentrale geregelt. Es wird wohl lange dauern, bis die Menschen verstehen, daß es diese Zentrale nun nicht mehr gibt und daß die Bürger selbst auf ganz andere Weise gefragt und gefordert sind.

In der Vorbereitung auf meine heutige Rede habe ich noch einmal im Berliner Appell gelesen, den ich im Februar 1982 zusammen mit Robert Havemann herausgegeben habe und damals der Presse vorstellte. Bei aller Anbindung an Militärisches, das mein neues Amt mit sich bringt, fühle ich mich immer noch der Idee und der Vorstellung einer Welt ohne Armee verpflichtet. Die Prophezeiung des Jesaja: "Schwerter zu Pflugscharen" ist mir immer noch eine wichtige und tragende Vision. Aber ich weiß heute noch genauer als gestern, daß dieser Weg sehr lang und kompliziert sein wird.

Als Ihr neulich in der Jungen Gemeinde in Samariter über die Friedensdekade gesprochen habt, hast Du mich schon einmal nach dem "Berliner Appell" gefragt. Jetzt habe ich Dir den Text herausgesucht.

Robert Havemann und ich hatten dem Appell den programmatischen Spruch aus der Bergpredigt vorangestellt: "Selig sind die Sanftmütigen, denn sie werden das Erdreich besitzen". Uns beiden war deutlich, daß die Bewegung friedlich bleiben mußte. Wir durften unsere Sanftmütigkeit nicht verlieren. Ohne diese Friedfertigkeit wäre die Revolution in der DDR nie geglückt, dessen bin ich mir sicher. Der "Berliner Appell" hat mir all das eingebracht, was ich gestern Ulrike in dem Brief geschrieben habe. Sie wird ihn Dir sicherlich zum Lesen geben. Der Appell hat aber auch den Grundstock dafür gelegt, daß ich nun Minister für Abrüstung und Verteidigung bin. Ich fühle mich an die Aussagen unseres Appells auch heute noch gebunden.

Heute kann ich - zumindest für die DDR - das durchsetzen, was ich mir immer gewünscht habe: Martin und Niels und Justus, Deine Brüder, sollen sich frei und ohne Angst und Sorge entscheiden können, ob sie zur Armee gehen oder ob sie Zivildienst leisten wollen. Es darf keinerlei Nachteile mit sich bringen, wenn sie sich für den Ersatzdienst entscheiden. Es wird sie nicht den Studienplatz kosten, wie das in der Vergangenheit der Fall war. Es wird auch sonst keine Zwangsmaßnahmen zur Änderung ihrer Meinung nach sich ziehen. Daß das so bleibt, dafür will ich mich einsetzen. Ich will dafür sorgen, daß die Wehrdienstzeit weiter verkürzt wird, daß Wehrdienst und Zivildienst gleichberechtig nebeneinanderstehen.

An meiner Grunderkenntnis, die wir in diesem "Berliner Appell" formuliert hatten, hat sich nichts geändert.

Ich weiß, daß bereits unter Modrow und Admiral Hoffmann eine Militärreform begonnen wurde. Wir haben am Runden Tisch darüber beraten. Es sind viele Ideen der Friedensbewegung mit in diese, auch von langgedienten Offizieren initiierte, Militärreform eingeflossen.

Nach vielen Auskünften und Briefen, die ich in den letzten Wochen erhielt, herrschen in der Truppe teilweise chaotische Zustände, und von einer Demokratisierung kann wohl bisher kaum die Rede sein. Alles, was ich jetzt versuche, kann nur m i t den Offizieren und Soldaten und nicht gegen sie durchgesetzt werden. Ich muß so viele von ihnen wie möglich für die demokratische Umgestaltung gewinnen. Ich hoffe, daß ich viele finden werde, die mich bei meinem Bemühen unterstützen, tatkräftig ein Fundament für eine demokratische Armee in einem freiheitlichen Staat zu schaffen. Dabei macht mir Mut, daß ich schon viele positive Zuschriften erhalten habe.

Zur Schaffung einer demokratischen Armee gehört für mich, die alltäglichen Sorgen der Soldaten kennenzulernen. Ich werde den Unteroffizieren und Offizieren, die mit der Wende bereits ihren "Umgangston" geändert haben, Sicherheit und Unterstützung vermitteln müssen. Es geht nicht mehr um unbedingten Gehorsam, sondern bei aller militärischer Disziplin auch um demokratische Mitsprache und Verantwortung jedes einzelnen.

Ich bin sicher, daß mich unser Regierungschef, Lothar de Maizière, unterstützt. Ich weiß, daß auch er inhaltlich hinter dem steht, was wir da 1982 geschrieben haben. Ich füge den Berliner Appell hier ein, damit er nicht vergessen wird, nicht von Dir und nicht von mir. Dieser Appell ist für mich ein Teil meines Gelöbnisses, meines Eides in der Volkskammer, meiner Verpflichtung, unserem Volk zu dienen, seinen Nutzen und sein Wohl zu mehren.

BERLINER APPELL

Frieden schaffen ohne Waffen

1. Es kann in Europa nur noch einen Krieg geben, den Atomkrieg. Die in Ost und West angehäuften Waffen werden uns nicht schützen, sondern vernichten. Wir werden alle längst gestorben sein, wenn die Soldaten in den Panzern und Raketenbasen und die Generäle und Politiker in den Schutzbunkern, auf deren Schutz sie vertrauen, noch leben und fortfahren zu vernichten, was noch übrig geblieben ist.

2. Darum: Wenn wir leben wollen, fort mit den Waffen! Und als erstes: Fort mit den Atomwaffen! Ganz Europa muß atomwaffenfreie Zone werden. Wir schlagen vor: Verhandlungen zwischen den Regierungen der beiden deutschen Staaten über die Entfernung aller Atomwaffen aus Deutschland.

3. Das geteilte Deutschland ist zur Aufmarschbasis der beiden großen Atommächte geworden. Wir schlagen vor, diese lebensgefährliche Konfrontation zu beenden. Die Siegermächte des 2. Weltkrieges müssen endlich die Friedensvertäge mit den beiden deutschen Staaten schließen, wie es im Potsdamer Abkommen von 1945 beschlossen worden ist. Danach sollten die ehemaligen Alliierten ihre Besatzungstruppen aus Deutschland abziehen und Garantien über die Nichteinmischung in die inneren Angelegenheiten der beiden deutschen Staaten vereinbaren.

4. Wir schlagen vor, in einer Atmosphäre der Toleranz und der Anerkennung des Rechts auf freie Meinnungsäußerung die große Aussprache über die Fragen des Friedens zu führen und jede spontane Bekundung des Friedenswillens in der Öffentlichkeit zu billigen und zu fördern.

Wir wenden uns an die Öffentlichkeit und an unsere Regierung, über die folgenden Fragen zu beraten und zu entscheiden:

a) Sollten wir nicht auf Produktion, Verkauf und Einfuhr von sogenanntem Kriegsspielzeug verzichten?

b) Sollten wir nicht anstelle des Wehrkundeunterrichts an unseren Schulen einen Unterricht über Fragen des Friedens einführen?

c) Sollten wir nicht anstelle des jetzigen Wehrersatzdienstes für Kriegsdienstverweigerer auch einen sozialen Friedensdienst zulassen?

d) Sollten wir nicht auf alle Demonstrationen militärischer Machtmittel in der Öffentlichkeit verzichten und unsere staatlichen Feiern stattdessen dazu benutzen, den Friedenswillen des Volkes kundzutun?

e) Sollten wir nicht auf die Übungen zur sogenannten Zivilverteidigung verzichten? Da es im Atomkrieg keine Möglichkeiten einer sinnvollen Zivilverteidigung gibt, wird durch diese Übungen nur der Atomkrieg verharmlost. Ist das nicht womöglich eine Art psychologischer Kriegsvorbereitung?

5. Frieden schaffen ohne Waffen - das bedeutet nicht nur: Sicherheit zu schaffen für unser eigenes Überleben. Es bedeutet auch das Ende der sinnlosen Verschwendung von Arbeitskraft und Reichtum unseres Volkes für die Produktion von Kriegswerkzeug und die Ausrüstung riesiger Armeen junger Menschen, die dadurch der produktiven Arbeit entzogen werden. Sollten wir nicht lieber den Hungernden in aller Welt helfen, statt fortzufahren, unseren Tod vorzubereiten?

Soweit der Text vom Februar 1982. Ich glaube, wir sind besonders in den letzten Wochen einige Schritte auf dem Weg zur Verwirklichung dieser Forderungen weitergegangen.

Dank der Unterstützung Gorbatschows hat sich der Weg, auf dem wir die Wende zusammen mit den Bürgerrechtlern in Osteuropa gestalten wollten, von einigen Steinen und Schlaglöchern befreien lassen. Die Sowjets haben auf Betreiben von Gorbatschow auf Interventionen in den Ländern Osteuropas verzichtet, als diese sich zu demokratisieren begannen.

Inzwischen sind Ungarn, Polen, die CSFR und die DDR zu demokratischen Ländern geworden. Bei allen diesen Ländern deutet sich an, daß "Dissidenten", das sind Vertreter der Friedensgruppen und Menschenrechtsgruppen, in den Regierungen Verantwortung übernehmen. Das kann nur bedeuten, daß wir uns auf eine grundlegende Änderung in Ost-Europa vorzubereiten haben. Es gibt seit dem November letzten Jahres in Europa keine Feinde mehr für die Bürger der DDR. Damit entfällt natürlich auch das Feindbild für die Armee und alle Haßerziehung für die Soldaten.

Wir haben bei unserem Regierungsantritt beschlossen, der Bundesrepublik Deutschland nach Artikel 23 des Grundgesetzes beizutreten. Dies war eine Aussage in unserem Wahlprogramm, und wir glauben, daß uns die Wähler am 18. März 1990 dazu beauftragt haben. Lothar de Maizière hat in seiner Regierungserklärung gesagt, daß dieser Beitritt so schnell wie möglich und so gut wie möglich vollzogen werden soll. Die Vereinigung müsse zum Wohle Europas sein und dürfe die Sowjetunion nicht aus Europa ausschließen.

Ich bin fest davon überzeugt, daß der "Warschauer Vertrag" sich sehr schnell ändern wird, weil die DDR austreten wird und weil die Polen, Ungarn und Tschechen im Westen keinen Feind mehr sehen. Auch die NATO muß sich dann ändern. Die Abrüstung wird zumindest in Europa nicht mehr aufzuhalten sein.

Für mich ist es eine lockende Aufgabe, an dieser wichtigen Stelle in entscheidender Funktion als Minister mitwirken zu können. Abrüstung wird nicht nur bei der Armee und bei der Rüstungsindustrie eine Rolle spielen. Abrüstung wird in den Köpfen stattfinden müssen, vor allem in den Köpfen und Herzen. Wir werden Frieden schaffen müssen in einer völlig neuen Weise: "Schwerter zu Pflugscharen" und "Soldaten zu Bauern". Nur eines ist klar: aus Soldaten Bauern zu machen ist langwieriger und schwieriger, als Schwerter umzuschmieden.

Ich werde das Amt ausführen, weil ich diese deutsche Armee so schnell wie möglich zu einer Armee umbilden will, die nur noch verteidigen kann und alle Möglichkeiten zum Angriff verliert. Ich will mit radikalen Abrüstungsschritten, zusammen mit den osteuropäischen Ländern und Regierungen, ein Signal setzten. Ich will die Gunst der Stunde nutzen, damit wir in den "Zwei-Plus-Vier-Verhandlungen" so viel wie möglich Vertrauen bilden und Frieden fördern können. Ich will weiter am Bau einer friedlicheren Welt mitwirken.

Das alles geht nur in Abstimmung und in der Gemeinsamkeit mit den anderen europäischen Ländern. Deutsche Alleingänge hat es in diesem Jahrhundert schon zu viele gegeben. Meistens sind sie unseren Nachbarn gar nicht gut bekommen. Wir tun darum gut daran, gewichtige Entscheidungen mit unseren Freunden und Nachbarn abzustimmen.

Ich weiß, daß unsere friedliche Revolution nicht ohne das Umdenken in der Sowjetunion möglich war, so wie die Änderung der Zustände nicht ohne die Öffnung der ungarischen Grenze am 11. September letzten Jahres möglich wurde. Deshalb sehe ich auch eine meiner Aufgaben darin, die Sowjetunion als Partner mit in dieses Europa einzubinden. Die Vereinigung Deutschlands und das Zusammenwachsen von West- und Osteuropa darf nicht zum Versailles für die Sowjetunion werden. Ich meine damit, liebe Wiebke, wenn die Sowjetunion im Einigungsprozeß draußen bleibt, haben wir den Boden dafür bereitet, daß die Menschen in der Sowjetunion heute oder morgen diesen Einigungsprozeß korrigieren wollen. Daran kann uns nicht gelegen sein, denn dies würde Spannungen, Krisen, Auseinandersetzungen und Kriege hervorrufen. Wir haben die Aufgabe, heute dafür zu sorgen, daß morgen Friede in Europa sein kann.

Es muß gelingen, den Westdeutschen und den Westeuropäern klarzumachen, daß wir in den deutschen und in den europäischen Einigungsprozeß unsere osteuropäischen Nachbarn mitbringen. Die Angst vor einem vereinigten Deutschland, einem ökonomischen Riesen, der stärksten Exportmacht der Welt, muß insbesondere der Sowjetunion und den anderen osteuropäischen Völkern genommen werden. Es darf kein Lippenbekenntnis bleiben, daß von deutschem Boden nie wieder ein Krieg ausgehen darf.

Ich sehe Chancen, daß sich die Sowjetunion darauf einläßt, in den nächsten Jahren das Gebiet der DDR zu verlassen. Für diesen Zeitraum werden wir wohl noch - wenn NATO und Warschauer Vertrag weiterhin existieren - eine eigenständige Armee haben, die sich immer mehr der Struktur einer freiheitlich-demokratischen Armee mit Bürgern in Uniform und demokratischen Verhaltensweisen annähern wird.

Um auch daran mitzuarbeiten, habe ich das Amt des Ministers für Abrüstung und Verteidigung der Deutschen Demokratischen Republik übernommen. Ich tat dies auch in der Verpflichtung, auf dem im "Berliner Appell" dargestellten Weg weiter fortzuschreiten..

Für heute sei gegrüßt von

Deinem Rainer

4. Erste Begegnung mit Stoltenberg

27. April 1990

Lieber Martin!

Dies wird der erste Brief an Dich. Ich schreibe Dir am Ende eines für mich denkwürdigen Tages. Er stellt wieder einmal ein historisches Ereignis dar, an denen wir Deutschen gegenwärtig so reich sind. Ich schreibe in einem Militärflugzeug in rund 10 000 Meter Höhe über Deutschland.

Heute hat die erste Begegnung zwischen dem Verteidigungsminister der Bundesrepublik Deutschland, dem Oberbefehlshaber der Bundeswehr, und dem Minister für Abrüstung und Verteidigung der DDR, dem Oberbefehlshaber der Nationalen Volksarmee, stattgefunden. Die Bundeswehr ist neben den Streitkräften der USA sicherlich die am modernsten und schlagkräftigsten ausgerüstete Armee der Nato. Die NVA ist neben den Streitkräften der Sowjetunion sicherlich die am modernsten und schlagkräftigsten ausgerüstete Armee des Warschauer Vertrages.

Die für diese Armeen und die Landesverteidigung zuständigen Minister zweier deutscher souveräner Staaten, zweier demokratisch gewählter Regierungen trafen sich zum ersten Mal in der deutschen Geschichte. Bisher haben sich beide Armeen als Gegner oder gar Feinde gegenübergestanden, haben ständig Krieg gegeneinander geübt. Heute haben wir uns als zukünftige Verbündete und Sich-Vereinigende getroffen. Was mag dies für ein Gefühl für die Offiziere, die militärischen Berater und die vielen tausend Soldaten gewesen sein. Ich war ja all die Jahre an diesen "Kriegsspielen", die so viel tödlichen Ernst enthielten, nicht beteiligt. Aber Generale wie Hoffmann, Graetz, Schuster, Naumann, Schönbohm, Schweinsteiger, die jahrelang die gegenseitige Vernichtung planten und übten, haben ihre Dossiers sicherlich gegenseitig genau studiert. Sie saßen sich heute zum ersten Mal von Angesicht zu Angesicht gegenüber, haben sich die Hand gegeben.

Es erfüllt mich mit Stolz und Freude, wenn ich daran denke, daß dieser Flug eine Premiere und ein erster Beitrag zur Abrüstung und zur Einführung einer Normalität ist, die es fast vierzig Jahre lang nicht gegeben hat. Nun fliegen wir zurück, durch den Luftraum der NATO in einer TU 134, einem sowjetischen Flugzeug. Unser Chef-Pilot hat uns gerade berichtet, daß wir in Köln-Wahn am Flugplatz eine Konventionalstrafe entrichten mußten, weil unsere Maschine zu laut ist. Im Westen haben sie offensichtlich mit Rücksicht auf die Bevölkerung alle Flugzeugmotoren so gedämpft, daß der Lärm sehr viel geringer ist als der, den unsere Maschine erzeugt. Auch das erscheint mir als ein Beispiel für das Versagen des sozialistischen Systems, das sich aufgemacht hatte, eine viel menschlichere Welt zu schaffen als das angeblich zerstörerische kapitalistische System.

Ach Martin, jeden Tag begegne ich wieder einer Tatsache, die die Verlogenheit und die Täuschung offenbart, mit der wir alle jahrelang übers Ohr gehauen worden sind. Ich muß bei aller kritischen Grundhaltung, die ich im Laufe der Jahre entwickelt habe, sagen, daß ich ebenfalls zu den Getäuschten gehöre. Ich lerne seit einem halben Jahr jeden Tag neu, was alles kaputt, krank, menschenverachtend und restlos veraltet war und ist!

Aber laß mich einiges zu dieser ersten Begegnung mit Gerhard Stoltenberg und seinen Begleitern sagen. Es war ein erstes Abtasten, freundlich, aber ohne große Wärme. Gerhard Stoltenberg ist kein Mensch, der sofort auf andere zugeht. Er wirkte auf mich wirklich wie der "lange Kühle aus dem Norden", mit ziemlich unbeweglichen Gesichtszügen. Er war höflich und leicht reserviert, aber zugleich Chef der Crew, mit der er da im "Holyday Inn" in Köln am Flughafen angereist war.

Es war ein Tag der parlamentarischen Staatssekretäre. Um das Primat der Politik über das Militär zu demonstrieren, eröffneten Bertram Wiezcorek und Willy Wimmer die Gesprächsrunde, während Stoltenberg und ich in einem Vier-Augen-Gespräch die Probleme erörterten.

Wir haben in diesem Gespräch unsere Positionen als Vertreter eines Bündnisses erläutert, als Vertreter, die zwei Staaten, zwei Volksteile, aber letztendlich eben auch zwei ehemals verfeindete Armeen zusammenführen wollen. Wir wissen aber noch nicht genau, wie man so etwas tut, weil es dafür keine Vorbilder gibt.

Wir waren uns in der Beurteilung der Lage einig, daß wir behutsam und äußerst vorsichtig mit unseren Verbündeten, insbesondere mit den Sowjets, umgehen müssen. Deshalb habe ich ihn auch gebeten, den Berater, den er mir dankenswerterweise zur Verfügung gestellt hatte, abzulösen. Der Ministerialdirigent Krüger-Sprengel hatte uns sehr geholfen, die Strukturen eines Ministeriums aufzubauen und zu verstehen. Außerdem hat er uns mit technischen Geräten, die bei der Bundeswehr nicht mehr gebraucht wurden, versorgt.

Ministerialdirigent Krüger-Sprengel hatte aber auch für Irritationen gesorgt. Er hat auf allen Ebenen mit hohen Militärs Gespräche geführt, die Generale dabei häufig in einem Ton und einer militärischen Art zum Report gebeten, der von diesen Menschen als von oben herab empfunden wurde. Außerdem berichtete er offensichtlich auf Wunsch regelmäßig über die Ergebnisse seiner Gespräche Direkt an die Hardthöhe. Das mußte den Offizieren, die jahrelang auf Geheimhaltung insbesondere gegenüber dem Westen und der NATO getrimmt waren, befremdlich erscheinen. Mich hat es verwundert und enttäuscht. Es ist davon auszugehen, daß wir von den Sowjets sehr genau beobachtet und eventuell auch noch abgehört werden. Noch sind wir ihre Verbündeten in einem Militärpakt. Sie müssen uns für unzuverlässig halten, wenn sie merken, daß der Oberbefehlshaber einer noch verbündeten Streitmacht einen offiziellen Beobachter des Bundesverteidigungsministeriums aus Bonn im Haus hat.

Für Dietmar Herbst, den Leiter meines Beraterstabes, der im kirchlichen Bereich der westdeutschen Friedensbewegung mitgearbeitet hatte, war heute im Verhandlungsraum kein Platz reserviert. Ein solcher Mensch überforderte offensichtlich das Protokoll der Hardthöhe. Als ihm dann ein Stuhl an den Tisch gestellt wurde, setzte man ihn auf die Seite der bundesrepublikanischen Delegation. Dietmar aber nahm demonstrativ seinen Stuhl und setzte sich zu uns, auf die Seite der DDR.

Ich habe in dieser Gesprächsrunde zu verdeutlichen versucht, daß der sicherheitspolitische Bereich und der militärische Bereich im deutschen Einigungsprozeß der komplizierteste sein wird und die meisten "Nüsse" zum Knacken aufgeben wird. Deshalb warb ich um Verständnis, Geduld, Vertrauen und Kompromißbereitschaft, warb für einen intensiven Gedankenaustausch über Abrüstung. Ich habe aber auch in dieser Runde verdeutlicht, daß es keinen Bereich unseres Lebens gibt, der nicht einer grundlegenden Veränderung bedarf.

Dabei war zu erklären , daß sich innerhalb der DDR eine grundlegende Wende vollzogen hat. Es war zu verdeutlichen, daß diese nicht mehr rückgängig zu machen ist. Die beschlossene Vereinigung muß sich nun in Etappen vollziehen, kalkulierbar, berechenbar und in Absprache mit unseren Nachbarn in Osteuropa und in Westeuropa.

In der Einschätzung der gesamteuropäischen sicherheitspolitischen Situation haben wir viele Gemeinsamkeiten feststellen können. Es wurde aber auch deutlich, daß es keinerlei Bewegung in einer Frage der weiteren vorübergehenden NATO-Mitgliedschaft der Bundesrepublik gibt. Diese steht nach Äußerungen der westdeutschen Delegation nicht zur Disposition. Ob sich damit die Sowjets abfinden werden und uns unter dieser Bedingung aus dem Warschauer Vertrag rauslassen werden, erscheint mir aus heutiger Sicht fraglich. Zumindest wurde aber deutlich, daß man den NATO-Bereich an der Elbe enden lassen will, d.h. daß auf dem Territorium der DDR keine NATO-Einheiten stationiert werden sollen.

Meine Anregung, uns zwei Verteidigungsminister mit in die "2+4 Verhandlungen" einzubinden, wurde von Gerhard Stoltenberg nur sehr zögerlich zur Kenntnis genommen. Der Staatssekretär Pfahls warnte davor, die "2+4 Verhandlungen" durch die Frage der Truppenverminderung zu belasten, während Stoltenberg zögerlich zustimmte. Am Nachmittag verdeutlichte uns Gerhard Baum dann in einem längeren Gespräch, daß Genscher und Meckel sich offensichtlich, der Tradition der Bundesrepublik folgend, im Ressort der Außenminister alle Abrüstungsfragen vorbehalten hätten. Stoltenberg sieht also offensichtlich keine Chance, in die zäh verteidigte Domäne Genschers einzudringen.

Es scheint auf der Hardthöhe keine Bereitschaft vorhanden, sich verbindliche KSZE-Strukturen anstelle der NATO-Strukturen in Europa vozustellen.

Staatsekretär Wimmer hob mehrfach hervor, daß er die Aufrüstung immer befürwortet habe, weil sie den Frieden in Europa stabilisiert habe. Aber auch er sieht die Notwendigkeit der Absprache mit den europäischen Partnern, deren Sicherheitsinteressen immer mit berücksichtigt werden müssen.

General Naumann, der Chef-Stratege der Bundeswehr, forderte vor allem das Umlernen der Sowjets. Nicht die NATO müsse sich bewegen, sondern die Sowjetunion, weil sie als Großmacht kein Bündnis brauche, um die eigenen Sicherheitsinteressen zu schützen. Die Sowjetunion habe Europa immer als Instrument angesehen, um ihre Stellung als Weltmacht zu festigen und auszubauen. Dieses Denken müsse sie aufgeben. Abrüstung könne nur nach dem Prinzip von Helsinki vonstattengehen. Das bedeutet, daß jeder Verminderung der Truppen im Westen auch eine Verminderung der Truppen im Osten folgen muß.

Naumann fordert harte, faire und um Gleichmäßigkeit und Ausgewogenheit ringende Verhandlungen zwischen NATO und WVO. Für ihn steht fest: Die Sowjetunion ist eine globale Nuklearmacht. Sie ist eine maritime Macht, die die Weltmeere mit beherrschen kann, und sie hat aus verteidigungspolitischen Erwägungen keinen Bedarf an unzuverlässigen Bündnispartnern im Westen der Sowjetunion.

Es war für mich bereichernd, eine solche Darstellung unserer noch verbündeten Sowjetunion aus bundesdeutscher General-Sicht zu erhalten. Überhaupt hat der heutige Tag mir die widersprüchliche Situation ganz deutlich vor Augen geführt, in der wir uns befinden. Auf der einen Seite wollen wir zu unseren Verträgen stehen und uns als verläßlichen Partner darstellen, um die Nachbarn nicht zu verunsichern. Gleichzeitig wollen wir mit der Bundesrepublik Deutschland zusammenwachsen und vertrauensvoll darüber nachdenken, wie wir zwei Armeen vereinigen und eine gemeinsame Verteidigungspolitk gestalten können. Das paßt im Grunde hinten und vorne nicht.

Dennoch werden wir es versuchen. Wir werden in Zukunft in aller Offenheit Informationen über Grundsätze der Inneren Führung und über Berufsförderungsmaßnahmen für Soldaten und Offiziere austauschen. Wir werden gemeinsam Abrüstung und Rüstungskontrolle, einschließlich der Vernichtung von Wehrmaterial, planen und durchführen. Wir werden alle Rechtsfragen, die die Soldaten in einer demokratischen Armee betreffen, einander angleichen. Und wir werden Maßnahmen der Flugsicherheit und Flugsicherung gemeinsam angehen.

Was mich enttäuscht hat, ist die Unbeweglichkeit der bundesrepublikanischen Vertreter bei der Frage des Wehrdienstes und des Zivildienstes. Alle betonten, daß es nach dem Verfassungsgerichtsurteil keine Abweichung von einer allgemeinen Wehrpflicht geben könne. Eine Gleichwertigkeit für Wehrdienst und Ersatzdienst könne man sich aus diesem Grund nicht vorstellen, und unsere Dienstpflichtverordnung sei mit der Verfassung der Bundesrepublik nicht in Einklang zu bringen. Da wurde mit einer Härte diskutiert, die mir wenig Hoffnung ließ. Aber ich werde an dieser Stelle weiter um Mehrheiten ringen. Sollte ich heute keinen Erfolg haben, versuchen wir es morgen wieder.

Die Bildung von deutsch-polnischen Brigaden, die ich ja an mehreren Stellen als völkerverbindendes Signal einrichten möchte, sind allerdings mit großer Ablehnung bedacht worden. Stoltenberg sieht sie als äußerst problematisch an, weil Polen in der WVO bleiben wird, während Deutschland zusammenwächst. General Naumann erläuterte die Geschichte der "Deutsch-Französischen Brigaden", und danach kann ich an diese Tradition wohl nicht anknüpfen. Ich werde trotzdem dabei bleiben, weil ich meine, wir müssen den Polen die Angst vor einem vereinigten Deutschland nehmen und sie zugleich auch von der Angst befreien, sie würden in Europa isoliert und blieben außen vor.

Alles in allem war das ein Tag, der die riesige Aufgabe, der ich mich gestellt habe, wie einen Berg vor mir aufgetürmt hat. Einen Löffel, um mir wie im Schlaraffenland einen Weg durch diesen Berg hindurchzuessen, habe ich noch nicht.

Aber wer mir vor einem halben Jahr gesagt hätte, daß ich heute als gleichberechtigter Verhandlungspartner dem Verteidigungsminister der Bundesrepublik gegenübersäße, um über die NVA und das europäische Sicherheitssystem zu verhandeln, den hätte ich für ziemlich verrückt gehalten.

Manche Berge wandeln sich. Ich hoffe es geht weiter so friedlich vonstatten, wie bisher.

Lieber Martin, gleich landen wir.

Sei gegrüßt von

Deinem Rainer

5. Erste Botschaft an die Kommandeure

2. Mai 1990

Liebe Ulrike,

Du hast mich gestern mit Deinem Telefonanruf zu einem ungünstigen Zeitpunkt erwischt. Ich hätte Dir gerne ausführlicher geantwortet. Trotzdem habe ich gespürt, daß Du mich verstanden hast, als ich Dir sagte, daß ich heute meinen für mich bisher wichtigsten Auftritt vor den Kommandeuren habe.

Ich habe ein wenig Ruhe und Zeit herausgewirtschaftet, habe mich gegen meine mich immer zu Recht mit dicken Postmappen bedrängenden Oberste Melzer und Roth durchgesetzt, um mich einen Augenblick zu sammeln. Ich muß die Führer dieser Armee heute auf meine Seite bringen!

Die Armee war bis zu meinem Amtsantritt in einem desolaten Zustand. Es gab bis zu 34 Fahnenfluchten pro Tag. Jeder, der keine Lust mehr hatte, bei der NVA seinen Dienst zu schieben, brauchte nur die deutsch-deutsche Grenze zu passieren und wurde als politischer Flüchtling, der dem militaristischen Regime der DDR entkommen will, anerkannt. Es ist mir auch nicht gelungen, in unserer ersten Begegnung mit Stoltenberg eine befriedigende Lösung zu erreichen. In der Bundesrepublik ist es politisch offensichtlich noch nicht durchzusetzen, flüchtige Bürger in die DDR zurückzuschicken, obwohl die DDR inzwischen ein demokratischer Staat ist.

Wie soll ich bei solchen Zuständen eine Armee befehligen, die allein von Stasi und Kampfgruppen 340 000 Tonnen Waffen und Munition zu sichern hat? Sollte sich herumsprechen, daß die NVA keine disziplinierte Armee mehr ist, dann würden die Waffendiebstähle beginnen.

Mein oberstes Ziel am heutigen Tag ist es also, die Kommandeure zu motivieren, die Soldaten neu zu führen. Sie müssen ihnen ein Ziel geben und ihnen den Sinn der Armee verdeutlichen können. Die Armee darf nicht zerfallen, damit nicht ein unkalkulierbarer, höchst brisanter

Zustand in unserem Land entsteht. Ein solcher Zustand könnte leicht einen Flächenbrand auslösen.

Ich muß um Vertrauen für mich werben, denn für die Militärs ist die Lage genauso unerprobt wie für mich. Sie haben bisher an der Spitze immer einen General gehabt, der wie sie dachte und wie sie ausgebildet war. Jetzt haben sie einen ehemaligen Maurer, evangelischen Pfarrer, Bausoldaten an ihrer Spitze, der das Gelöbnis verweigerte und dafür acht Monate in den Militär-Knast ging, weil er keinen absoluten Gehorsam geloben wollte.

Dennoch werden wir in Zukunft aufeinander angewiesen sein. Wir können uns nur gemeinsam dieser ungeheuren Aufgabe widmen: eine aggressive Angriffsarmee unter totalitärem Regime in eine defensive Verteidigungsarmee zum Schutze eines demokratisch regierten Territoriums umzuformen. Gegeneinander geht das nicht.

Die meisten Soldaten müssen zudem in der Armee eine Zukunftsperspektive sehen. Sie müssen wissen, daß ich mich als ihr oberster Dienstherr für sie verantwortlich fühle, daß ich mich um sie kümmere.

Das werde ich heute diesen vierhundert Kommandeuren vermitteln müssen.

Vor drei Wochen habe ich dieses Ministerium für Nationale Verteidigung in meiner Funktion als zukünftiger Minister zum ersten Mal betreten. Wir waren zu viert: Ich, der zukünftige Minister für Abrüstung und Verteidigung, mein zukünftiger Staatssekretär, Werner Ablaß, vorher Leiter eines evangelischen Altenheims, Dietmar Herbst, der zukünftige Leiter meines Beraterstabes, Germanist, Philosoph und evangelischer Religionslehrer in Niedersachsen, und Ministerialdirigent Krüger-Sprengel, den das Bundesministerium für Verteidigung zur Verfügung gestellt hatte, um mir beim Aufbau eines zivilen Ministeriums zu helfen.

Ich war guten Mutes, weil ich bei einem Besuch der NVA im Februar, wie mir berichtet wurde, bei den Offizieren einen guten Eindruck hinterlassen hatte. Damals hatten einige Offiziere aus der Umgebung des Ministers Theodor Hoffmann mir gegenüber bereits geäußert, daß sie sich als Abrüstungsoffiziere fühlten. Sie wußten bereits im Februar, daß der Abrüstungsprozeß fortschreiten würde. Sie wußten auch, daß der Demokratisierungsprozeß, der sich in der DDR und damit auch in der Armee abgespielt hatte, nicht mehr umzukehren war.

Das war auch ein Grund, weshalb ich mich so schnell bereiterklärt hatte, dieses Ministerium zu übernehmen. Ich hoffte, diesen Prozeß fortzuführen. Die Bangigkeit blieb aber am 10. April dennoch. Vierzig Jahre lang hatte dieses Ministerium bestanden. Es war in meinen Augen der Inbegriff des militärischen Denkens und der Machterhaltung des SED-Regimes gewesen. Ich hatte als Bausoldat und als Pfarrer durch meine Reden und durch politische Aktivitäten dieses von mir als unmenschlich empfundene Regime umzuwandeln versucht.

Für mich war damals die "Nationale Volksarmee" eine staatliche Einrichtung, die ich grundsätzlich überflüssig machen und abschaffen wollte. Sie war für mich ein Instrument zur Unterdrückung des Volkes und zur Verhinderung der Durchsetzung der Menschenrechte in der DDR. Jetzt ist diese Armee Bestandteil eines demokratischen Staates. Die Offiziere und Soldaten sind Bürger in Uniform. Sie müssen die neuen Spielregeln erlernen und unterstützen. Jeder, der sich dem Neuerungsprozeß entgegenstellt, der sich nicht anpassen will an die neue Situation, muß aus seiner Position entfernt werden.

Aber in erster Linie geht es jetzt darum, alle Soldaten und Offiziere bei der Stange zu halten, den Dienst in gewohnter Ordnung und Disziplin weiterzuführen und so dem Gemeinwohl zu dienen.

Bei allem Wohlwollen, das mir entgegengebracht wird, muß ich mich dennoch hüten, zum Spielball alter oder neuer Kliquen zu werden, mich nicht von einigen wenigen manipulieren zu lassen. Mir ist klar, daß die Offiziere genauso unsicher sind, ihre Rolle zu verlieren, wie ich unsicher bin, meine Rolle richtig auszufüllen.

Heute vor drei Wochen habe ich ein Vier-Augen-Gespräch mit dem letzten Minister für Nationale Verteidigung der DDR, Theodor Hoffmann geführt. Ich wollte ihn gerne als ersten Militär an der Spitze dieser Armee erhalten. Er hatte offensichtlich das Vertrauen vieler Männer der NVA. Er wurde nach meinen Informationen, die ich eingeholt hatte, von der Mehrheit der Offiziere akzeptiert. Er war jemand, der das Ministerium in einer schwierigen Situation geleitet und politischen

Mut bewiesen hatte. Außerdem hatte er begonnen, das Ministerium und die Armee umzubauen.

Er war zu meiner großen Genugtuung bereit, seine Arbeit in nachgeordneter Position, unter meiner politischen Leitung, weiter zu tun. Zudem stellte sich in diesem Gespräch heraus, daß wir uns nicht unsympathisch waren und bei allen unterschiedlichen Lebenswegen und Werdegängen uns würden achten können. Ich fühlte meine pazifistische Grundhaltung ernstgenommen und fand seinen Werdegang zum Oberbefehlshaber der NVA bermerkenswert geradlinig und sauber. Mir war deutlich, was es für ihn bedeuten mußte, jetzt plötzlich aus einer so hohen Position herauszugehen. Wir waren drei militärisch unerfahrene Zivilisten, die auf einen militärisch strukturierten Apparat eine zivile Spitze setzen würden. Das mußte kneifen.

Es hat in den drei letzten Wochen viele Situationen gegeben, in denen ich umlernen mußte, in denen ich mir mehr Sachverstand und mehr Durchblick gewünscht hätte, und vor allem mehr Zeit.

Heute muß ich mich in zwei Stunden vor die Kommandeure stellen, um ihnen meine Vorstellungen von Politik darzulegen. Ich will sie für mich und unsere neue Demokratie gewinnen. Ich will mich darum bemühen, daß sie mich akzeptieren, mir vertrauen und mich unterstützen und nicht gegen mich und vor allem gegen unsere neue DDR mit der Regierung de Maizière arbeiten.

Es geht aber eigentlich um viel mehr. Das Mehr, um das es mir heute geht, ist die Ruhigstellung einer Armee im Herzen Europas, an deren Körper operative Eingriffe durchgeführt werden. Bisher ist der gesamte Demokratisierungsprozeß in der DDR und in Osteuropa friedlich verlaufen. Welche Verhaltensweisen aber Wundschmerzen hervorrufen, wissen wir alle zur Zeit nicht so genau.

Wir haben in dieser Umstrukturierungsphase keine chinesischen oder rumänischen Zustände gehabt. Was wäre denn, wenn wir heute oder morgen Unruhe in der Armee hätten, wenn plötzlich Gruppierungen in der DDR wieder zurück in Machtpositionen wollten? Was wäre, wenn sie vor der neuen Volkskammer mit Panzern demonstrieren würden? Es gibt immer mal wieder warnende Stimmen, die auf die alten

Seilschaften hinweisen, die es noch gibt, auf die Stasi-Mitarbeiter, die noch auf ihren alten Posten sitzen.

Ich habe mich entschlossen, den Angehörigen der NVA eine Chance zur Umkehr in die gemeinsame Zukunft zu geben. Ich will sie einbinden in unseren Wandlungsprozeß, in einen demokratischen Rechtsstaat. Ich will, daß der Wandel zur Demokratie friedlich verläuft und daß die Menschenwürde und die Freiheitsrechte als oberste Werte durchgesetzt und akzeptiert werden. Ob man Menschlichkeit und Nächstenliebe als Verhaltensweisen, denen ich mich verpflichtet fühle, allgemein akzeptiert, muß sich erst noch erweisen.

Heute gehe ich jedenfalls einen schweren Gang. Diese Soldaten, vor denen ich stehen werde, 400 Offiziere, die nichts anderes gelernt haben als ihr Soldatenhandwerk, die aber Menschenführer sind, müssen mich - und sich - als lernfähige Menschen akzeptieren. Sie wissen, daß ich bisher Pfarrer war, daß meine Kenntnis von militärischen Dingen begrenzt ist. Trotzdem sollen sie das Maß an allgemeiner Sachkompetenz, das ich mir angeeignet habe, spüren.

Ich habe andere Kommandeurtagungsreden gelesen. Ich werde darauf verzichten, das, was zur Umstrukturierung der Armee und zur Änderung der Bewaffnung gesagt werden muß, selber zu sagen. Das soll Admiral Hoffmann tun; der kann das besser und bestimmt überzeugender als ich.

Ich will mich den Soldaten vorstellen, damit sie wissen, wen sie als Vorgesetzten haben. Ich werde über die protestantischen Tugenden reden, denen ich mich verpflichtet fühle, über die Verpflichtung zur Wahrheit, Wahrhaftigkeit und Gerechtigkeit und zur Nächstenliebe, aber auch über den Widerstand gegen Unmenschlichkeit und Unterdrückung. Die ehemals Regierenden in der DDR haben mich und meine Freunde deshalb den Oppositionellen oder gar Staatsfeinden zugeordnet. Die Offiziere sollen erfahren, daß ich am zentralen Runden Tisch mitgearbeitet habe; sie müssen wissen, daß ich die Reihenfolge: erst "Abrüstung" und dann "Verteidigung" als Programm verstehe. Ich werde ihnen sagen: "*Wir werden unsere Aufgaben nur dann richtig verstehen und mit der nötigen Umsicht lösen können, wenn wir sie im Kontext mit dem gesamten Regierungsprogramm sehen. Deshalb be-*

trachte ich die Regierungserklärung von Ministerpräsident Lothar de Maizière als die allgemeine politische Orientierung für Ihre, für unser aller Arbeit."

Ich werde ihnen deutlich machen, aus welchem politischen Gesamtverständnis ich mein Regierungsamt wahrnehme. Ich werde ihnen sagen:

1. Dies ist die erste, von einer demokratisch gewählten Volkskammer gebildete Regierung der Deutschen Demokratischen Republik. Sie, meine Herren, wissen um die Volksbewegung, um die demokratischen Kräfte hier im Land und in benachbarten Ländern, die die Wende im Herbst 1989 ermöglicht und die friedliche Revolution vollzogen haben. Dem Geist dieser Volksbewegung, ihren freiheitlichen, rechtsstaatlichen Idealen fühlt sich diese Regierung verpflichtet.

2. Die Regierung wird alles daransetzen, um die in unserem Land inzwischen eingekehrten Verhältnisse des politischen Pluralismus, der parlamentarischen Demokratie und der Rechtstaatlichkeit zu festigen. Sie will dabei respektieren und zu nutzen suchen, was hier an Formen, auch außerparlamentarischer demokratischer Mitbestimmung und Mitwirkung, organisch gewachsen ist.

3. Die Regierung will der schnellstmöglichen Durchsetzung sozial abgesicherter, ökologisch verträglicher und marktwirtschaftlicher Verhältnisse den Weg bahnen und die zentralistisch, vielfach willkürlich gelenkte staatliche Kommandowirtschaft so schnell wie möglich abbauen.

4. Die Regierung wird gemäß dem Mehrheitswillen unserer Bevölkerung auf die zügige Vereinigung beider deutscher Staaten hinwirken und in den Verhandlungen mit der Regierung der Bundesrepublik Deutschland wie auch in den Verhandlungen mit den anderen europäischen Staaten darauf hinwirken, daß die Interessen der Bürger unseres Landes nicht weniger als die Interessen aller betroffenen Länder gewahrt werden.

5. Die Regierung will nachdrücklich darauf hinwirken, daß der deutsche Einigungsprozeß im Einklang mit dem gesamteuropäischen Einigungsprozeß vonstatten geht.

Ich hoffe, daß es mir gelingt, den Kommandeuren sachlich und begründet meine Sicht der Weltsituation darzustellen, auf der eine militärpolitische Konzeption für unser Land zu fußen hat.

Auch Du hast mich gestern am Telefon gefragt, ob es denn überhaupt noch eine solch starke Armee geben muß, ob diese Art der Waffen noch erhalten bleiben muß. Ich habe geantwortet, daß dies nur im gesamteuropäischen Rahmen zu verändern ist.

Ich habe mit Freunden und vielen Menschen, die mich in den letzten Jahren in der Samaritergemeinde und zu Hause besucht haben, über die sicherheitspolitische Lage in Europa diskutiert. Wir beschreiten heute gemeinsam einen neuen Weg! Ich glaube, daß ein erheblicher Teil der Offiziere und Generäle, der Unteroffiziere und Soldaten mit mir übereinstimmen wird, daß die Entwicklung in Osteuropa und in der DDR die Überwindung des Ost-West-Konfliktes möglich macht.

Dieser Konflikt war die Grundlage der beiden militärischen Blöcke, der am höchsten gerüsteten Militärbündnisse in der Weltgeschichte, deren Gegeneinander die Welt nach meiner Ansicht immer unsicherer gemacht hat. Ich hoffe, ich kann ihnen meine Sichtweise von der Geschichte vermitteln, wonach die Versöhnungspolitik der Regierung Brandt und die vertrauensbildenden Maßnahmen der Außenpolitik Hans-Dietrich Genschers Grundlagen zur Aussöhnung und zur Völkerverständigung gelegt haben.

Diese Korrektur der bisherigen DDR-Propaganda erscheint mir wichtig. Ich werde den Kommandeuren sagen:

"Es besteht keine akute Kriegsgefahr. Die Einsicht, daß Krieg in Europa nicht mehr verantwortet werden kann und nicht gewinnbar ist, wird von allen Mächten, die hier militärisch präsent sind, einhellig geteilt.

Wir verstehen die Angst der europäischen Nachbarn vor einem erstarkenden Deutschland und wir verstehen das Bestreben, sich gegen eine überstarke militärische Macht in der Kernzone Europas zu sichern.

Aber dem entspricht auch das Bestreben, den europäischen Vereinigungsprozeß voranzutreiben, die Blockkonfrontation endgültig zu überwinden und anstelle der in den Jahren des Kalten Krieges ent-

standenen Sicherheitsstrukturen allmählich neuartige gesamteuropäische Institutionen zu entwickeln.

Die Vereinigung der beiden deutschen Staaten, insoweit sie bedachtsam und verantwortungsbewußt betrieben wird, widerspricht dem nicht. Sie kann sich eher förderlich auswirken. Damit haben sich die Aussichten auf neue Abkommen zur Abrüstung, zur militärischen Vertrauens- und Sicherheitsbildung im Gefolge der Verhandlungen in WIEN und GENF durchaus verbessert, wenn auch die Frühjahrssessionen dort noch zu keinen greifbaren Ergebnissen führten.

Insgesamt erlaubt die sicherheitspolitische Lagebeurteilung den Schluß:

Es ist notwendig und gerechtfertigt, in unserer militärischen Sicherheitspolitik der Abrüstung, der militärischen Vertrauensbildung weiterhin Priorität zu geben.

Grenzüberwindende Politik ist menschlicher als es grenzüberschreitende Aktionen sind. Diesem Denken müssen wir uns verpflichtet fühlen. Dennoch wird die DDR, solange sie noch als selbständiger Staat fortbesteht, im Interesse ihrer äußeren Sicherheit ihre Volksarmee in angemessenem Umfang und streng defensiv strukturiert aufrechterhalten müssen. Es wird auch nach der Vereinigung auf DDR-Territorium eine zweite deutsche Armee geben, die, in kein Militärbündnis integriert, hier eigene, territoriale Sicherungsfunktionen ausüben wird und dementsprechend strukturiert, ausgerüstet und ausgebildet werden muß.

Aber das wichtigste wird wohl sein, diesen Offizieren zu verdeutlichen, daß ich die Abrüstung so gestalten will, daß für mich immer die Menschen im Mittelpunkt bleiben. So wie man im Westen in der sozialen Marktwirtschaft keinen größeren Betrieb auflöst, ohne vorher einen Sozialplan für die Arbeiter zu erstellen, so will ich in der mir anvertrauten Armee dafür sorgen, daß alle diejenigen, die jetzt aufgrund der Abrüstungsvereinbarungen in Wien oder aufgrund der Vereinigung des Deutschen Volkes entlassen werden müssen, nicht einfach auf die Straße gesetzt werden.

Es ist meine feste Überzeugung, daß es in diesem europäischen Einigungsprozeß einen Modellfall für die Abrüstung geben muß, der den hochgerüsteten Blöcken vor Augen führt, daß ein militarisiertes Volk, eine vom militaristischen Denken durchsetzte Gesellschaft sich friedlich, menschlich, christlich entmilitarisieren kann.

Wenn es gelingt, die Mannschaftsstärke einer der hochgerüstetsten Armeen im Herzen Europas, vor der sich ein anderer Teil der Welt so gefürchtet hat, daß er seine Hochrüstung dauernd mit ihrer Existenz begründete, so zu reduzieren, wie ich mir das vorstelle - vielleicht auf 100 000 Mann - dann könnte dies zu einem Beispiel für die Abrüstung anderer Armeen werden.

Ich möchte den Kommandeuren ein Stück von dieser Vision vermitteln, sie dazu gewinnen, mitzuhelfen, diesen Weg gemeinsam mit mir zu planen, zu bauen und zu begehen.

Ich hoffe, daß mir dies gelingt. Drück mir die Daumen und denk an mich,

Dein Rainer

6. Besuch in Leningrad

10. Mai 1990

Liebe Wiebke,

ich bin bewegt und voller Bilder von diesem Tag.

Heute hätte ich Dich gerne dabeigehabt. Du hättest sicherlich viel von dem verstanden, was mich bewegt, und ich hätte gerne miterlebt, wie Du dieses riesige Gräberfeld hier in Leningrad erlebtest, über das ich geschritten bin, um einen Kranz niederzulegen. Ich hätte gerne von Dir erfahren, wie Du Dich fühltest in der Stadtkommandantur zwischen all den alten Kriegsveteranen, die mitgekämpft haben um ihre Stadt Leningrad. Es ist eine Stadt, in der um jedes Haus gekämpft wurde, in deren Museen die Bilddokumente hängen, die zeigen, wie die Familien litten und starben.

Mich hat das Bild von den Tagebucheintragungen eines kleinen Mädchens angerührt, das den langsamen Tod der gesamten achtköpfigen Familie nach und nach auf einem Zettel notiert; immer wieder Tagebucheintragungen in krakeliger Schrift. Jeden Tag eine Eintragung darüber, daß ein Geschwisterteil verhungert ist. Ich habe immer Dich, liebe Wiebke, hinter diesen Eintragungen gesehen, Dich, meine jüngste Tochter. Ich habe das Bedürfnis gespürt, Dir etwas von meiner Scham zu vermitteln. Zugleich spürte ich beim Betrachten der Dokumente die Verpflichtung, mit dafür zu sorgen, daß so etwas wie hier in Leningrad nie wieder - wenigstens nie wieder in deutschem Namen - passieren kann.

Mit dem Wort Abrüstungsminister konnten die Russen nicht viel anfangen. Für sie war ich Verteidigungsminister, was im Denken der sowjetischen Militärs bis zum Mai 1990 immer nur ein Armee-General sein konnte. Ich war also schon deshalb etwas Außergewöhnliches, weil ich, genauso wie in den westlichen Demokratien, ein Zivilist war.

Unser Dolmetscher hat mir erklärt, daß es im Russischen gar kein Wort für Abrüstung gibt. Er mußte meine, von mir als Programm verstandene Benennung mit "Entwaffnungsminister" übersetzen. Dieser eventuell als Anspruch verstandene Titel eines DDR-Deutschen mußte für große Verwirrung sorgen.

Ich wollte mit aller mir zur Verfügung stehenden Offenheit und Ehrlichkeit vorgehen, um die Sowjets von meinen friedlichen Absichten zu überzeugen, denn nach meiner Erfahrung kann nur der Vertrauen erwerben, der offen und ehrlich ist.

Die Gastgeber hatte ich darum gebeten, daß ich nicht nur Moskau, sondern auch Leningrad besuchen durfte, wenn ich als offizieller Gast zu den Feierlichkeiten in die Sowjetunion geladen werde. Ich wünschte dies, weil ich durch meinen Besuch und meine Anteilnahme ein Stück deutscher Schuld dieser Stadt und ihren Menschen gegenüber abtragen wollte.

Armeegeneral Luschew, Oberbefehlshaber der Truppen des Warschauer Vertrages, hatte spontan gesagt, daß er mich begleiten wollte. Es war etwas Besonderes, daß er das selber angeboten hatte.

Heute ist er mit mir über diesen Friedhof gegangen, auf dem 200 000 Menschen begraben liegen, ein riesiges Feld von Massengräbern. General Luschew erzählte mir bei dem Gang über das Gräberfeld, wie er in dieser von den deutschen Truppen eingeschlossenen Stadt gekämpft hat, wie er verwundet worden ist, wie er hier einen Sohn verloren hat.

Die Deutschen hatten sich vorgenommen, diese Stadt dem Erdboden gleichzumachen. Sie wollten die Bevölkerung verhungern lassen, alle Menschen ausrotten, den Widerstand brechen. Neben mir, dem Deutschen, ging nun dieser Pjotr Luschew, für den Leningrad zum Symbol des Widerstands geworden ist.

Die Bevölkerung dieser Stadt kapitulierte nicht. Kein Feind konnte über sie triumphieren, eher wollten sie alles verlieren.

Was aufopfernde Hingabe im wahrsten Sinne des Wortes heißt, habe ich hier erfahren, fast körperlich gespürt. Es hat mich besonders angerührt, daß dieser Mensch Pjotr Luschew mich nicht als Feind angesehen hat. Er hatte es sich im Angedenken an den Widerstand gegen die Deutschen zur Lebensaufgabe gemacht, dafür zu sorgen, daß seinem Land nie wieder ein vergleichbarer Schaden zugefügt werden kann. Deshalb war er Soldat geworden. Ich hätte es ihm nicht verübeln können, wenn er in mir als Deutschem einen Feind gesehen hätte. Daß er neben mir ging, mich am Schluß des Tages bat, sich von mir "auf russisch" verabschieden zu dürfen, hat mich tief bewegt. Ich habe freudig zugestimmt. Er nahm mich in den Arm und gab mir den Bruderkuß. Er hat mich als Mensch, als Freund angenommen.

Ich schreibe Dir dies, weil ich nicht weiß, was Dir Deine Lehrer im Geschichtsunterricht beibringen werden. Was werden sie Dir sagen über die Taten der Deutschen in der Vergangenheit? Was werden sie Dir erzählen über den Opferwillen der russischen Bevölkerung, über das unsagbare Leid, das unser deutsches Volk und unsere Armee gerade über diesen osteuropäischen Teil der Welt gebracht haben? Werden die deutschen Lehrer den 8. Mai als Tag der Kapitulation in die Geschichte einbringen, werden sie ihn Dir als Tag der deutschen Niederlage darstellen und zur Tagesordnung übergehen? Dein Vater hat hier ein Stück Bewältigung erlebt, die aus seiner Überwältigung entstanden ist.

Dietmar Herbst, den Du ja neulich kennengelernt hast, hat mir ein paar Tage später erzählt, daß mich einige der begleitenden hohen NVA-Offiziere für naiv gehalten haben, weil ich so angerührt gewesen sei. Schließlich würden sie ja schon seit vierzig Jahren diesen Teil deutscher Geschichte durch ihr Verhalten und ihre Scham "verarbeiten", sie seien in Demutsgesten und Demutshaltungen trainiert. Es sei ein Ritual, sich so gerührt zu zeigen. Wenn ich das richtig verstehe, so haben sich die Offiziere peinlich berührt gefühlt, weil meine Rührung an dieser Stelle echt war. Sie merkten, daß ich die geschichtlichen Tatsachen hier an dieser Stelle zum ersten Mal erlebte und gefühlsmäßig begriff.

Ein gleichartiges Erlebnis und ähnliche Gefühle hatte ich in Ravensbrück gehabt. Dennoch war mein Empfinden hier in Leningrad neu: Kann ich hoffen, daß ich den sowjetischen Militärs an diesem Tag durch mich und meine Person verdeutlichen konnte, daß aus Feinden Partner und Freunde werden können? Luschew zumindest, so glaube ich, hat diese Botschaft von mir verstanden und angenommen.

Liebe Wiebke, ich bin ja nicht nur Dein Vater, der für seine Familie sorgt, ich bin jetzt auch Abrüstungs- und Verteidigungsminister. Für die Militärs und Politiker, mit denen ich an einem solchen Tag zusammenkomme, bin ich auch der Oberbefehlshaber über eine starke und schlagkräftige Armee.

Viele wissen, daß Deutschland zusammenwächst. Deine Brüder werden nicht mehr in einer Armee dienen müssen, die gegen den Westen oder gegen den Ostblock das Vaterland verteidigen muß. Auch dafür möchte ich sorgen, daß dies nicht mehr passieren kann. Ich möchte an die sogenannte Waffenbrüderschaft anknüpfen und die Freundschaften zwischen den Offizieren nutzen, um mit vertrauensbildenden Maßnahmen Angst abzubauen.

Gestern noch waren die Militärs und Politiker voller Mißtrauen gegenüber dem bundesdeutschen Leiter meines Beraterstabes. Sie waren irritiert, daß er mit in der Runde der Verteidigungsminister des Warschauer Vertrages saß. "Ein Mitglied der NATO", wie General Lobow, der Stabschef des Warschauer Vertrages, zu ihm sagte. Es ist uns beiden - so glaube ich - ganz gut gelungen, zu verdeutlichen, warum ein Abrüstungs- und Verteidigungsminister sich einen Philosophen und Religionslehrer, der, wie er, der Friedensbewegung angehört und nie bei einer Armee - also auch nicht in der NATO - gedient hat, zum Leiter seines Beraterstabes beruft.

Heute hat Dietmar beim Essen, das der Stadtkommandant von Leningrad uns zu Ehren gab, spontan eine kleine Tischrede gehalten. Er hat bedauert, daß der Teil Deutschlands, aus dem er kommt, den Russen seiner militärischen Stärke sowie seiner Nato-Zugehörigkeit wegen so viel Angst macht. Auch Dietmar war ähnlich wie ich durch das Erlebnis von Leningrad ergriffen. Er hat diese Ergriffenheit mit der bei seinem ersten Besuch in Auschwitz verglichen. Die Opfer der Leningrader Bürger, das dahinter verborgene Leid, haben ihn - genauso wie das der Menschen in Auschwitz - zu seiner Grundhaltung der Versöhnung verpflichtet.

Diese Worte haben sicherlich auch dazu beigetragen, daß unsere Delegation bei den Russen anerkannt wird. Ich glaube, es ist gelungen, den Militärs in Moskau und Leningrad zu vermitteln, daß wir hinter dem, was wir sagen, auch stehen, daß diese Bekenntnisse zugleich Grundlage unseres politischen Handelns sind. Selbst Marschall Jasow, der Verteidigungsminister der Sowjetunion sagte zu mir: "Sie sind ein ehrlicher Mann."

Es wird darauf ankommen, während meiner Amtszeit den Verbündeten im Warschauer Vertrag zu verdeutlichen, daß die DDR demnächst Teil eines vereinigten Deutschlands sein wird. Damit ist verbunden, daß die Nationale Volksarmee nicht mehr an militärischen Aktionen teilnehmen wird, die gegen den Westen gerichtet sind. Ab sofort wird es die NATO als Feind der Soldaten der Nationalen Volksarmee nicht mehr geben. Ist das nicht eine phantastische Vorstellung, liebe Wiebke? Oft bin ich selbst überwältigt von den neuen Möglichkeiten. Gleichzeitig wird es aber für unsere Armee auch eine Vertragstreue geben. Das bedeutet, daß wir in einem verträglichen Maße zu unseren Verpflichtungen stehen müssen, Verträge nur einvernehmlich kündigen oder korrigieren. Wie weit diese Verpflichtungen gehen, weiß ich heute noch nicht im einzelnen, aber insbesondere die Sowjets werden zumindest ab heute lernen müssen, daß unsere Bündnistreue Grenzen hat.

Gestern ist mir im Kommando der Armee des Warschauer Vertrages deutlich geworden, wie dieser Prozeß **n i c h t** ablaufen sollte:

Verteidigungsminister Jasow war am Vortag überraschend zum Marschall ernannt worden. Nach der Einführung der Perestroika sollten ursprünglich nach den Vorstellungen Gorbatschows in der Sowjetunion keine neuen Marschälle mehr ernannt werden. Aber als Zugeständnis an die Armee und ihre überwiegend konservative Spitze ist Gorbatschow wohl von diesem Prinzip abgerückt.

Dieser Verteidigungsminister Jasow, dessen Uniform zu diesem wichtigen Empfang noch nicht fertiggestellt war, forderte während des Essens nacheinander die Delgationen auf, eine kurze Einschätzung der Lage abzugeben. Vor mir wurden die Vertreter Ungarns und Polens sowie der CSFR aufgefordert. Die Verteidigungsminister aller Staaten, die ja seit Jahren an derartigen Zusammenkünften teilgenommen hatten, die die militärischen Rituale von politischen Ritualen in dieser

Runde nie zu unterscheiden gelernt hatten, zelebrierten denn auch die alten Unterwerfungs- und Anpassungsgesten.

Sinngemäß formulierten alle:

"Wir sind hierhergekommen, um mit dem großen sowjetischen Brudervolk, dessen Opfer im Prozeß der Befreiung vom Faschismus wir heute gedenken, den Sieg über das faschistische Deutschland zu feiern. Wir danken dem großen Sowjetischen Brudervolk, daß es uns bei der Befreiung geholfen hat, denn ohne diese Hilfe wären wir heute noch unterjocht. Wir haben uns zur Demokratie gewandelt, aber wir werden unseren Bündnisverpflichtungen auch weiterhin in alter Treue nachkommen."

Mir war klar, daß dies nicht der Grundtenor meiner Rede sein konnte. Ich mußte als Chef der einzigen zivil geleiteten Delegation an dieser großen Festtafel verdeutlichen, was es bedeutet, daß für Deutschland und Europa ein neuer Weg beschritten wird. Wenn es mir nicht gelang, das sensationell Neue in den Mittelpunkt meiner Ausführungen zu stellen, dann konnte sich politisch nichts ändern. Gleichzeitig mußte ich erreichen, daß die DDR in den Augen der ohnehin verunsicherten Partner des ehemaligen militärischen und politischen Blocks eine kalkulierbare Größe bleibt. Die galt es vor allem den Sowjets zu vermitteln, einer Macht, die in den letzten vierzig Jahren jeder Tendenz der Auflösung und der Demokratisierung durch Intervention und Truppeneinmarsch entgegengetreten war.

Vielleicht hatte meine kleine Geste vom Vortag die Atmosphäre schon etwas gelockert. Spontan hatte ich, nachdem ich von der Ernennung Jasows zum Marschall erfahren hatte, einen Blumenstrauß besorgen lassen und diesen Marshall Jasow überreicht, um ihm so zu gratulieren. Jasow hatte sich über diese Geste sehr bewegt gezeigt.

Mir war bewußt, was seine Ernennung bedeutete. Es kursierte an diesem 7. Mai 1990 in Moskau unter Militärs die kritische Parole: Gorbatschow ist dabei, den Sieg des Zweiten Weltkriegs zu verspielen. Die Ernennung Jasows war ein Bonbon für diese Armee, um der Legion von Veteranen das Gefühl zu nehmen, die Opfer im "großen Vaterländischen Krieg" seien umsonst gewesen.

Mit Verwunderung hatten wir verfolgt, wie in den letzten Wochen die sowjetischen Historiker die Zahl der Opfer von jahrelang feststehenden 20 Millionen Kriegstoten auf 27 Millionen erhöht hatten.

Vorbereitend für die verständnisvollere Atmosphäre war sicherlich auch, daß ich dem Vorsitzenden des Ministerrates und Regierungschef Ryshkow, der sein Befremden über die Benennung meines Ministeriums geäußert hatte, die programmatische Bedeutung erklären konnte.

Ich habe Ulrike neulich über die Erfolge General Goldbachs bei den Abrüstungsbemühungen geschrieben. Inzwischen ist die Rücknahme der 23 Raketentriebwerke noch einmal bestätigt worden, und es wurde uns zugestanden, die bestellten Waffen für 2 Milliarden Mark nicht mehr abzunehmen. Ich habe hier in den Gesprächen noch einmal verdeutlichen können, daß wir zwar unsere Verteidigungsfähigkeit erhalten, nicht aber unsere Schlagkraft erhöhen wollen.

Auf mein Betreiben hin ist die Tagesordnung für das Ministerkommitee des Warschauer Vertrages, das Anfang Juni 1990 in Strausberg stattfinden soll, geändert worden. Der Punkt "Ausscheiden der DDR aus dem Vertragsbündnis" muß behandelt und verhandelt werden. Das war bisher einfach nicht vorgesehen, so als sollte es totgeschwiegen werden. Nun steht es auf der Tagesordnung, und wir werden im Juni darüber sprechen.

Dies alles hatte ich bei meiner ersten Begegnung am 27. April mit Ryschkow bereits abgeklärt. Damals hatte ich auch mit dem sowjetischen Außenminister Schewardnadse geklärt, daß die Sachkompetenz bei den 2+4-Verhandlungen aus dem Ministerium für Abrüstung und Verteidigung kommen müsse, obwohl aufgrund des Verteilerschlüssels der Delegationen der Staaten "mein" Ministerium für Abrüstung und Verteidigung nicht einmal an den Verhandlungen teilnehmen sollte, weil der Außenminister der BRD, Hans-Dietrich Genscher, sich die Abrüstungsfragen für sein Ressort gesichert hatte.

Ich hatte Schewardnadse auch gesagt, daß ja nicht nur zwei deutsche Staaten vier nicht-deutschen Staaten gegenübersitzen, sondern zwei Nicht-NATO-Staaten vier NATO-Staaten.

Die DDR würde bei diesen Verhandlungen ein Bindeglied darstellen. Das habe ich gestern nachmittag auch noch einmal dem Berater

Gorbatschows, Falin, als Denkmodell angeboten. Er hat es interessiert und verstehend zur Kenntnis genommen.

Falin stellte mehrere "Etagen" der 2+4-Gespräche heraus. Die 2+4-Gespräche hätten einmal die Aufgabe, einen Schlußstrich unter den Zweiten Weltkrieg zu ziehen und zum anderen, den Kalten Krieg zu beenden. Nur so könne es eine Regelung für Europa geben, die friedensfördernd und befriedigend für alle Beteiligten wäre.

Falin versuchte in einer kurzen Darstellung der Geschichte zu verdeutlichen, daß die Amerikaner Ende 1946/Anfang 1947 zwei Deutschlands durchgesetzt hätten. Er kenne das Gefühl der Deutschen, die Sowjets hätten diktiert. Das sei aber nicht so. Alle Dokumente bewiesen, daß die Amerikaner die Teilung durchgesetzt hätten. Falin sieht die Gefahr, daß die 2+4-Verhandlungen dazu genutzt werden könnten, dem "Kalten Krieg" zum Sieg zu verhelfen. Das könne keine akzeptable Lösung sein. Falin wünscht sich ein bis auf Polizeikräfte entmilitarisiertes und neutrales Deutschland. Dabei müsse aber die Sicherheit gleichwertig bleiben und ein Ungleichgewicht der Kräfte und Positionen vermieden werden. Leider blieb keine Zeit, dies mit ihm auszudiskutieren. Wir werden uns wieder treffen, um den Faden wieder aufzugreifen, denn wie dies gelöst werden soll, ist mir nicht deutlich.

Es mußte gelingen, die Sowjetunion zu einem Kompromiß in bezug auf die NATO und auf Gesamtdeutschland zu bewegen. Deshalb habe ich heute in meiner Tischrede in der Stadtkommandatur in Leningrad ganz deutlich gesagt, daß die Deutschen ein Volk sind und daß die DDR aus diesem Grund aus dem Warschauer Vertrag herausgehen wird.

Ich hoffe nur, daß der Westen sich schnell genug bewegt, um mögliche Veränderungen der politischen Szenerie aufzugreifen. Es gibt viele positive Ansätze für eine politische Neuorientierung, aber die NATO reagiert in manchem nicht rasch genug. General Naumann, der Chef-Stratege der Bundeswehr, hat zwar die Vorneverteidigung für überwunden erklärt, aber er hob gleichzeitig hervor, daß eine neue Konzeption mit den Amerikanern erst noch erarbeitet werden müsse. Man setze weiterhin auf "gegenseitige Minimalabschreckung". Nach

Naumann übersetzen die Russen Abschreckung mit "Osdrijenje", was soviel wie "Bestrafung, Züchtigung" bedeutet, weshalb sie grundsätzlich eine Abschreckungspolitik abgelehnt hätten.

Falins Drängen auf eine entmilitarisierte Zone Deutschland könnte auch seinen Ursprung in der Angst haben, daß Deutschland Zugriff zu Nuklearwaffen erhält, weil 1995 der Atomwaffensperrvertrag ausläuft, in dem die Bundesrepublik ihren grundsätzlichen Verzicht auf die Verfügung über diese Waffen erklärt hat.

Es ist schwierig, hinter allen Ansichten die Motive und die Wahrhaftigkeit zu finden. Ich will in der wenigen Zeit, die mir bleibt, so geradlinig wie möglich Abrüstungspolitik und Friedenspolitik zur Überwindung des Militarismus in den Köpfen und in den Waffenarsenalen in Ost und West durchsetzen.

Nach meiner Ansicht, liebe Wiebke, hat heute, am 10. Mai, der Warschauer Vertrag de facto bereits aufgehört zu existieren, denn wir werden ihn als Teil eines vereinigten Deutschlands auf jeden Fall verlassen. Das haben wir gestern abend wahrscheinlich alle schon gewußt, aber deutlich genug gesagt hat es keiner. Ich stehe nicht auf der großen Bühne, aber hinter den Kulissen werde ich es immer laut und deutlich sagen: 85 Prozent der Bürger der DDR haben diese Regierung gewählt. 80 Prozent dieser Bürger wollen die Vereinigung. Wenn die Sowjetunion die Vereinigung verhindert, laufen uns unsere Mitbürger weg.

Um mit unserer Geschichte zu leben, müssen wir uns unserer Vergangenheit stellen. Aber wir sollten uns auch entscheiden, ob wir in der Tradition der Täter leben wollen, die soviel Leid über die Welt gebracht haben, oder in der Tradition der Opfer. Ich für meinen Teil habe mich für die Tradition der Opfer entschieden. Ich wollte nicht mit der Waffe dienen. Als Oberbefehlshaber einer Armee und als Abrüstungsminister bin ich nach Leningrad und Moskau gefahren. Hier habe ich das Gefühl gewonnen, daß wir als anerkannte Freunde am Flughafen verabschiedet worden sind.

Ich hoffe, daß ich damit auch ein Stück Weg für Dich und für Euch, ein Stück friedensreiche und friedenssichernde Wegstrecke vorbereitet habe. Für mich war der Weg mit General Luschew in Leningrad ein Stück Wendeweg zu noch mehr Verständnis und Geduld für die Menschen in der Sowjetunion und für ihre Angst.

Es grüßt Dich ganz herzlich
Dein Rainer

7. Die NATO als gesamteuropäisches Bündnis

20.Mai 1990

Lieber Niels,

Du hast mich gestern gefragt, wie ich denn die NATO sehe und ob die NVA auch in die NATO eintreten könne. Ich habe heute das Manuskript eines Interviews zugeschickt bekommen, das ich am 16. Mai Karl-Wilhelm Fricke und Rolf Clement im Ost-West-Magazin gegeben habe. Ich schicke Dir das Manuskript als Antwort mit, weil Du daran ergänzend meine heutige Einschätzung am besten erkennen kannst.

Ich wünschte, ich hätte immer so viel Zeit und könnte meine Antworten so ausführlich und so begründet darlegen, wie in diesem Interview. Meist kommen in den Zeitungen nur sehr verkürzte Meldungen raus, und es ist eher ärgerlich, wenn man dann liest, was die Journalisten daraus gemacht haben, was ich begründend dargestellt habe.

Herr Fricke hatte gefragt: "Wenn es zutrifft, daß die meisten hohen Offiziere der NVA für eine Mitgliedschaft des vereinigten Deutschlands votieren, dann müßte sich das ja unter der Bedingung vollziehen, daß sich die Politik in West und Ost darauf einigt, die Nato als politisches Dach auf die DDR auszudehnen, ohne westliche Truppen auf dem Gebiet der heutigen DDR zu stationieren. Wie sehen Sie das?"

Ich habe geantwortet: "Wir haben bisher keine entsprechende Umfrage innerhalb der NVA durchgeführt. Deshalb kann ich Ihnen zum Meinungsbild des Offizierskorps nichts sagen. Ich erlebe nur, das zieht sich aber durch das gesamte Spektrum der Nationalen Volksarmee vom Soldaten bis zum General, vom Zivilbeschäftigten bis zur Zivilbeschäftigten: Sie alle sind an internationalen Kontakten interessiert, und in besonderer Weise an Kontakten zur Bundeswehr. Ich halte dies für völlig legitim und richtig, weil ich mir nicht vorstellen kann, daß dann, wenn zwei Staatsgebilde, zwei Republiken im Begriff sind, aufeinander zuzuwachsen, die beiden Armeen ausgeklammert werden. Sie müssen mit dabei sein."

Frage: "Welche Vorstellungen haben Sie von gesamteuropäischen Sicherheitsstrukturen nach Vollendung des europäischen Einigungsprozesses ?"

Dazu habe ich folgende Antwort gegeben: "Ich gehe davon aus, daß wir vor einer politisch und auch sicherheitspolitisch orientierten Zeit stehen. Wenn ich mich nicht sehr täusche, werden sich die deutsche Einigung und ein einheitliches europäisches Sicherheitssystem nicht auf einen zeitlichen Punkt bringen lassen. Sie werden auseinanderlaufen. Das bedeutet: Wir werden vermutlich Lösungen suchen müssen, in denen ein vereinigtes Deutschland vorkommt und zu dem unsere Nachbarn - sowohl die nicht ganz so ängstlichen Österreicher als auch die sensibleren Niederländer und die ganz empfindlichen Polen "Ja" sagen können. Darin müssen aber auch die Vorstellungen der Amerikaner wie die der Sowjetunion (und das unterstreiche ich hier dreimal) berücksichtigt werden.

Da gibt es nun eine ganze Reihe von gedachten Modellen. Ich bin selber auch mit einem solchen Modell an die Öffentlichkeit getreten. Der Vorschlag lautet:

1. Die Bundeswehr bleibt militärisch und politisch da eingebunden, wo sie es ist.
2. Die Natozugehörigkeit des ganzen Deutschlands soll nur eine politische Aussage sein.
3. Die Nationale Volksarmee bleibt als eine selbständige Armee bestehen.
4. Die NVA kann keinem Bündnis angehören, d.h. : Sie müßte einen eigenen Führungsstab haben, der Kommandogewalt über diese Armee hat.
5. Der Führungsstab der NVA darf nicht dem deutschen Verteidigungsminister unterstellt sein.

Ich kann mir kein Modell vorstellen, bei dem es einen deutschen Verteidigungsminister gibt, der dann zwei Staatssekretäre hat, von denen der eine die Bundeswehr und der andere die NVA kommandiert.

Ein solches Unterstellungsverhältnis möchte ich nicht, weil mir daran liegt, daß wir uns auf einen Weg machen, bei dem die Sowjetunion nicht nur gesagt bekommt, sondern auch erfahren kann, daß dies ein Weg ist, den sie mitgehen kann. Am Ende dieses Weges muß ein europäisches Sicherheitsbündnis stehen, das auch die Sowjetunion miteinschließt.

Auf dem Hintergrund auch der älteren Geschichte sage ich: Uns Deutschen ist es eigentlich immer gut gegangen, wenn wir zur Sowjetunion ein gutes Verhältnis hatten. Ich sage das aber auch auf dem Hintergrund der Erfahrung, die die Sowjetunion in diesem Jahrhundert mit ihrem westlichen Nachbarn gemacht hat. Ich kann von daher sehr wohl ihre Angst und ihre Sorge verstehen.

Mir ist bei dem Besuch aus Anlaß der Feierlichkeiten zum Gedenken an den 9. Mai 1945 in Moskau noch einmal deutlich geworden, daß bei allen Unterschieden, die es sicherlich bei diesen 290 Millionen Menschen in diesem Volk gibt, sowohl individuell betrachtet als auch aus dem Blickwinkel der vielen Völkerschaften, durchaus etwas Verbindendes vorhanden ist.

Wenn ich mich nicht täusche, sind in bezug auf den 9. Mai die Jelzins, Gorbatschows und Ligatschows einer Meinung. Erstens sind sie ungeheuer stolz auf diesen Tag. Das ist für sie eine geschichtliche Leistung, die sie vollbracht haben. Zweitens sind sie sich auch darin einig, damit sie etwas tun müssen, daß sie nie wieder in eine solche Situation kommen, in der sie so viele Menschen verlieren. Das muß einfach eingeplant werden.

Für mich als DDR-Bürger kommt noch eines hinzu: Selbst wenn all das andere nicht wäre, was ich eben aufgezählt habe, bliebe für mich immer noch die Dankbarkeit, weil ich weiß, daß wir als DDR uns gesellschaftlich nicht so weit entwickelt hätten, wie wir es heute sind, wenn es nicht Michail Gorbatschow und seine Politik in den letzten fünf Jahren gegeben hätte. Und das schließt auch die Tatsache ein, daß die Westgruppe der Sowjetischen Streitkräfte im November letzten Jahres in den Kasernen geblieben ist. Dies war Ausdruck der Gorbatschowschen Sicherheits- und Außenpolitik, sich nicht einzumischen. Wobei ich sogar den Eindruck habe, daß sie sich in einem durchaus positiven Sinne eingemischt hat, indem sie das auffordernde Signal gab: "Mißbraucht die Staassicherheit, mißbraucht die Armee, mißbraucht die Polizei nicht gegen Euer eigenes Volk!"

Rolf Clement fragte: "Betrübt es Sie, daß die Sowjetunion den Abzug der Armee aus der DDR gestoppt hat? Haben Sie eine Erklärung dafür?"

Ich habe ihm darauf geantwortet: "Natürlich betrübt mich das, aber ich habe viel Verständnis dafür. Das hat etwas mit dem zu tun, was gegenwärtig in Deutschland und Europa passiert. Man hat sich in Ottawa auf Höchstgrenzen geeinigt. Wien I liegt praktisch auf dem Tisch. Auch dabei geht es um Höchstgrenzen: einmal um die 195 000 der Amerikaner und der Russen auf deutschem Gebiet. Aber zum anderen geht es auch um die Höchstgrenzen im Bündnis. Aller Wahrscheinlichkeit nach steigt die DDR aus dem Bündnis aus, möglicherweise trotz aller Beteuerungen auch die Ungarn und die Tschechen. Versuchen Sie sich doch einmal vorzustellen, wieviel tausend Soldaten, auf diese Weise auf einmal dem Bündnis "Warschauer Vertrag" verlorengehen. Das sage ich jetzt völlig neutral als rechnerische Überlegung.

Die Obergrenzen haben aber etwas mit ureigensten sowjetischen Sicherheitsinteressen zu tun. Das heißt: Jeder aussteigende DDR-Soldat, jeder aussteigende ungarische Soldat, jeder aussteigende tschechische Soldat muß durch drei neue sowjetische Soldaten ersetzt werden. Und das muß ein Land aufbringen, das es ökonomisch eigentlich selber dringend nötig hätte, drei tatkräftige Menschen zum Aufbau nach Hause zu schicken. Das heißt, daß sich die Sowjets förmlich zerrissen finden, zwischen ihren ökonomischen Problemen, ihren politischen Problemen und ihrem mir sehr verständlichen Sicherheitsbedürfnis."

Frage: "Es gibt heute selbst in Moskau schon sehr ernsthaft diskutierte Denkmodelle, wonach die Sowjetunion Mitglied der NATO werden könnte und die NATO nach einem entsprechenden politischen Wandel sozusagen die Grundstruktur für ein neues internationales europäisches Sicherheitssystem geben könnte. Wie denken Sie über eine solche Alternative ?"

Meine Antwort: "Für mich ist das eine gute Alternative. Sie werden ja genausogut wie ich wissen, daß es einen Beitrittsantrag der Sowjetunion zu diesem Bündnis aus den fünfziger Jahren gegeben hat, der nie beantwortet worden ist. Ich würde es allerdings für politisch unklug und für menschlich nicht fair halten, wenn dieses einheitliche europäische Bündnis NATO hieße. Dann sollte es besser OTAN heißen oder irgendwie anders. Ich meine, daß dies wegen unserer gemeinsamen Geschichte so sein sollte.

Wir Ost- und Westeuropäer haben ja nun einmal diese gemeinsame Geschichte. Und der Name NATO ist natürlich ein belasteter Name für eine ganze Reihe von Osteuropäern. Und nun weiß ich nicht, wenn man die Wahl hat zwischen einem harten Apfel und einem süßen Apfel, und wenn man einem anderen einen anbietet und den anderen mag, warum man ihm dann unbedingt den harten Apfel hinhalten muß. Am Namen liegt es da doch wahrscheinlich nicht.

NATO heißt für mich: bestimmte Strukturen, bestimmte Inhalte, auch Inhalte, die ich gerne noch geändert haben möchte. Und wenn man sich darauf geeinigt hat, ist es letztlich sicherlich egal, ob das NATO oder KSZE oder Hempel oder Appelbaum heißt."

Frage: "Welche Inhalte der NATO wollen Sie denn in welche Richtung verändern?"

Antwort: "Ich möchte zum Beispiel die Frage stellen, wozu nach einer deutschen Einigung noch Kurzstreckenraketen in der NATO-Strategie vorgesehen sind. Wohin zielen sie? Zielen die aufs eigene Territorium oder auf die eine Hälfte des Volkes, das zur anderen Hälfte dazugehört?

Genauso wie Sprache etwas mit Denken zu tun hat, haben auch Waffen etwas mit Denken zu tun, mit Grundeinsichten, mit Strategie. Ich habe den Eindruck: es gibt auch in der NATO noch eine ganze Reihe äußerst aggressiver Waffen, die ich mir schon wegwünschen würde, weil ich davon ausgehe, daß dieser Warschauer Vertrag so nicht mehr kriegsfähig ist.

Ich kann mir nicht vorstellen, daß die Polen unter Lech Walesa, die Tschechen unter Vaclav Havel oder die Nationale Volksarmee unter Lothar de Maizière und Rainer Eppelmann nach Paris oder Bonn oder sonstwohin zieht. Das werden Sie ja doch auch nicht ernsthaft annehmen. Und wenn das denn so ist, dann habe ich den Eindruck, daß das Konsequenzen haben muß für Struktur, Strategie und Bewaffnung."

Frage: "Wir haben vorhin festgestellt, daß Sie heute genau auf den Tag vier Wochen in diesem Amt sind. Was schätzen Sie, wie lange Sie dieses Amt noch innehaben werden?"

Antwort: "Das ist eine Frage, die ich ihnen nicht beantworten kann. Ich bin zwar in meinem zweiten beruflichen Leben Pfarrer gewesen, aber offensichtlich, was politische Weitsicht angeht, kein so genauer Prophet. Ich wage Ihnen nur zu sagen, daß es vermutlich, wenn es ein Deutschland gibt, noch zwei Armeen geben wird, und damit auch noch zwei Oberbefehlshaber dieser beiden Armeen. Aber ob ich dann dieser Minister oder Oberbefehlshaber bin, das weiß ich nicht.

Ich hoffe, daß ich noch so viel Zeit haben werde, daß ich von dem, was mir wichtig ist, noch viel umsetzen kann und daß der Satz von Egon Bahr, daß beide deutsche Armeen nicht kriegsverwendungsfähig sind, von jedem angenommen und geglaubt wird, weil die Fakten für sich sprechen."

Das, lieber Niels, ist der Text des Interviews. Der Inhalt wird Dich vielleicht verwundern, ist doch das Bild, das wir DDRler von der NATO erhielten, so schlecht, daß man da eigentlich nicht Mitglied werden kann. Ja, lieber Sohn, auch an dieser Stelle werden wir Fakten und Propaganda fein auseinanderhalten müssen. Im Unterschied zur WVO war die NATO stets auch ein politisches Militärbündnis, in dem stets die Politiker die Strategien verabschiedeten. Jede dieser Armeen unterstand und untersteht demokratisch parlamentarischer Kontrolle.

Ich bin überzeugt, daß sich die öffentliche Meinung über die NATO in Osteuropa und bei uns rasch entscheidend verändert. Das wird hoffentlich dazu führen, daß die Militärblöcke in Europa bald ihre Bedeutung verlieren... auch da "Schwerter zu Pflugscharen" ?

Ich hoffe auf eine gute Zukunft für alle Menschen in Europa, also auch für Dich und mich.

Alles Gute wünscht Dir

Dein Rainer

8. Meine Träume und die Wirklichkeit

12. Juni 1990

Lieber Martin,

Deine Fragen nach meinen Träumen und den Möglichkeiten ihrer Verwirklichung beschäftigt mich noch immer. Ich will mich nicht um eine Antwort drücken. Das ist nicht der Grund, weshalb ich Dich vertröstet habe, Dir gesagt habe, daß ich Dir schreiben werde. Ich bin nur mit der Einteilung noch nicht fertig.

Ich denke dauernd über das Gestern nach, wie es meinen Alltag und mein Wirken, mein Denken und mein Fühlen beeinflußt. Was davon war Traum, was Wirklichkeit?

Ich begegne in letzter Zeit zunehmend Menschen, die viel mehr von der Welt gesehen haben als ich. Sie sind dadurch scheinbar mehr mit der Welt und ihren Problemen und ihrem Wissen verwurzelt. Sie scheinen dazu auch genauere Vorstellungen davon zu haben, wie alles funktioniert. An ihren Vorstellungen messen sie dann mein Denken, Reden und Tun, das ich ihnen auf ihre Fragen hin vorstelle. Das scheint häufig nicht übereinzustimmen mit dem, was sie von ihrer Erfahrung und Einsicht her erwarten.

Seitdem Du mir die Frage gestellt hast, welche Träume von gestern ich denn jetzt verwirklichen könne, liste ich in stillen Augenblicken auf: Was waren denn meine Träume? Offensichtlich war es keine weltfremde Spinnerei zu glauben, wir könnten eines Tages in diesem festgefügten System eine Demokratie einführen und die Bürgerrechte für alle durchsetzen? War es Träumerei, an Reisefreiheit für alle, Redefreiheit und Versammlungsfreiheit zu glauben? War die Forderung nach der Abschaffung von Telefonüberwachung und Repressionen durch staatliche Stellen eine unrealistische Forderung?

Meine Träume und Hoffnungen, die die Träume und Hoffnungen vieler DDR-Bürger waren, sind Wirklichkeit geworden. Wir haben in Gesprächen und Auseinandersetzungen mit anderen immer wieder neue

Entwürfe gemacht. Wir haben uns eigentlich nicht konkret darum gekümmert, wie das im einzelnen zu verwirklichen war. Wir hofften und wir glaubten. Wir hatten eine Hoffnung und ein Ziel. Und irgendwann haben wir begonnen, auf dieses Ziel hin zu handeln. Wir taten dies sicher naiv, ohne jeden einzelnen Schritt zu planen und vorherzusehen. Ich bin aber fest davon überzeugt, daß wir nicht viel mehr erreicht hätten, wenn wir alles im einzelnen vorgeplant hätten.

Wir wußten in unseren "Träumen" sehr genau, was wir n i c h t wollten. Wir hatten die Realität vor Augen, und die wollten wir verändern. Da brauchte uns auch niemand aus dem Westen zu erzählen, was bei uns gut und was bei uns schlecht war. Wir haben sehr wohl gewußt, was wir für unsere Träume brauchten.

Die Veränderungen kamen dann sehr schnell, auch für uns atemberaubend. Wenn ich vor einigen Monaten gesagt hätte, daß ich daran glaube, daß, wenn sich Tausende in Kirchen versammeln, um für den Frieden zu beten, dies die Abrüstungsverhandlungen beeinflussen könnte, dann hätten mich sicherlich viele für einen religiösen Spinner gehalten. Wenn ich behauptet hätte, unsere Gemeindearbeit könne Gorbatschow bestärken, in seinen Bemühungen fortzufahren, hätte das ziemlich unglaubwürdig geklungen. Dennoch haben wir gerade dies getan. Wir haben zu Gottesdiensten eingeladen, Mahnwachen abgehalten, gebetet. Und wir haben damit die Wirklichkeit total verändert. Mancher bezweifelt das vielleicht. Für uns war dies aber so.

Natürlich weiß ich, daß Robert Havemann und viele andere nicht in die Kirche kamen, weil sie an Gott glaubten. Aber - nenne es einen Traum - ich glaube an die einigende Kraft der christlichen Versammlung. Ich habe als Pfarrer solche Versammlungen im Namen des Vaters und des Sohnes und des Heiligen Geistes organisiert und geleitet.

Heute rede ich vor Versammlungen als Politiker. Ich habe die Versammlungsorte verlagert, habe als Vorsitzender des Demokratischen Aufbruchs nun keine kirchlichen Botschaften mehr zu verkünden, aber meine christlichen Träume haben sich nicht verändert. Ich glaube immer noch an die Kraft der Liebe und der Mitmenschlichkeit und daran, daß sich Haß und Bespitzelung und Militarismus nicht langfristig durchsetzen lassen. Auch wenn fast zweitausend Jahre menschlicher Geschichte dem zu widersprechen scheinen. Meine Wirklichkeit hat sich erfreulich verändert, nicht meine Träume.

In Briefen werde ich von Mitbürgern immer wieder zur Eile gemahnt, die Armee abzuschaffen, schnell etwas für die Jugend zu tun, keine Rücksicht auf die Berufsoffiziere zu nehmen, "die bisher Befehle gegeben und in Saus und Braus gelebt haben", wie einige schreiben. Ich soll mich für die Entlassung der Staatsanwälte, Richter und die ehemaligen Funktionäre in den Räten einsetzen.

Ich befinde mich zur Zeit in einem Prozeß des Lernens. Ich stelle fest, daß auch ich eine Menge Vorurteile hatte - und habe.

Wenn ich an meine eigene Geschichte mit der Nationalen Volksarmee zurückdenke, hat sich einiges geändert. Meine Grunderfahrungen mit dieser Armee habe ich Mitte der 60er Jahre gemacht.

Hier im Hauptstab in Strausberg, in diesem Offizierscorps, das ich jetzt kennenlerne, scheint es jede Menge Pazifisten zu geben, Menschen, die sagen: "Ich verstehe mich als Abrüstungsoffizier".

Ich sehe meine Aufgabe darin, das Ministerium, das ich jetzt leite, politisch und organisatorisch zu gestalten und letztlich überflüssig zu machen. Ich bin angetreten, um Schwerter zu Pflugscharen umzuschmieden. Die Hitze, die die Auseinandersetzung erzeugt, mag dabei förderlich sein. Es gilt, Frieden zu schaffen. Und Frieden ist nur Frieden, wenn er allen dient. Unsere Regierung ist angetreten, alle Straftäter zu verurteilen. Aber im Gegensatz zur Honecker-Regierung fühlen wir uns rechtsstaatlichen und demokratischen Verfahren verpflichtet. Pauschale Verurteilungen und Bestrafungen darf es nicht geben. Es ist immer wieder zu verdeutlichen, daß jeder Einzelfall untersucht und beurteilt werden muß. Jeder einzelne Mensch muß befragt werden, seine Lebensumstände und seine Beweggründe müssen untersucht werden. Es kann keine Verurteilung von ganzen Gruppen, Parteien oder Armeeverbänden geben.

Das ist der Grund, weshalb ich die Eile zurückweisen muß und darum bitte, Geduld zu haben. Es geht auch darum, die reformwilligen Menschen wie die Mitläufer wieder in die Gesellschaft einzugliedern. Es gibt so viele, die aus unterschiedlichsten Motiven, und sei es um der persönlichen Vorteile willen, mitgemacht haben, die sich aber keiner unmenschlichen oder gar strafbaren Handlung schuldig gemacht haben. Ihnen muß die Chance gegeben werden, neue Hoffnungen und einen neuen Sinn für das Leben zu finden. Sie müssen die Möglichkeit erhalten, unserer neuen rechtsstaatlichen und demokratischen Gesellschaft zu dienen.

Wir, die wir Widerstand geleistet, nicht das Land verlassen haben, die wir Schikanen und teilweise Unterdrückung auf uns genommen haben, dürfen nicht zu Tätern werden, die genauso pauschal und unmenschlich handeln, wie diejenigen, deren Unrechtsregime wir bekämpften.

Die Bundesrepublik, die Menschen dort, haben uns drei wichtige Geschenke mitgebracht: die Demokratie, den guten Ruf und das Vertrauen der europäischen Nachbarn und als drittes den Rechtsstaat. Alle drei Geschenke sind kostbar und dürfen von uns nicht vertan werden.

Lieber Martin, es gilt aber nicht nur, die Träume von gestern zu verwirklichen. Es gilt auch, sie heute weiterzuentwickeln. Dabei können wir von der Wirklichkeit ausgehen. Ich habe einen Bereich meines Ministeriums als Abrüstungsministerium gestaltet, habe den Staatssekretär Frank Marczinek für diese Aufgabe eingesetzt. Die Generäle Goldbach und Herrich, die mir als Fachleute für Strategie und Bewaffnung, aber auch als Verhandlungspartner in Moskau und Wien bei den Abrüstungsverhandlungen bekannt waren, habe ich zu Abteilungsleitern gemacht. Sie waren bereit, in dieser Funktion weiterzuarbeiten. Ich habe mit Klaus Gille einen Umweltbeauftragten für die Armee eingesetzt. Er soll die Armeeangehörigen dazu erziehen, auf Umweltprobleme zu achten und ihnen bei der Lösung solcher Probleme zu helfen.

Ich will ein eigenes Konversionsinstitut in Dresden aufbauen, um dort diesen einmaligen Abrüstungsprozeß, den wir in Gang setzen werden, wissenschaftlich begleiten zu lassen. Es sollen in diesem Institut Lösungen erarbeitet werden, um die aus der Armee zu entlassenden Menschen, das nicht mehr benötigte Material, Truppenübungsplätze, Flugplätze, Kasernen und Verwaltungsgebäude ökologisch verträglich, wirtschaftlich effektiv und vor allem zum Wohle der Menschen in unserem Land umzuwandeln und zu verwerten. Die Beseitigung und die

Umwandlung von Waffen und die Rekultivierung von Truppenübungsplätzen scheint mir das kleinere Problem. Die personelle Abrüstung ist für die DDR das Hauptproblem. Die "Umwandlung" von Soldaten in Ingenieure, Bauern und Verwaltungsfachleute ist schwerer und langwieriger als das Verschrotten von Panzern und Raketen.

Was im konziliaren Prozeß der Kirchen vor einigen Jahren als Utopie, als Traum begann, wird sich nach meiner Überzeugung immer weiter durchsetzen. Die soziale Gerechtigkeit wird weltweit zunehmen können, wenn es immer weniger Waffen und Soldaten gibt. Der Frieden wird dadurch sicherer werden und die Schöpfung wird leichter zu bewahren sein.

Ich habe in diesem Zusammenhang jedoch eine große Sorge. Sie bezieht sich auf unsere Fähigkeit, allzu schnell zu vergessen. Die Menschen in diesem Land haben mit gierigen Augen jahrelang am Zaun gestanden, sich in den Drähten verkrallt und mit Neid und voller Sehnsucht in den reichen Westen geblickt. Jeden Abend sind wir in den Westen ausgereist, haben vor dem Fernseher gesessen und uns an der reichen und freien Bundesrepublik orientiert und gemessen. Das waren mehr als 90 Prozent der Fernsehzuschauer in der DDR. Wir waren ökonomisches, menschenrechtliches, journalistisches und demokratisches Entwicklungsland.

Wir werden in wenigen Tagen eine Wirtschafts-, Währungs- und Sozialunion mit der Bundesrepublik bilden. Wir werden in wenigen Wochen in einem vereinheitlichten Rechtssystem und mit der gleichen Rechtssicherheit leben können wie die Bundesbürger.

Wir fangen langsam an zu begreifen, welchen Träumen wir uns hingegeben haben in den letzten Jahren, welchen Lügen wir aufgesessen sind. Ich habe bei meinen ersten Staatsbesuchen in Warschau, in Moskau und bei meinen Begegnungen mit westlichen Bürgern die bisher ausgegebene Parole von der Völkerverständigung und der Völkerfreundschaft als Lüge bestätigt bekommen. Das waren bei uns nur Begegnungen der Herrschenden untereinander gewesen. Die Waffenbrüderschaft mit den "Brudervölkern" war nur eine freundliche Begegnung der Militärs auf der höchsten Befehlsebene. Da haben keine Soldaten mit ihren Familien "im befreundeten Ausland" gelebt. Keiner von uns wäre auf den Gedanken gekommen, einen russischen Soldaten zu Weihnachten einzuladen, und eine solche Einladung, wäre sie ausgesprochen worden, wäre nicht angenommen worden.

Der Traum von der Deutschen Demokratischen Republik, die als Staat der Arbeiter und Bauern Freiheit, Demokratie, gesellschaftlichen Fortschritt und soziale Sicherheit für alle bedeutete, ist wie eine Seifenblase zerplatzt. So langsam wird uns klar, daß selbst unsere schlimmsten Ahnungen, gemessen an der Wirklichkeit, rosige Träume waren.

Wir werden zum demokratischen und marktwirtschaftlich vereinten Europa gehören. Wir werden dann mit zu dem Teil der Welt gehören, der sich die Menschenrechte und das Recht auf eine gesunde Umwelt leistet, sogar das Recht auf Frieden. Wir werden mit den westlichen Europäern die Verwirklichung dieser Rechte auch für die anderen in Europa und in der Welt fordern. Aber werden wir sie auch durchsetzen können? Wie und wann und wo?

Wenn ich in den wenigen Wochen, die ich bisher an der Regierung beteiligt war, eines gelernt habe, dann ist es, daß wirtschaftliche, demokratische und soziale Rechte zusammengehören. Wenn sich diese Erkenntnis, die ja nicht ganz neu ist, als Teil unserer Wahrheit zur Beurteilung der Situation erweist, dann werden die Völker Osteuropas bald ihr Recht auf Teilhabe am gesamteuropäischen Lebensstandard einklagen. Das gilt auch für die Völker der Sowjetunion. Das war es, was ich heute morgen sagen wollte, als ich von der Fortsetzung der Träume im Hinblick auf ein geeintes Europa sprach.

Aber die wichtigste Frage, die Du heute morgen gestellt hast, bleibt für mich und mein derzeitiges Leben: "Wie lange willst Du denn noch Verteidigungsminister bleiben?"

Ich merkte, daß ich Dich nicht mit dem Hinweis auf meine Doppelrolle als Abrüstungsminister und als Verteidigungsminister zufriedenstellen konnte. Es ist für mich eine Schwierigkeit, daß viele Menschen mich als Träumer ansehen, weil ich an eine radikale Abrüstung glaube. Ich halte die Möglichkeit aber langfristig für ganz real. Wenn sich die Prozesse so fortsetzen, wie Gorbatschow sie angestoßen hat, dann wird sich der Ost-West-Gegensatz auflösen. Dann entfällt das Feindbild, zumindest in Europa. So wie die Soldaten der NVA die Soldaten der Bundeswehr nicht mehr als Feinde betrachten, so könnten auch die Soldaten der anderen Armeen Europas "verlernen", sich gegenseitig als Feinde hinzustellen.

Du hast recht, dieser Weg ist noch lang, weil es gilt, noch manche schlechte Erfahrung der Vergangenheit aufzuarbeiten. Wie wird das in Ungarn und Rumänien weitergehen, wie bei den Tschechen und Slowaken, wie bei den Völkern der Sowjetunion?

Bereits heute, am 12. Juni kann die Regierung der Bundesrepublik ihre Rüstungsausgaben nicht mehr mit dem Vorhandensein der NVA begründen. Daß sie dennoch mit Unterstützung des Parlaments den höchsten Rüstungsetat in der Geschichte der Bundesrepublik verabschiedet hat, müssen die dafür verantwortlichen Politiker ihren Bürgern erklären.

Ich kann nun die NVA nicht von einem Tag auf den anderen auflösen. Ich muß zur Zeit noch für den Erhalt des Warschauer Vertrages sorgen, damit die Abrüstungsverhandlungen in Wien nicht gefährdet werden. Würden wir sofort aus dem Warschauer Vertrag austreten wollen, käme die Sowjetunion unter großen Druck. Die Verhandlungen müßten völlig von vorne beginnen.

Der Abschluß des Abrüstungsabkommens Wien II setzt das Vorhandensein von Bündnissen voraus. Deshalb muß - so paradox das auch ist - die DDR noch im Warschauer Vertrag bleiben und dort auch noch als verläßlicher Partner gelten.

Ich spüre bei vielen Gesprächen mit ausländischen Freunden und bei der Lektüre der Zeitungen, daß viele Menschen Angst vor einem erstarkenden Deutschland haben. Denjenigen, die mich drängen, die Armee sofort aufzulösen, muß ich die Angst einiger Politiker vor einem militärischen Vakuum im Herzen Europas vor Augen halten. Ich muß sie außerdem davor warnen, daß unsere Nachbarn alle deutschen Alleingänge äußerst mißtrauisch beäugen.

Denjenigen, die sich über den Irrsinn des weiteren Unterhalts zweier Armeen in einem sich vereinigenden Deutschland erregen, muß ich vorhalten, daß viele Europäer Angst vor einem wirtschaftlich übermächtigen Deutschland haben. Die Bundesrepublik ist in Westeuropa das wirtschaftlich stärkste Land. Die DDR ist in Osteuropa das wirtschaftlich stärkste Land. Nun tun sich beide zusammen. Würden beide ihre Rüstungsausgaben halbieren, wäre dieses vereinigte Deutschland mit einem Schlag das finanzkräftigste Land der Erde. Das brächte wohl nicht nur Freude, sondern auch Neid und Angst.

Viele Friedensforschungsinstitute haben mir ihre Analysen geschickt, viele Vertreter sind gekommen und haben mich beraten. Es wird fieberhaft an einer gesamteuropäischen Sicherheitsstruktur gearbeitet.

Bei allem aber erscheint es mir sicher zu sein, daß es uns letztlich besser gehen wird als unseren westlichen und östlichen Nachbarn in Europa. Es ist darum in unserem eigenen Interesse, Voraussetzungen zu schaffen, die langfristig die Zufriedenheit aller europäischen Völker ermöglicht. Das können wir nicht alleine tun. Nur in der Gemeinsamkeit des Handelns mit allen zusammen ist dies möglich. Das gilt auch für den Bereich des Militärischen.

Wenn ich so viele Briefe von Bürgerinnen und Bürgern erhalte, die von mir erhofften, daß ich nun sofort mit der Auflösung der Armee anfange und auf Gerhard Stoltenberg und Helmut Kohl einwirke, sofort die Bundeswehr abzuschaffen, dann kann ich nur antworten: Noch leben wir nicht in einer militärfreien Welt mit einer verbindlichen und allgemein anerkannten Weltfriedensordnung. Ich bin nicht der Träumer, der glaubt, das ginge von heute auf morgen. Es wird noch lange dauern.

Ich kann behutsam mit der Abrüstung und Umrüstung beginnen. Lothar de Maizière hat in seiner Regierungserklärung unser Programm vorgestellt: Die Nationale Volksarmee wird stark reduziert und strikt defensiv umgestaltet. Im militärtechnischen Bereich haben wir bereits jetzt 29 Prozent weniger ausgegeben als im letzten Jahr. Wir sind zur Zeit dabei, so viel einzusparen, daß daraus 50 Prozent werden können. Dabei handelt es sich jetzt noch um Raketenwaffen, die bezahlt worden sind und über deren Lieferungen verbindliche Verträge bestehen. Diese Raketen sollten in diesem Jahr noch geliefert werden. Weil wir uns strikt defensiv ausrichten, wollen wir diese Raketen nun nicht mehr haben. Unter anderem handelt es sich dabei auch um Raketen für Schiffe.

Inzwischen sind diese Schiffe zu Küstenwachbooten umfunktioniert worden. Und solche Schiffe haben keine Raketen als Bewaffnung. Es geht also darum, zu vermeiden, daß wir jetzt Millionen zum Kauf der Raketen ausgeben und nachher noch einmal Millionen, um diese Raketen zu vernichten. Die sowjetischen Verbündeten, denen wir dieses mitgeteilt haben, haben uns zu verstehen gegeben, daß sie bereit sind, mit uns darüber zu reden.

An dieser Stelle fortzufahren, die Rüstungsausgaben immer weiter zu vermindern, gleichzeitig aber die Verteidigungsfähigkeit zu erhalten, sehe ich als Aufgabe. Ein Traum ist das für mich nicht. Das ist eine ganz reale Herausforderung.

Die Erwartung der Friedensbewegung, bzw. einiger ihrer Vertreter, alle Armeen sofort aufzulösen, ist unrealistisch, unpolitisch, unsozial und unverantwortlich - heute. Dennoch träume auch ich weiter von einer Welt ohne Massenvernichtungswaffen, ohne Panzer, einer "Welt ohne Waffen".

Ich will aber auch, daß sich Recht, Demokratie und Freiheit bei uns durchsetzen und für immer gesichert werden. Ich möchte einen starken deutschen Rechtsstaat, der allen seinen Bürgern Sicherheit bieten kann, nach innen wie nach außen. Solche Sicherheit läßt sich - noch nicht? - ohne Waffenträger gewährleisten.

Zu schaffen machen werden uns aber nicht die militärischen Bedrohungen, sondern die Flüchtlingsströme aus dem Osten. Sie sind dann zu erwarten, wenn wir die Wohlstandsgrenze lediglich von der Elbe an die Oder verschieben und nicht alle Anstrengungen unternehmen, den ökonomischen Ost-West wie Nord-Süd-Unterschied auszugleichen. Diese Vision verfolgt mich wie ein Albtraum. Zu glauben, wir könnten die "Armen" aus Ost-Europa mit einer Mauer, einer Stacheldrahtgrenze abhalten, hieße alles zerstören, wofür ich mich in den letzten 20 Jahren starkgemacht habe.

Lieber Martin, ich spüre, daß diese Grundhaltung nicht von allen akzeptiert wird. Du wirst in den nächsten Monaten viele Zweifel an Deinem Vater zu spüren bekommen. Ich habe bereits in den letzten Wochen das Auseinanderklaffen zwischen der Wahrnehmung einer Traumwelt und der Wirklichkeit gespürt.

Von Martin Luther stammt der schöne Ausspruch: Wenn die Welt morgen unterginge, würde ich heute noch einen Apfelbaum pflanzen. Ich habe mich immer an dieses Bild gehalten und vor Jahren einen Nußbaum gepflanzt. Das ist ein Baum, der besonders lange Zeit braucht, bevor er die ersten Früchte trägt. Ich hoffte, daß Ihr, meine Kinder oder Eure Kinder, meine Enkel, eines Tages die Nüsse würdet ernten können. Ich habe zusammen mit Evi dafür Verfolgung und Einschränkungen auf mich genommen. Wir haben die Gärtnerarbeit fortgeführt, Wasser herbeigeschleppt und das unsachgemäße oder wachstumshindernde Beschneiden der Zweige verhindert. Nun stelle ich mit Erstaunen fest, daß der Baum bereits Früchte trägt. Womit ich nie zu rechnen gewagt habe, ist eingetreten. Auch ich komme in den Genuß der Früchte; wir sind freie Bürger in einem freien Land.

Du siehst, die Interpertation der Wirklichkeit hängt vom Bild der Vergangenheit ab, das ich mir gemacht habe. Die Erfahrung ist nicht ersetzbar. Meine Träume von gestern haben die Wirklichkeit von heute mitbestimmt, vor allem meine Art, diese neue Wirklichkeit in einem ersten demokratischen Staat nach 57 Jahren Diktatur zu erleben. Meine Träume und mein Wirklichkeitserleben von morgen werden von meinen heute entworfenen Bildern und von der heute erlebten Wirklichkeit geprägt.

Westdeutsche kannten die DDR meist nur aus den Medien. Ostdeutsche kannten die Bundesrepublik in der überwiegenden Mehrheit bis zum November 1989 fast nur aus dem Fernsehen. Wie sollen wir da unsere gegenseitig erlebten Wirklichkeiten treffend beschreiben können? Wir pflasterten unsere Wege mit Steinen unserer Welt, von denen wir meinen, daß sie tragfähig sind. Wir lernen, daß es noch andere Arten von Steinen gibt, die wir bisher nicht kannten, die eine neue Art von Weg begründen.

Du wirst durch Erzählen, durch Zuhören und Lernen den Weg mit vorbereiten, den es zu bauen und zu beschreiten gilt, so wie ich das zur Zeit auch tue, indem ich meine Träume von gestern und heute mit den Wahrnehmungen meiner Mitmenschen vergleiche.

Sei umarmt von

Deinem Rainer

9. Schwerter zu Pflugscharen

18. Juni 1990

Lieber Martin,

ich muß noch einmal auf den letzten Brief zurückkommen. Dir erschienen meine Erklärungen nicht ausreichend. Du wolltest genauer wissen, warum ich die Soldaten nicht alle schnell nach Hause schicke. Vielen meiner Freunde geht es ähnlich wie Dir. Sie fragen sich, warum ich die Armee nicht sofort ganz auflöse und sofort alles abrüste. Es geht ihnen nicht schnell genug. Sie sind darum von mir enttäuscht und verärgert.

Ich habe seit einigen Wochen für Menschen Verantwortung übernommen, die ich noch vor einem Jahr als Gegner meines Nußbaums angesehen habe. Sie wollten eine andere Welt als ich sie wollte. Sie haben das Wachstum meines Bäumchens - so glaubte ich zumindest - behindert.

Ich rechne auch damit, daß so mancher Offizier der Nationalen Volksarmee mir den "Abrüstungs-Offizier" nur vorspielt, weil er sich dadurch Vorteile für sein weiteres Leben verspricht. Ich weiß ja, und davon habe ich schon zu Dir gesprochen, daß sie in diesem SED-Regime zur Anpassung erzogen worden sind. Warum sollten sie sich jetzt nicht anpassen?

Mein Problem ist jedoch nicht nur, ob ich ihnen den Wandel glaube, sondern auch, ob die Bundeswehr, die Bürger in der Bundesrepublik ihn für glaubwürdig halten. Ich weiß aus vielen Gesprächen, daß die "Rotlichtbestrahlung", wie die Soldaten den Polit-Unterricht nannten, von vielen Armeeangehörigen nicht ernstgenommen wurde. Dennoch hat "sie" vierzig Jahre lang gewirkt. Die Jüngeren, die dem Einfluß nicht so lange ausgesetzt waren, sind vielleicht zu schnellerem Umdenken in der Lage. Ich will an die Wandlungsfähigkeit der Menschen glauben, und die Frage nach der Glaubwürdigkeit hat mich immer interessiert.

Die Armee in der Bundesrepublik hat sich nach den großen Demonstrationen der Friedensbewegung im Jahre 1981 selber als die "größte Friedensbewegung aller Zeiten" bezeichnet. In meinen Augen sind Militärs nicht unbedingt die Friedensbringer. Aber ich glaube, daß eine starke Armee in bestimmten Zeiten zum Frieden beitragen kann, weil sie ein Gleichgewicht und eine Abschreckung für Angreifer darstellt. Armeen sind - so verstanden - ein politisches Mittel.

In meinem Kopf hat sich aber doch auch ein Wandel vollzogen, wie in so vielen Köpfen. Ich wollte und ich will die Notwendigkeit von kriegerischen Auseinandersetzungen und die Existenz von Armeen überflüssig machen. Aber das ist vorerst nur ein Traum. Wenn ich nicht an die Verwirklichung von Träumen glaubte, wäre ich heute nicht auf diesem Posten. Wenn ich den Wandel nicht mitgestaltet hätte, gäbe es heute keine Armee bei uns, die sich wandeln muß.

Viel Wandel hat sich bereits vollzogen. Für Dich ist er genauso zu spüren wie für mich. Alles, was Du mir aus der Schule, von Deinen Freunden erzählst, deutet auf eine grundlegende Veränderung der Wirklichkeit hin.

Spätestens seit dem November 1989 ist es zur erfahrbaren Gewißheit geworden, daß sich politische Rahmenbedingungen schnell und grundlegend verändern lassen. Es kommt nun für mich darauf an, die "menschliche Abrüstung" zu betreiben. Ich kann die Offiziere und Unteroffiziere der NVA ja nicht einfach nach Hause schicken. Sie haben doch nichts anderes gelernt. Es gibt keinen Arbeitsmarkt, der sie sofort aufnimmt. Deshalb muß ein Sozialplan entwickelt werden.

Ich habe festgestellt, daß ich mit dieser Arbeit nicht am Punkt Null anfangen muß. Mein Amtsvorgänger, der jetzige Chef der Armee, Admiral Hoffmann, hat im November 1989 bereits eine weitsichtige und wie ich meine sehr kluge Arbeit begonnen. So sind also bereits Anfänge vorhanden. Ich brauchte für diesen Bereich der Armee bei meiner Amtsübernahme lediglich noch zivile Stukturen dazuzusetzen.

Ich empfinde es täglich, daß es für den gesamten osteuropäischen Raum etwas Exotisches ist, was sich hier in der DDR abspielt: nicht nur, daß der Minister ein Zivilist ist, sondern auch, daß er ein Mitglied der Friedensbewegung war und wegen Verweigerung des Gelöbnisses acht Monate im Gefängnis saß.

Es kommt hinzu, daß ich drei Staatsekretäre besonderer Art berufen habe: einen beamteten Staatsekretär, der früher ein Altenheim geleitet hat, einen parlamentarischen Staatssekretär, der vorher Mediziner war und einen Staatssekretär für Abrüstung, der, als er Major wurde, aus der NVA ausstieg und zur Friedensbewegung ging. Ich habe zudem einen einundzwanzigjährigen Soldatenbeauftragten, der Wehrdienstverweigerer war, sowie einen Umweltschutz-Beauftragten eingesetzt. Dazu kommt ein ziviler Chef des Personalwesens, ein ehemaliger Lehrer mit Berufsverbot und Dietmar Herbst aus dem Westen als Leiter meines Beraterstabs.

Zu dieser "exotischen" Gestaltung eines "Verteidigungsministeriums" kommt nun mein Programm hinzu, die Armee abzurüsten, in den Augen der Russen "zu entwaffnen".

Es gibt bereits einen Bereich "Konversion und Abrüstung", der sich im Aufbau befindet und erweitert werden soll. Von der Struktur her hat er eine Reihe von Militärwissenschaftlern als Mitarbeiter, die in der Zusammenarbeit mit anderen Ländern bereits Erfahrungen gesammelt haben, unter anderem auch mit der Bundeswehr. Die Militärakademien und die Militärhochschulen befassen sich bereits mit dem Thema Konversion.

Michael Hahn, der junge Soldatenbeauftragte, soll die Soldaten und Unteroffiziere genauso wie die Generäle mit ihren Sorgen, Nöten und ihren Fragen betreuen. Er soll ihnen zuhören und sich mit ihnen solidarisch erklären. Er ist Mitarbeiter unseres Ministeriums und nicht der Volkskammer unterstellt. Insofern hat er auch eine andere Stellung als der Wehrbeauftragte der Bunderegierung.

Eine meiner Aufgaben sehe ich darin, diese Armee und ihre Angehörigen zu stabilisieren. Zum Teil ist mir das bereits gelungen. Nach der Kommandeurstagung haben die Fahnenfluchten aufgehört. Die Soldaten scheinen sich nicht mehr so oft zu fragen, wozu sie ihren Dienst tun, für wen sie sich einsetzen sollen. Die Soldaten und Offiziere scheinen verstanden zu haben, daß ich ihnen eine Chance geben will.

Ich bin Teil einer demokratisch gewählten Regierung und will der Demokratie in unserem Land zum Durchbruch verhelfen. Ich will mich als Regierender nicht so verhalten wie diejenigen, deren Machtmißbrauch ich bekämpft habe. Ich will keine Gruppe aus der Gesellschaft ausgrenzen.

Die Kommandeure haben das verstanden. Sie haben offensichtlich mit meinen Ausführungen und den Inhalten, die ich zu vermitteln versuchte, etwas anfangen können. Die Stimmung in der Armee ist besser geworden. Das Feindbild ist weitgehend verschwunden. Ich bin fest davon überzeugt, daß die Nationale Volksarmee schon heute nicht mehr "kriegsverwendungsfähig" ist, schon gar nicht gegen die andere deutsche Armee, die Bundeswehr.

Auch die Soldaten verstehen inzwischen, daß Abrüstung verantwortlich betrieben werden muß. Uns hier im Ministerium ist auch deutlich geworden, daß zur Abrüstung mehr Zeit benötigt wird, als wir zu Beginn angenommen haben, wenn diese Abrüstung sozial verträglich und menschlich genannt werden will.

Zur Zeit haben wir mit der Bewachung der vielen übernommenen Waffen große Probleme. Außerdem gibt es Bündnisverpflichtungen der DDR, aus denen wir nicht so schnell und so einfach herauskommen, wie sich das manche Menschen vorstellen. Deshalb ist auch die ganz konkrete Abrüstung der Waffen nicht so schnell zu verwirklichen, wie ich mir das wünschte.

Wir leben auf einem Kontinent, der noch keine gemeinsame Friedensordnung hat. Wir leben noch nicht in einer Welt, in der eine Weltfriedensordnung herrscht. Das bedeutet, daß auch innerhalb der neuen Staatengemeinschaft der Bereich zwischen Oder und Elbe geschützt sein muß.

Die NVA ist heute kein Unterdrückungsinstrument der Herrschenden im Staat mehr. Sie stand, solange sie existierte, zumindest in der Gefahr, dazu mißbraucht zu werden. Das Verhältnis zur Bevölkerung hat sich seit dem November bereits gewandelt und wandelt sich weiter.

Es gibt verständlicherweise Störmanöver. Das sind vor allem die Zeitungen der PDS, "Neues Deutschland" und "Junge Welt", die massiv versuchen, die Nationale Volksarmee zu diffamieren. Diese Medien arbeiten häufig mit unlauteren Mitteln. Sie verbreiten Lügen und Halbwahrheiten, und ich habe das Gefühl, daß manche ihrer Mitarbeiter sich gar nicht die Mühe machen, sich genau zu informieren, bevor sie schreiben. Es hat für mich den Anschein, daß dies zu einer grundsätzlichen Destabilisierung der jungen, neuen Deutschen Demokratischen Republik beitragen soll. Sie wollen ganz besonders das sich ganz deutlich verbessernde Verhältnis zwischen Armee und Bürger belasten. Es ist ganz sicher kein Zufall, daß gerade diese beiden genannten Zeitungen und deren Ableger überall in der Republik versuchen, das Ministerium und die Armee schlecht zu machen.

Seit 1956 sind die Offiziere der NVA streng im Geiste des Marxismus-Leninismus erzogen worden. Nahezu hundert Prozent aller Offiziere waren in der SED. Ich habe oben schon von der "Rotlicht-Bestrahlung" gesprochen. Wie lange wirkt sie nach und wie groß ist ihre Tiefenwirkung?

Eine zentrale Frage wird sein, ob diese Armee demokratischen Geist und politische Loyalität gegenüber der demokratischen Regierung und gegenüber einem demokratischen System walten läßt.

Bisher wage ich diese Frage nicht verbindlich zu bejahen. Dazu kenne ich noch zu wenige Menschen. Ich kann aber feststellen, daß die Menschen, mit denen ich in den letzten Wochen in dieser Armee zu tun hatte, mich dies zu Recht hoffen und vermuten lassen. Ich habe solche Loyalität erlebt. Das geschah in Situationen, in denen es die Offiziere gar nicht nötig gehabt hätten, Zustimmung zu zeigen.

Ein Beispiel ist für mich die Kommandeurstagung gewesen. Ich habe zunächst den Offizieren meine Gedanken in einem Referat vorgetragen. Nachdem die Kommandeure in Gruppen darüber beraten und Fragen und Probleme benannt hatten, hat es eine Aussprache über dieses Referat gegeben. Danach sind die Sachprobleme noch einmal von mir zusammenfassend kommentiert worden. Dieses Verfahren war für die Kommandeure etwas völlig Neues.

Als ich meine abschließenden Erläuterungen abgeschlossen hatte, haben die Kommandeure offen Beifall geklatscht. Zunächst habe ich gedacht: Du bist offensichtlich ganz gut gewesen. Ich habe den Beifall als etwas Normales angesehen. Mir ist erst hinterher gesagt worden, daß dies das erste Mal auf einer Kommandeurstagung geschehen ist. Man hat bisher nicht geklatscht, weil es ein dienstliches Unternehmen war, bei dem man nicht klatschte.

Den 400 Offizieren wäre überhaupt nichts passiert, wenn sie nicht geklatscht hätten. Sie hätten keinen Minusstrich erhalten und wären auch nicht unangenehm aufgefallen. Es wäre sogar völlig normal gewesen. Das was sie getan haben, war unnormal. Und das war freiwillig. Das spricht nach meiner Meinung mindestens für den guten Willen der entscheidenden Leute in der Führungsspitze der Armee.

Wenn ich oben über die Prägung der Offiziere durch den marxistisch-leninistischen Geist gesprochen habe, dann fällt es mir bei aller christlichen Prägung, die ich erfahren habe und die mich in eine gewisse Gegnerschaft zu dieser Ideologie gebracht hat, schwer, von Ungeist zu sprechen.

Der "liebe Jesus" ist auch sehr oft - selbst von den Kirchen - "vergewaltigt" worden. Ob das, was in der DDR in den letzten 40 Jahren passiert ist, immer im Geiste von Marx und Lenin gewesen ist, wage ich sehr zu bezweifeln. Ich möchte die Väter also nicht für die Untaten ihrer Söhne verantwortlich machen.

Natürlich sehe ich, daß die dauernde Gefahr besteht, daß die alten Seilschaften ihre Positionen ausbauen und erhalten. Die ehemaligen Genossen und die Jetzt-PDS-Mitglieder sind ja nicht verschwunden. Sie sind auch weiterhin in der NVA. Es gibt Männer, die seit 41 Jahren - vom Aufbau an - bei der Armee sind. Ich kann mir nicht vorstellen, daß diese Männer durch historische Ereignisse wie den 9. November 1989 und den 18. März 1990 nun auf einmal Freundschaften aufkündigen.

Ich habe in Moskau ein Vorurteil revidieren müssen, weil ich eine Erfahrung gemacht habe, die mir vorher verstellt war. Ich dachte, die Sowjetunion würde nur kommandieren, und die anderen gingen mehr oder weniger grimmig hin, weil sie aus dem Bündnissystem - aus dem Warschauer Vertrag - nicht rauskönnen.

Ich habe - für mich überraschend - erfahren, daß das zumindest in der Spitze des Warschauer Vertrages so nicht ist. Das sind Menschen, die zum Teil gemeinsam gekämpft haben, die den 9. Mai 1945 tatsächlich als Sieg erlebt haben.

Die nächste Generation besteht aus Menschen, die fünf Jahre zusammen in Moskau oder Leningrad oder Berlin studiert haben. Zwischen diesen Männern habe ich richtige Freundschaften oder gute Bekanntschaften erlebt. Ich halte es für völlig normal, daß diese Kontakte und Freundschaften gehalten haben und heute noch bestehen. Sicher wird es daneben auch manche zweckorientierte Seilschaft geben.

Für viele bricht zur Zeit ein Weltbild zusammen. Menschen, die über Jahre in bezug auf die Strategie einer solchen Armee in einer ganz bestimmten Art des Denkens erzogen worden sind, haben es nicht immer ganz einfach, mit neuen Gesetzmäßigkeiten und neuem Denken klarzukommen. Und was ich in allen Bereichen des menschlichen Lebens zur Zeit beobachten kann, das gilt natürlich auch für den Bereich der Nationalen Volksarmee.

Ich glaube andererseits aber nicht, daß es in der Nationalen Volksarmee nur "intellektuelle Supermänner" gibt, die sich ruck-zuck und grundsätzlich haben ändern können. Ganz sicher wirkt doch auch die Erziehung zum Denken im Freund-Feind-Schema nach. Das äußert sich heute überwiegend in Unsicherheit. Und es gibt sicherlich im Offizierscorps genügend Menschen mit zwei Gesichtern. Auch dazu sind die DDR-Bürger jahrelang erzogen worden.

Ich gehe nicht davon aus, daß die einzigen, die nicht diese zwei Gesichter haben, die Mitglieder der Nationalen Volksarmee oder des Offizierscorps sind. Nach allen Erfahrungen wird es sie also auch in meinem Umfeld geben.

Aber - und das ist vielleicht ein Vorteil unseres Ministeriums im Vergleich zu manchen anderen - : In jedem NVA-Offizier steckt auch eine ganze Portion Preußentum. Das kommt in der Armee, nach meinen Erfahrungen, gegenwärtig auf eine angenehme und gute Weise zum Tragen. Ich habe also viel weniger Schwierigkeiten, als ich das vorher erwartet habe.

Ich glaube auch, daß ich weniger Schwierigkeiten als die Kollegen in anderen Ministerien habe. Das mag an meiner Grundeinstellung liegen, nach der es nur miteinander geht. Wir sind aufeinander angewiesen. Die alten Kader müssen sich mir unterstellen. Gegen mich haben sie langfristig keine Chance, wenn es nicht einen Putsch gibt. Ich kann aber auch mit zehn Zivilisten nicht gegen einen gutfunktionierenden Apparat arbeiten, den zudem keiner von uns auch nur im Ansatz hinreichend kennt. Nicht einmal die Strukturen sind uns ausreichend bekannt.

Wir liefern uns den Offizieren dieser Armee aus, die nun Mitarbeiter eines zivilen Ministeriums sind. Diese Offiziere haben wiederum geringe Vorstellungen davon, wie ein Ministerium in einem demokratischen Staat funktioniert. So lernen wir gemeinsam und gegenseitig, immer kritisch von außen und innen beobachtet.

Mein Umfeld betrachtet Polizei, Armeeangehörige, Politiker, Stasimitarbeiter und einen Teil der alten Verwaltungsbeamten in der Regel als außenstehende Gruppen, als "nicht zur Gesellschaft gehörig". Das werdet Ihr ja auch in der Schule und bei Euren Freunden merken. Ich glaube, daß diese Sichtweise einem demokratischen Staat nicht angemessen ist. Es geht nicht im Gegeneinander, sondern nur im Miteinander. Wenn es einen überzeugenden Wandel geben soll, dann müssen alle Gruppen einbezogen sein, lieber Niels.

Laß mich in diesem Zusammenhang noch etwas über die Soldaten und ihr Selbstverständnis sagen.

Sie sind ja durchaus als Volksarmisten erzogen worden. Wenn ich die Agitationsschriften unserer Politoffiziere richtig gelesen habe und das, was mir die Offiziere über ihre Arbeit gesagt haben, richtig verstanden habe, dann ist der Miliz-Gedanke immer Leitidee im Ost-Block gewesen. Es ist dies die Idee von dem bewaffneten Volk, das sich gegen den Gegner verteidigt, der "die wahren Interessen des Volkes" bedroht.

In den letzten Jahren ist den Mächtigen in diesem Staat nun insgeheim und zunehmend bewußt geworden, daß sie nicht mehr die Interessen des Volkes schützen. Das Volk wollte Freiheit, insbesondere Reisefreiheit. Es wollte Teilhabe am Wohlstand und wollte konsumieren. Das Volk wollte für den Arbeitslohn genauso Waren kaufen, wie das die Menschen im Westen konnten und taten.

Und so wurde die Armee in der Planung der Regierenden immer stärker zum Unterdrückungspotential der Mächtigen gegen das Volk, genauso wie Grenztruppen, Stasi, Polizei. Ich glaube den Offizieren, die mir sagen, daß sie sich in den letzten Jahren zunehmend mißbraucht gefühlt haben und deshalb schon vor dem November 1989 heimlich an einer Militärreform gearbeitet haben. Ich denke besonders an einen Obersten, der schon im Sommer 1989 heimlich in Zivil zu mir kam und mit mir redete.

Im Westen bildete die Demokratie und die offene Gesellschaft einen ganz anderes Umfeld für die Soldaten und Offiziere. Sie verstanden sich als Bürger in Uniform. Ihre Aufgabe war es auch nach eigenem Verständnis, Minderheiten zu schützen und dafür zu sorgen, daß vor dem Gesetz alle gleich sind und sich Parteimitglieder oder bestimmte Gruppen nicht wie in der DDR Sonderrechte herausnehmen können. Die Soldaten und Offiziere in den westlichen Armeen wurden dazu angehalten und erzogen, ein System zu schützen, das jedem Bürger das Recht gibt, gegen den Staat oder gegen Gruppen und Einzelpersonen vor einem Gericht zu klagen. Diese Demokratie vor dem Zugriff von Diktatoren zu schützen, wird in der Bundeswehr nach meiner Kenntnis als Hauptauftrag gesehen. Die alte DDR ist vor der Maueröffnung und bis zur ersten Volkskammerwahl im März 1990 ein solches diktatorisches System gewesen.

Nun geht beiden Seiten das Feindbild verloren. Wir sind auf dem Weg, ein freiheitlich demokratischer Rechtsstaat zu werden, und die NVA ist nicht mehr der Feind der Bundeswehr. Keine der Ost-Armeen wird sich voraussichtlich nach den sehr weit fortgeschrittenen Demokratisierungsprozessen in den jeweiligen Ländern gegen den Westen wenden. Ich kann mir jedenfalls nicht vorstellen, daß Vaclav Havel oder Lech Valesa einen militärischen Überfall auf die Bundesrepublik planen könnten!

In der DDR wird sich der Wandlungsprozeß voraussichtlich schneller vollziehen als im Westen. Bis heute hat die Bundeswehr die Feindbild-Strategie nicht wirklich aufgegeben. Die Vorne-Verteidigung gibt es noch. Die Abwehrraketen zielen immer noch auf Magdeburg und Rostock. Es gibt noch keinen überzeugenden Wandel, der sich in einer Umkehr der Strategie geäußert hätte, wie wir ihn seit November 1989 am "Runden Tisch" und in der Armee vollzogen haben. Bisher wird die Notwendigkeit zum Umdenken im Westen offensichtlich noch kaum gesehen.

Wir sind "beitretendes Gebiet". Wir haben die Wertvorstellungen und Verhaltensmuster des Westens, die wir aus dem Westfernsehen kennen, die wir seit einigen Monaten aber auch durch eigene Erfahrungen millionenfach machen konnten, freiwillig "übernommen". Wir mußten dabei alles über den Haufen werfen, was wir gelernt haben. Dieser Prozeß ist schmerzhaft.

Fast täglich muß ich feststellen, daß das, was ich "hinüberretten" wollte, nicht so vorhanden war, wie ich es mir vorgestellt hatte. Wir sprechen ja fast täglich davon, wenn wir uns sehen.

In der Armee, der ich nun "vorstehe", ist alles viel einfacher. Die Fachleute sind die gleichen geblieben. Wer früher befohlen hat, befiehlt weiter. Nur wenige sind bisher ersetzt. Der tägliche Arbeitsanfall, der zu bewältigen ist, bleibt der gleiche. Die Sicherstellung und die Waffenpflege, der Wachdienst und das Einüben von Handlungsabläufen wird fast in der gleichen Weise wie früher fortgesetzt.

Aber es gibt nach meinen Erkenntnissen keinen "unbedingten Gehorsam" mehr. Und dennoch: Diese einst gefürchtete Armee versteht ihr Handwerk, sie übt es auch weiterhin aus. Ich nehme an, daß dieses "Handwerk" in der Bundeswehr nicht anders ausgeübt wird als in der NVA.

Weil Ordnung, Disziplin, Pünktlichkeit, Zuverlässigkeit als Tugenden, ohne die eine Armee nicht funktionsfähig sein kann, weiterhin gelten, habe ich es auch einfacher als viele meiner Kollegen. In anderen Ministerien, deren Verwaltungsapparate viel tiefgreifender umgewandelt werden müssen, als das in der Armee notwendig ist, knirscht es gewaltig.

Bei Truppenbesuchen im osteuropäischen Ausland habe ich gespürt, wie privilegiert die NVA im Vergleich zu den Soldaten anderer Armeen des Warschauer Vertrages war und ist. Das gilt für die viel einfachere Unterbringung der Soldaten, für die Offiziersunterkünfte und für die Wohnverhältnisse der Menschen allgemein. Es gilt aber auch für die Ausstattung der Instandhaltungswerkstätten für Panzer und Flugzeuge und andere Waffensysteme.

Ähnlich groß stelle ich mir den Unterschied zwischen Bundeswehr und NVA vor. Dennoch werden sich die Soldaten und Offiziere im militärischen Bereich schnell begegnen können; das hoffe ich zumindest.

Die schwierigste Hürde wird in der Ideologie liegen. Und hier werden die Polit-Offiziere die größte Last sein und zu tragen haben.

Ich schreibe Dir das hier so ausführlich, weil ich mich als Minister für diese Menschen verantwortlich fühle. Wir wandeln uns sicherheitspolitisch von einem gegeneinandergerichteten (konfrontativen) Sicherheitssystem zu einem (kooperativen) System des Miteinanders. Dieser Wandel muß sich in den Köpfen vollziehen. Und das braucht Zeit, wenn es friedlich ablaufen soll. Wir müssen uns gegenseitig glauben, daß wir in der Lage sind, umzudenken, uns zu wandeln. Und wir sind ein Volk. Wir können nicht einen Teil ausgrenzen. Wohin sollen wir denn diejenigen schicken, die wir nicht mehr haben wollen?

Gestern bin ich von einem Journalisten gefragt worden: "Wo stehen eigentlich die Polit-Offiziere heute ?" Ich habe auf diese Frage geantwortet: *"Das wissen sie, die Politoffiziere, glaube ich, selber noch nicht. Sie haben es wohl am schwersten. Das ist ja nicht nur eine Krise im Verhältnis zu denen, die sie ausbildeten, sondern zusätzlich eine Krise zu sich selbst. Ich möchte den Männern, die zehn, fünfzehn Jahre oder länger diese Arbeit mit einer ganz bestimmten inhaltlichen Ausrichtung gemacht haben, unterstellen, daß sie sie möglichst gut machen wollten. Das heißt also, daß sie hinter dem gestanden haben, was sie gesagt haben. Und von daher haben sie es heute besonders schwer. An sie werden heute gewaltige Anforderungen gestellt, einmal, was ihre intellektuelle Bereitschaft angeht, sich mit neuen, mit anderen Dingen, auch mit Dingen, die sie bisher für völlig verquer gehalten haben, auseinanderzusetzen. Aber es werden auch moralische Anforderungen an sie gestellt. Von jedem Politoffizier weiß man doch, daß er Politoffizier gewesen ist. Dem muß sich der einzelne stellen. Eine ganze Reihe haben bereits die Armee verlassen. Andere sind geblieben, die gesagt haben, diesen nicht einfachen Weg nehme ich auf mich.*

Es sind in besonderem Maße Verunsicherte, weil sie sich fragen müssen: Wie geht das gerade mit mir und dem, was ich bis jetzt in dieser Armee gemacht habe, in Zukunft weiter? Dies wird ein Thema sein müssen, dem wir uns in Zukunft noch in zunehmender Weise zu stellen haben werden."

Die Frage: "Wo stehen sie heute?" kann man aber auch realer, weniger bildhaft beantworten. Sie gehen in den Westen, übernehmen dort im mittleren Management von Privatfirmen Funktionen und passen sich sehr schnell an. Dort wird man sie weder enttarnen, noch wird man sie zur Rechenschaft ziehen. Eventuell wird dies später noch einmal ein Problem werden. Vorerst scheint es aber die "leichteste Lösung" zu sein.

So weit für heute!

Ich wünsche Dir noch einen guten Abend. Verschlafe morgen früh nicht wieder.

Alles Liebe,

Dein Rainer

10. Meine Manöverabsage

25. Juni 1990

Lieber Niels,

zuletzt habe ich Dir vor einigen Tagen ein Interview geschickt, um Dich meine Gedanken zur Nato-Mitgliedschaft und die Zwei-Armeen-Idee nachvollziehen zu lassen. Wir haben inzwischen auch darüber gesprochen. Ich habe Dir bei der Gelegenheit gesagt, daß ich die Hauptschwierigkeit der schnellen Vereinigung der beiden deutschen Staaten im Sicherheitsbedürfnis der Sowjetunion sehe.

Allein das Ausscheiden der DDR aus dem Warschauer Vertrag bedeutet für das östliche Verteidigungsbündnis eine enorme Schwächung. Mit einem Schlag werden nach dem heutigen Stand rund 103 000 Soldaten, Offiziere und Unteroffiziere das Bündnis verlassen. Es hat dann auch rund 15 000 Waffensysteme, 2300 Kampfpanzer, 7800 gepanzerte Fahrzeuge, 2500 Artilleriegeschütze und einige Raketen weniger. 70 Schiffe und Boote werden dem Schutz in der Ostsee fehlen. Der Sicherung des westlichen Luftraums der sowjetischen Einflußzone fehlen plötzlich 400 Kampflugzeuge und 50 Kampfhubschrauber, darunter 24 der modernsten Jagdflugzeuge vom Typ MiG 29. Sie werden die 100 000 Radfahrzeuge, darunter weit mehr als 20 000 schwere Lastwagen und die 14 Transport- und Passagierflugzeuge mitgezählt haben, die der NVA zur Verfügung stehen. Die mehr als eine Million Handfeuerwaffen mit den dazugehörigen Peripheriegeräten und mehr als 300 000 Tonnen Munition werden sie militärisch leicht verkraften, wenngleich auch sie einen Wertverlust darstellen.

Wenn das nun alles auch noch zur NATO kommt, wird die Sorge noch größer. Und wir wissen, daß die Militärs in der Sowjetunion genauso von der Idee des Gleichgewichts der Kräfte geleitet worden sind wie die Militärs im westlichen Bündnis.

Heute habe ich die Luftstreitkräfte der NVA besucht. Dabei habe ich viel über die Abhängigkeit der beiden militärischen Blöcke

+voneinader gelernt. Die NVA ist eine "Verteidigungsarmee" geworden. An der Grenze fliegen jetzt nicht mehr sieben Kampfhubschrauber, um "Luftraumverletzer" von innen oder außen abzufangen, sondern es sind nur noch zwei. Nach dem 2. Juli werden wir auch diese beiden Kampfhubschrauber abziehen. Wir werden einen vereingten Luftraum haben müssen, weil in einem einheitlichen Wirtschaftssystem Privatpersonen mit dem Flugzeug fliegen wollen.

Politisch ist das brisant. Wir wissen nicht genau, wie die Sowjets das einschätzen, da sie ja zumindest ihre Truppen auf dem Gebiet der DDR glauben schützen zu müssen. Sie haben deshalb immer noch ihr eigenes Luftsicherungssystem.

Vor einigen Jahren haben Offiziere der Luftstreitkräfte der NVA zufällig entdeckt, daß die Sowjets sich nicht auf die Luftsicherung durch die Verbündeten verlassen. Eigentlich sollten die Polen, Tschechen und die Ungarn zusammen mit den Deutschen im Rahmen der Westgruppe die Westflanke sichern. Die Sowjets hatten aber, so zeigte eine Karte, die gleichen Sicherungsmaßnahmen noch einmal aufgebaut, mit ihren eigenen Leuten und Geräten, mit Horchposten, Fernaufklärungsflugzeugen, Radarkontrolle und allem, was dazugehört.

Die Aufgabe der Lufthoheit wird der härteste Brocken bei den "2+4-Verhandlungen" sein, den es zu verhandeln gibt. Das haben mir heute unsere Experten deutlich gemacht. Alle anderen Länder im Warschauer Vertrag können über ihren Luftraum hoheitlich verfügen. Die DDR kann es nicht. Die Besatzungsrechte geben den Sowjets die absolute Kontrolle über den Luftraum der DDR, und sie scheinen nicht bereit zu sein, auf die Ausübung dieser Hoheitsrechte zu verzichten. Sie scheinen auf der vollen elektronischen Überwachung zu bestehen, solange sowjetische Truppen auf dem Gebiet der DDR stehen. Das ist aber nicht in unserem Interesse. Ich bin gespannt, wie sich die Unterhändler einigen werden.

Im militärischen Bereich haben wir in der DDR alles auf "Sichtflugsicherung" umgestellt. Wir werden den Sowjets verdeutlichen, daß sich die Situation grundlegend geändert hat. Aber die sowjetischen Militärs erscheinen mir genauso unbeweglich wie zur Zeit noch die Amerikaner, die auch nicht bereit sind, auf das ADIZ-Sicherungssystem entlang dem früheren "Eisernen Vorhang" zu verzichten. Sie fliegen dort immer noch mit den AWACS, mit ihren mit Elektronik gefüllten Sicherungsflugzeugen.

Die Offiziere der NVA lernen durch den unausgesetzten Zwang zum Wandel offenbar am schnellsten. Sie lernen vor allem auch durch Anschauung. Ich erinnere mich noch des Schocks, den die mich begleitenden Offiziere im Wechselbad zweier Flottenbesuche erlitten. Das war vor einer Woche.

Ich sehe noch, wie blaß die Generäle der NVA geworden sind, die sowohl beim Flottenmanöver auf der Ostsee als auch 24 Stunden später im Mittelmeer dabeigewesen sind. Bei dem Manöver auf der Ostsee bin ich von einem NVA-Schiff auf ein sowjetisches Schiff umgestiegen. Auf diesem sowjetischen Schiff haben mir die Sowjets stolz die neueste Elektronik gezeigt. Sie befähigte dieses Schiff, anfliegende feindliche Raketen zu erkennen, zu orten und in der Luft zu zerstören. Ich weiß es nicht mehr genau, aber ich meine, sie haben 87 Sekunden gebraucht, vom Erfassen der anfliegenden Rakete bis zu ihrer Zerstörung in der Luft.

Das gleiche Manöver hat mir nur 24 Stunden später ein französischer Kommandant auf seinem Schiff im Mittelmeer, in der Nähe von Toulouse, vorgeführt. Die Franzosen haben 47 Sekunden gebraucht. Und da ist die Generalität der NVA blaß geworden. Spätestens an dieser Stelle ist ihr deutlich geworden, daß sie bei einer militärischen Auseinandersetzung mit dem Westen überhaupt keine Chance gehabt hätte. Spätestens an dieser Stelle haben die Offiziere wohl auch mitbekommen, wie groß die elektronische und technische Überlegenheit der NATO gewesen ist.

Mir ist anläßlich dieser Demonstration zweierlei deutlich geworden: Der Schock der Offiziere hat mir gezeigt, daß sie offensichtlich gemeint hatten, sie könnten "den Aggressor auf dem eigenen Gebiet schlagen" (So lautete über viele Jahre die strategische Grundformel der NVA). Mir haben jedenfalls die NVA-Offiziere immer gesagt, sie hätten geglaubt, auf der Seite der Gewinner zu stehen. Und nun mußten sie erkennen, daß sie nicht nur, was die Geschichte angeht, sondern auch, was das militärische Handwerk angeht, auf der Seite der Verlierer standen.

Mir ist aber auch ein Zweites deutlich geworden: Wenn ich einmal unterstelle, daß westliche Geheimdienste, und damit auch die westliche NATO-Generalität, den Stand der technischen Entwicklung im Warschauer Vertrag kannte, dann muß ich fragen: Wie ist die militärische Gefahr eingeschätzt worden? Ist sie nicht immer auch ein bißchen größer gemacht worden, um immer neuere und modernere Waffen entwickeln und anschaffen zu können? Wie war das mit dem militärischen Gleichgewicht zwischen Nato und Warschauer Vertrag eigentlich?

Auf dem Mittelmeer am 19. Juni 1990 habe ich den Eindruck gewonnen, daß es dieses militärische Gleichgewicht nicht gegeben hat. Die technologische Überlegenheit der NATO ist so groß gewesen, daß es wohl auch das militärische Übergewicht der NATO in Europa gegeben hat. Vielleicht zum Glück für uns alle! Denn, lieber Niels, in Europa hat nur ein Bündnis seine Soldaten marschieren lassen, der Warschauer Vertrag: in der DDR, nach Ungarn, in die Tschechoslowakei und nach Polen.

Werner Ablaß, der Staatssekretär, der für den militärischen Apparat zuständig ist, hat immer verhindert, daß der aus dem Westen stammende Leiter meines Beraterstabes in irgendwelche Geheimnisse militärischer Art eingeweiht wurde. Er hat versucht, ihm die Teilnahme an Lagebesprechungen zu verwehren. Er hat ihn zum Beispiel aus dem Raum geschickt, als Innenminister Diestel uns die Sicherheitskonzeption für den Personenschutz verdeutlichte. Die Generäle haben das eher komisch gefunden, wie mir Dietmar berichtete.

Hingegen kann jeder Journalist, der mit uns reist und Truppenteile besucht, die dabei gezeigten Karten und Schaubilder beliebig fotografieren und filmen. Dabei achtet der Staatssekretär nicht auf die Sicherheitsbestimmungen. Für mich sind diese Vorführungen aus politischen Gründen eher eine Form der historischen Betrachtung. Einen "Ernstfall" kann ich mir wirklich nicht vorstellen.

Mir erscheint die Geheimhaltung gegenüber dem Leiter des Beraterstabs allein wegen dieser Inkonsequenz unangemessen und eher persönlicher Natur. Zudem hat er jahrelang im Westen in einem sicherheitspolitischen Fachausschuß mitgearbeitet und mehrfach NATO-Hauptquartiere besucht. Er hat viel Verständnis für das Sicherheitsbedürfnis der Militärs, sagt aber immer, seine Phantasie reiche aus, um sich den Einsatz technischer Geräte im militärischen Bereich vorzustellen.

Heute fragte er Admiral Hoffmann, ob dieser das Gefühl habe, daß in der Leitzentrale militärische Geheimnisse zu sehen seien, dann wolle er lieber draußen bleiben. Die schmunzelnde Verneinung Admiral Hoffmanns zeigte mir, wie nachhaltig die Erlebnisse der beiden Flottenbesuche gewirkt haben.

Heute ist mir der Plan vorgelegt worden, den das Oberkommando der Warschauer-Vertragsstaaten und der Führung der Sowjets für das Manöver GRANIT 90 ausgearbeitet haben. Armee-General Tredjak, der Stellvertreter des sowjetischen Verteidigungsministers Jasow und Oberkommandierender der Luftstreitkräfte, hat dem Chef der Luftstreitkräfte der NVA die üblichen Manöverbedingungen übermittelt.

Wir sind heute in der Beurteilung dieser Bedingungen davon ausgegangen, daß wir nicht mehr an dieser Übung teilnehmen werden, die die operative Lage von gestern hinterlegt. Die NVA nimmt zudem nicht mehr an einem Manöver teil, bei dem im Konfliktfall das Oberkommando über die Luftstreitkräfte an das Oberkommando der Westgruppe übergeben wird. Das einzige, was wir zusagen wollen, ist die Bereitschaft, an Überprüfungsmaßnahmen teilzunehmen, um dann aus dem Manöver auszusteigen.

Das Manöver GRANIT 90 ist ein großes Manöver, das nach dem Stockholmer "Abkommen über vertrauensvolle Zusammenarbeit zwischen den gegnerischen Mächten" "meldepflichtig" ist. Die Planung und die Situation des Manövers läßt genau das alte Schema erkennen, das jahrelang vorhanden war:

- 10 Tage lang ist im westlichen Raum der Angriff nichtsozialistischer Länder vorbereitet worden, und es hat sich ein einheitliches Kommando im Westen gebildet.
- Die sozialistischen Länder sind bedroht, schließen sich zusammen, koordinieren ihre Kommandos und technischen Einsatzgruppen.

- Die verteidgungsfähigen Kräfte werden dem Oberkommandierenden der Westgruppe unterstellt.
- Es gibt in diesem Fall keine Mitsprache der Kommandeure der Luftstreitkräfte mehr, weil es keine multinationale Verteidigungsstruktur gibt. Das heißt: Im Warschauer Vertrag ist immer alles ganz zentral auf das sowjetische Oberkommando ausgerichtet.

Ich habe heute angeordnet, daß wir an diesem Manöver nicht teilnehmen werden, solange der Inhalt der militärischen Übung unverändert bleibt. Das Szenario widerspricht ganz eindeutig der politischen Aussage, die man mir gegenüber im April und im Mai gemacht hat. Dies habe ich heute dem Oberbefehlshaber der Weststreitkräfte in einem Telegramm mitgeteilt und die Änderung des Szenarios gefordert. Das Telegramm schließt mit dem Satz: "Es gibt keine volle Teilnahme unserer Truppen unter der Story, die jetzt Grundlage dieser Übung GRANIT 90 ist."

Wir haben gleichzeitig beschlossen, diese Absage der Presse nicht mitzuteilen, um den sowjetischen Militärs zu helfen, den Manöverplan zu ändern und ihnen die Chance zu geben, daß sie den Veränderungen in Osteuropa entsprechend reagieren können.

Ich glaube, daß nur solch ein offenes, ehrliches und konsequentes Auftreten die Prozesse vorantreiben kann, die notwendig sind, um zu verdeutlichen, wie weit wir auf den Wendewegen schon fortgeschritten sind.

Es grüßt Dich für heute
Dein Rainer

11. Wachsen braucht Zeit

10. Juli 1990

Liebe Ulrike,

aus dem Urlaub schreibe ich Dir heute mit etwas mehr Zeit. Ich will Deine letzte Frage noch einmal in Ruhe beantworten, warum ich gemeinsam mit Lothar de Maizière und Markus Meckel versuche, den deutschen Vereinigungsprozeß hinauszuzögern.

Nach der Währungs-, Wirtschafts- und Sozialunion gibt es nun keinen ganz dringenden Grund zur Vereinigung mehr, meine ich. Vielmehr brauchen wir Menschen einige Zeit zum Lernen, um als gleichwertige Partner in den Einigungsprozeß einzutreten.

Zur Zeit besteht bei den meisten DDR-Bürgern der Eindruck, wir würden "übernommen". Die Menschen des gemeinsam zu bildenden Deutschlands beginnen, sich bereits in "Ossis" und "Wessis" zu spalten. Die Menschen aus dem Osten fühlen sich dabei immer mehr als Verlierer. Wir, die wir den Wandel mit herbeigeführt haben, fühlen uns aber als Gewinner. Wir sind es schließlich gewesen, die die stille Revolution friedlich gestaltet haben. Wir waren es, die vorbereitend auf die Demokratisierungsprozesse eingewirkt haben, die den Ruf "WIR SIND D A S VOLK!" intoniert haben.

Die überquellenden westdeutschen Botschaften in Prag, Budapest und Warschau und die Öffnung der Grenzen haben die politische Situation in Deutschland und in Europa nachhaltig beeinflußt: Die ausreisenden Menschen haben entscheidenden Druck ausgeübt. Nicht der Westen hat die Vereinigung betrieben, sondern wir haben die Öffnung erkämpft, und der Westen hat dies zum Teil sehr wirkungsvoll ermöglicht und unterstützt.

Und nun stehen wir wie die Verlierer da, weil wir erkennen müssen, daß so vieles, was wir für gut gehalten haben, verrottet und veraltet ist.

Die westdeutschen Politiker fangen an zu drängeln. Graf Lambsdorff wird in den Medien zitiert: "Wir lassen doch nicht noch länger zu, daß die da drüben auf unsere Kosten DDR spielen". Und in vielen Begegnungen mit westdeutschen Kollegen merke ich immer wieder, daß wir, die wir das Pleiteunternehmen des SED-Staates mit demokratischen Mitteln "überzuleiten" versuchen, als "Laienspieler" angesehen werden.

Das ist wohl der Nachteil unserer "friedlichen Revolution", der sich hier zeigt, daß es bei uns kein Ringen um die Macht in der Opposition gegeben hat, wie zum Beispiel in Polen. Macht war immer mit der Partei (SED) verbunden und für uns in der Friedensbewegung war Macht etwas "Unanständiges".

Ich erinnere mich noch gut daran, wie wir im August letzten Jahres mit Freunden von der Niedersächsischen FDP um ein Lagerfeuer saßen und wir eine Nacht lang über die Frage der Teilhabe an der Macht diskutierten. Wir haben erst mühsam lernen müssen, daß wir bereit sein müssen, Macht zu übernehmen, um die Kontrolle über die Polizei, die Stasi, über die Wahlleiter zu erhalten, um Demokratie wirklich durchzusetzen.

Wir hatten und wir haben keine selbständigen politischen Köpfe, die sich im Laufe der Jahre entwickeln konnten, die ein Gefühl für Macht und ein Machtbewußtsein aufbauen konnten. Jeder, der sich durch Unabhängigkeit und einen solchen Willen zur Macht hervorgetan hätte, wäre sofort abserviert worden. Er wäre in den Knast gewandert oder bestenfalls in den Westen abgeschoben worden.

Ich habe Dir erzählt, wie man Ralf Hirsch und Bärbel Bohley bedroht hat, wie man versuchte, sie mundtot zu machen und schließlich zur Ausreise zwang. Bärbel Bohley verweigerte die Unterschrift und wurde für ein halbes Jahr "ausgewiesen". Ihr wurde nicht die Staatsbürgerschaft entzogen, wie das unserem Freund Ralf geschah.

Wir, die wir innerhalb der Kirche in einem relativ geschützten Raum wirken konnten, waren von diesen Ausweisungsmaßnahmen nicht oder kaum bedroht. Erinnerst Du Dich, manchmal habe ich Dir davon erzählt, was ich getan habe. Ich habe Dir von den Blues-Messen in der Samaritergemeinde erzählt, zu denen wir bis zu zehntausend

Menschen in und um die Kirche versammeln konnten. Ich habe Dir davon erzählt, wie ich mit Robert Havemann den "Berliner Appell" veröffentlichte. All diese Unternehmen konnte ich nur durchführen, weil der Staat in den 80er Jahren schon so schwach war, daß er die scharfe Konfrontation mit der Kirche nicht mehr wagte.

Außerdem ließ uns die Veranstaltungsverordnung einen gewissen Freiraum. Wir lebten wie in einem sicheren Glashaus, ständigen Kontrollen ausgesetzt. Aber wir konnten die Versammlungsräume bieten, die in Schulen, FDJ-Heimen und Kulturzentren den Oppositionellen grundsätzlich verweigert wurden. Wir probten dabei nicht die Machtübernahme. Wir wollten die Regierung zu Reformen drängen.

Wir wollten unsere politische Unschuld behalten. Wir wollten sanft bleiben. Wir blieben dabei "Laienspieler". Ich merke es sehr wohl auch im Umgang mit westlichen Freunden, daß mit harten Bandagen gekämpft wird. Jeder Politiker, der im Westen in höhere Ämter kommt, hat mehrere Jahre hartes Training hinter sich, hat sich "hochgedient", hat Niederlagen eingesteckt, sich gegen andere Menschen und andere Vorstellungen und Programme durchgesetzt. Das galt auch für parteiinterne Auseinandersetzungen. Nicht umsonst haben meine Gesprächspartner von den westlichen Liberalen mir die Steigerungsform von Feind beigebracht. Sie lautet nach Konrad Adenauer: Feind - Todfeind - Parteifreund.

Die wirklichen Kämpfe und Auseinandersetzungen, das Gerangel um Posten und Programme, um Wählergunst und politischen Einfluß begann eigentlich erst im Dezember letzten Jahres. Bis zum 18. März durften wir dann Demokratie lernen, Wahlkampf üben.

Wir merkten sehr schnell, wie unerfahren und scheinbar wirkungslos wir oft dabei vorgingen. Wir hatten ja vorher auch keine Trainingscamps gehabt. Wir wußten, wie man mit Fotokopierern Flugblätter herstellt, wie man Transparente anfertigt, aber wie man flächendeckend eine Plakataktion startet, das wußten wir nicht. Wie man jeden Haushalt mit Wahlkampfbroschüren versorgt, guckten wir nicht nur bei den Profis von der SED ab, die sich inzwischen PDS nannte. Wir lernten auch von der West-SPD, die im Dezember letzten Jahres, wie ich meine, mit ihren groß angelegten Kampagnen in der DDR das politische Klima bei uns nachhaltig veränderte. Zum Vorteil hat sich für mich dadurch die politische Kultur bei uns nicht verändert.

Wir im Demokratischen Aufbruch glaubten, daß wir 10 Prozent der Stimmen der Bürger erobern würden. Wir meinten, die Bürger müßten unsere unbelastete Vergangenheit und unser Bemühen um die friedliche Revolution anerkennen. Wir waren überzeugt, mit den Werten "sozial und ökologisch" und dem Bekenntnis zur sozialen Marktwirtschaft einen großen Teil der Bürger anzusprechen und vertreten zu können.

Im Dezember auf dem Gründungsparteitag zeigten sich deutlich zwei Flügel, die sich besonders bei der Frage der Vereinigung der deutschen Staaten stritten. Es gab viele, die meinten, der Sozialismus habe endgültig verspielt. Ein anderer Flügel trat für eigenständige Entwicklungen in einer Konföderation ein, mit deutlichem Streben zu einem sogenannten dritten Weg zwischen Sozialismus und Kapitalismus.

Für mich war aber nicht erst seit dem Dezember 1989 deutlich, daß es mit dem Sozialismus nicht weiterging. Dieses Modell hatte sich in Europa als Auslaufmodell und als nicht lebensfähig erwiesen. Wir haben aber erst am 12. Dezember 1989 das Wort "sozialistisch" aus unserem Parteiprogramm herausgenommen. Dies geschah, wie wir später erfuhren, nur wenige Tage oder Stunden, nachdem es die Ost-CDU für sich gestrichen hatte.

Liebe Ulrike, Du weißt, daß uns die Wähler am 18. März nicht wie erhofft gewählt haben. Der "Demokratische Aufbruch" gehörte genauso wie das "Bündnis 90" und wie "Demokratie Jetzt" und wie das "Neue Forum" zu den Verlierern der Wahl.

Die Bürger der DDR haben sich den tatkräftigen, erfahrenen Politikern aus dem Westen anvertraut. Sie wollten Kohl und Genscher oder Lafontaine. Sie hatten schnell begriffen, daß Politik mit Macht, mit Durchsetzungsvermögen und mit Geld zu tun hat.

Wir sitzen nun als frei, geheim, Direkt gewählte Volkskammerabgeordnete in Berlin und versuchen, die Zusammenführung zweier Staaten und zweier Länder und eigentlich zweier Gesellschaften zu regeln. Kaum einer von uns ist in dem Geschäft geübt.

Aber wir sind stolz auf die Form der Debatten in der Volkskammer. Wir freuen uns über unsere Gemeinsamkeiten, wenn wir Regelungen quer durch alle Fraktionen, durch Regierungsparteien und Oppositionsparteien hindurch übereinstimmend beschlossen haben. Die Westpolitiker sehen in uns auch aus diesem Grund die Laienspieler. Sie sind da ganz anders gelagert, aber auch merkwürdig starr und unbeweglich, verhaftet in Schwarz-Weiß-Argumentationen. Oft scheinen Parteigrenzen Bewegungen aufeinander zu erschweren oder gar zu verhindern.

Darin liegt auch der Hauptgrund, weshalb ich jetzt, nach dem 1. Juli, nicht so rasch auf die Vereinigung dränge. Diese Unbeweglichkeit der westlichen Verhandlungspartner und das Gefühl, daß wir in dem Geschäft noch nicht gleichberechtigt sind, lähmt und macht mißtrauisch. Wir gehen in eine neue Welt. Wir kommen in ein ersehntes, aber fremdes Land und müssen so vieles neu lernen, neu verstehen, umdenken, uns umdrehen.

Wir fühlen uns in diesem Einigungsprozeß wie Kleinkinder, die gerade laufen lernen, die noch mit Windeln in den Startblöcken stehen und gegen Carl Lewis und Ben Johnson um die Wette laufen sollen. Und viele denken auch noch, wir werden diesen Lauf gewinnen. Das ist doch Quatsch! Wir brauchen noch viel Zeit, bis wir soviel gelernt und begriffen haben, daß wir gleiche Chancen und Möglichkeiten haben. Wir haben immer wieder das Gefühl, als würden wir Schüler beim Fingerhakeln vom erwachsenen Zweizentnermann über den Tisch gezogen.

Bis zum Dezember letzten Jahres hat Helmut Kohl von einer möglichen Konföderation zweier deutscher Staaten gesprochen. Inzwischen haben wir in der Volkskammer den Beitritt nach Artikel 23 des Bonner Grundgesetzes beschlossen und werden dadurch Mitglieder eines föderativen Bundesstaates!

Es wird bei uns fünf neue Länder geben, mit eigenen Länderparlamenten, eigenen Ministerien, eigenen Verwaltungsapparaten für Schulen, Hochschulen, Finanzen, Polizei, Verkehrswesen, Umweltschutz, Sozialwesen, Gesundheitswesen, halt für fast alle Lebensbereiche. Im Bundesrat, in dem alle Länder vertreten sein werden, wird ausgehandelt, wie die Gelder und das Gewicht der Entscheidungen verteilt werden.

Wer soll das alles machen, wer die entscheidenden Ämter und Funktionen ausfüllen?

Bis heute wissen wir noch nicht einmal, wie die Ländergrenzen in diesem Staat, der alten DDR, verlaufen sollen! Wir haben mit Müh und Not Männer und Frauen für unsere Ministerien in Berlin gefunden. Wir haben mühsam Menschen gefunden, die sich zutrauten, ein Ministeramt zu übernehmen, sich gegen die Verwaltungsfachleute der ehemaligen SED durchzusetzen und die demokratischen Verwaltungsstrukturen zu erlernen. Du merkst ja selbst, wie mir das trotz aller "Lust am Regieren" häufig ausgesprochen schwer fällt.

Demnächst werden wir aber noch einmal für 5 Länder mindestens jeweils 10 bis 12 Minister finden müssen. Das sind 50 bis 60 qualifizierte Menschen. Dazu kommen etwa noch einmal 60 bis 80 Staatssekretäre. Unter jedem Staatssekretär werden jeweils fünf bis sechs Abteilungsleiter arbeiten, die möglichst unbelastet von altem Denken und Parteizugehörigkeit die neuen Wege bauen sollen, auf denen wir den Anschluß an die Westländer finden wollen.

Wie soll das gehen? Wie sollen wir diese Menschen finden? Alle, die zur Zeit Erfahrungen sammeln, sitzen in der Volkskammer. Wenn wir im Januar unter gleichem Wahlrecht und unter gleichen Bedingungen in Ostdeutschland und Westdeutschland den Bundestag wählen sollten, dann müssen gleichzeitig die Länderparlamente gewählt werden. Bis dahin müssen die Grenzen und die Hauptstädte festgelegt, die Gebäude für die Ministerien sichergestellt sein.

Mit den Überlegungen dazu haben wir noch nicht einmal richtig begonnen. Wir, die wir in der Volkskammer sitzen, haben jeden Tag einen riesigen Stapel Akten zu bewältigen. Wir werden von den Westpolitikern belächelt, die uns für unorganisiert und dumm halten, weil wir am Sonntag unsere Volkskammersitzungen abhalten. Wir werden lächelnd abgewiesen, wenn wir am Freitag nach 12 Uhr mittags jemanden in Bonn erreichen wollen, eine Auskunft brauchen. Wir werden abgewiesen, weil dort niemand auf die Idee kommt, so lange am Wochenende zu arbeiten. Du siehst, es sind völlig unterschiedliche Bedingungen.

Wir haben gelernt, wie ein Gesetzgebungsverfahren im demokratisch-parlamentarischen System abläuft. Wir meinen, es schon ganz gut zu bewältigen. Und dann kommen einige Westler und messen alles mit der Elle des Geldes ("Auf unsere Kosten DDR spielen!"). Ich habe von keinem Parlament auf dieser Welt gelesen oder gehört, das in so kurzer Zeit ein solches Pensum an Arbeit, sprich Gesetzgebung, geleistet hat wie "unsere" Volkskammer in diesem letzten halben Jahr.

Wir haben noch keine neue Führungselite, wir haben keine erfahrenen Politiker, keine Marktwirtschafts-Fachleute, nicht genügend gute Verwaltungschefs und keine eigenen Personalbegutachter. Wir haben viele fähige Menschen in diesem Land, aber sie sind oft noch nicht darauf vorbereitet, in die Spitzenpositionen zu gehen. Wir brauchen noch Zeit. Wir müssen noch einige Strukturen entwickeln.

Das ist der Grund, weshalb ich die Vereinigung der deutschen Staaten nicht übereilen möchte. Ich bin mir da mit Lothar de Maizière und Markus Meckel einig. Aber ich befürchte, der Druck wird so stark werden, daß gar keine Zeit bleibt. Schon jetzt werden wir als Bremser und als Feinde der Vereinigung beargwöhnt. Unsere Argumente hört man sich kaum an. Wenn sie zuhören, sind viele Politiker und Journalisten erstaunt, was alles noch ungeregelt ist.

Von Woche zu Woche ändern sich zur Zeit die Erkenntnisse und Bedingungen. Ich hoffe, wir kommen hinterher. Jedenfalls fühle ich mich zur Zeit unwohl und frage mich, ob wir wohl bei diesem Tempo genug für die Menschen in der DDR in diesem Deutschen Einigungsprozeß "herausholen" können.

Vor allem macht mir Sorge, daß es kein ausgewogenes Konzept für die Behandlung der im SED-Apparat eingebundenen Menschen gibt. Auf der einen Seite spüre ich einen ungeheuren Haß auf sie. Wenn sie zusammenhalten, werden sie als Seilschaften bezeichnet. Aber sie haben auch das Wissen, wie man Betriebe, Menschen und Institutionen aufbaut, lenkt und beherrscht. Sie haben mit ihrem Wirken zwar diesen Staat und alle seine Gebilde zugrunde gerichtet, aber sie gehören nun einmal auch zu dem "Volksvermögen", das unser Land hat.

Wir können doch nicht alle Deutschen, die uns nicht passen, zum Beispiel nach Grönland schicken. Wir müßten zumindest die Eskimos fragen, ob sie diese Menschen haben wollen. Rufe wie: "Stasi raus", "SED-Bonzen raus" oder: "Nazis raus" sind daher dumm. Wohin sollten sie alle gehen?

Diese "Altlasten" sind unser Problem, mit dem wir Deutschen fertigwerden müssen. Aber, liebe Ulrike, ein solches Problem gibt es ja nicht zum ersten Mal in der Geschichte. Ich denke an die politische Wende in Chile, Argentinien, Spanien, Portugal und Griechenland. Ich denke aber auch an Deutschland nach dem Zweiten Weltkrieg.

Wie gehen wir miteinander um ? Wie verhalten wir uns gegenüber den ehemals Regierenden, Stasi-Leuten, Kaderleitern, Offizieren, Lehrern und den vielen vielen Mitläufern? Wir werden dieses Problem noch lange haben, bis weit in die nächste und übernächste Generation hinein, liebe Ulrike.

Du merkst, es wird ein holpriger Weg, auf den wir uns mit unserer Wende so friedlich begeben haben. Ich finde es schön, daß wir diesen Weg in unserer Familie seit dem 11. Juni wieder gemeinsam gehen können.

Es grüßt Dich, liebe Älteste,
Dein Rainer

12. Fremde im eigenen Haus

15. Juli 1990

Liebe Evi,

seit mehr als vier Wochen sind wir nun schon wieder verheiratet, leben zusammen mit unseren Kindern, und wieder wird uns die Zeit knapp. Nicht einmal im Urlaub sind wir die ganze Zeit zusammen. Dennoch habe ich das Gefühl, daß wir beide unsere gemeinsame Krise gut überstanden haben, uns die zwei Jahre Trennung geholfen haben. Die Trennung hat mir durchaus eine neue Erfahrung verschafft. Ich weiß jetzt, wie das Leben ist, wenn Du nicht da bist, wenn ich nach Hause komme. Ich weiß, wie es ist, wenn die Familie nicht vollständig ist, wenn Du und die Kinder fehlen.

Wir sind ein Muster deutsch-deutscher Vereinigung. Im Gegensatz zu uns habe ich allerdings bei dem anderen deutschen Wiedervereinigungsprozeß das Gefühl, daß die meisten vergessen haben, wie sie sich in den vierzig Jahren der Trennung gefühlt haben. Sie erinnern sich nicht mehr an ihre Sehnsucht nach dem Partner und nicht an den Neid, wenn es dem anderen so viel besser ging. Ja viele haben ganz vergessen, wie es noch vor einem Jahr in dieser DDR war.

So wie sich mein Lebensgefühl in unserer wiedergefundenen Ehegemeinschaft gesteigert hat, so glaube ich, müßte sich auch sonst im Erinnern das Lebensgefühl der Deutschen erweitern. Deshalb ist die Rückbesinnung so wichtig, damit wir uns wohl fühlen im wieder gemeinsam zu gestaltenden Haus.

Ich habe hier bei Dietmar, meinem Bruder, bei dem ich auch mal wieder dazu komme, in Büchern zu schnüffeln statt in Akten, ein Gedicht von Hans Bender wiedergefunden. Er hatte den Titel seines Hölderlin-Gedichts "In diesem Land leben wir wie Fremdlinge im eigenen Haus" im Jahre 1978 zum Titel einer Gedichtsammlung gemacht.

Es ist das Gedicht eines westdeutschen Intellektuellen, das die Stimmung des "deutschen Herbstes" in der nachrevolutionären Phase der späten siebziger Jahre wiedergeben soll. Ich schicke es Dir mit, weil es meine etwas wehmütige Stimmung, in der ich rückblickend unsere friedliche Revolution betrachte, am besten trifft.

Ich merke, daß ich immer noch an dem Abschiedsgottesdienst in der Samaritergemeinde herumarbeite. Diese letzte Amtshandlung in meiner ersten Gemeinde fand heute vor vier Wochen statt. Die dabei gemachte Erfahrung zeigt mir, wie verletzlich ich bin und hoffentlich auch bleiben werde. Der Gottesdienst fand in dem Haus statt, in dem wir beide fast 15 Jahre zusammen gelebt haben, in dem ich meine politische Arbeit begann, in dem wir uns trennten. In die Wohnung in der Samariterstraße 27 bist Du aber auch nach zwei Jahren wieder zu mir zurückgekehrt. Hier war ich nicht nur Pfarrer, hier war ich auch Vater, Ehemann und Freund.

An all das mußte ich denken, als ich das Gedicht heute las:

I n   d i e s e m   L a n d   l e b e n   w i r

"In diesem Land leben wir
wie Fremdlinge im eigenen Haus
Die eigne Sprache, wie sie uns
entgegenschlägt, verstehn wir nicht
noch verstehen, was wir sagen
die unsere Sprache sprechen
In diesem Land leben wir wie Fremdlinge

In diesem Land leben wir
wie Fremdlinge im eigenen Haus
Durch die zugenagelten Fenster dringt nichts
nicht wie gut das ist, wenn's draußen regnet
noch des Windes übertriebene Nachricht
vom Sturm
In diesem Land leben wir wie Fremdlinge

In diesem Land leben wir
wie Fremdlinge im eigenen Haus

Ausgebrannt sind die Öfen der Revolution
früherer Feuer Asche liegt uns auf den Lippen
kälter, immer kältre Kälten sinken in uns
Über uns ist hereingebrochen
solcher Friede!
solcher Friede

Solcher Friede."

Ich nehme Gedicht und Gefühl zum Anlaß, um mich mit Dir zusammen zu besinnen, auf das, was uns getragen und geprägt hat, und auf das, was mich meinen ehemaligen Freunden und Weggefährten zum Teil entfremdet hat. Daß ich Verletzungen davongetragen habe, merke ich jetzt im Kurzurlaub besonders, zumal dann, wenn ich an meinen Abschied aus der Samaritergemeinde denke, an den Augenblick, in dem ich mir als Fremdling im eigenen Haus vorkam.

Ich habe mich einsam gefühlt. Zu viele von meinen Freunden, mit denen ich die "friedliche Revolution des November 1989" durchgesetzt und vorbereitet habe, sind nicht dagewesen. Auch Du hast mir gefehlt, obwohl wir uns abgesprochen hatten, daß Du nicht mitkommst, Dich dem nicht unbedingt aussetzen mußtest, was Dich in der Gemeinde erwartete, denn: "Ausgebrannt sind die Öfen der Revolution".

Der "Spiegel" hatte schon Tage vorher über die Meinung und die Beschlüsse im Gemeindekirchenrat und im Gemeindebeirat berichtet. Ich erfuhr aus der Zeitung, daß man mir nicht die Möglichkeit geben wollte, ein letztes Mal in meiner Gemeinde zu predigen. Immerhin hatte ich in dieser Gemeinde 15 Jahre als Pfarrer gearbeitet.

Die insgesamt etwa dreißig Mitglieder beider Leitungsgremien waren mehrheitlich der Meinung, "daß ich den Kirchenraum nicht als Platz für politische Erklärungen zur Verfügung haben sollte". Diejenigen, die diesen Beschluß initiiert haben, die Kirchenvorsteher, sind in ihrer Mehrheit auch nicht zum Abschiedsgottesdienst erschienen.

Ich fühlte mich wirklich, als seien die Fenster zugenagelt. Da haben sich Gemeindeglieder ausgesperrt, die Sprache ist nicht mehr die gleiche.

In einem Jahr hat sich alles geändert. Was hat diese Wandlung, diese Entfremdung hervorgerufen? Muß Politik zwangsläufig so einsam machen?

Freunde aus dem Westen waren gekommen, Hans-Peter Schneider hat ein paar kritische, aber die Verbundenheit betonende Worte gefunden. Das war tröstlich. Da drang noch etwas durch von draußen, von "des Windes übertriebener Nachricht vom Sturm".

Warum haben meine Freunde aus dem Westen mehr Verständnis? Sie versuchen, mich zu verstehen, zu begleiten, meine Sprache zu lernen.

Einige der Freunde von gestern behandeln mich wie einen Aussätzigen, gar wie einen Feind. "Friede ist über uns hereingebrochen". Ich versuche, für die Bürger dieses Landes eine gute Politik zu machen, für alle. Die Lebensverhältnisse zu verbessern, die Demokratie zu verwirklichen, abzurüsten. Aber die Regierung de Maizière wird von vielen fast genauso abschätzig betrachtet wie die Honecker-Regierung. Regierende sind in ihren Augen eben immer schlecht.

Wolf Biermann beschimpft mich mit dem gleichen Sprachduktus, mit dem er früher die Stasi attackiert hat. Katja verkündet öffentlich ihre Scham über meine Tätigkeit, über mein Verhalten. Hatte sie denn gemeint, ich würde mich mit der total gewandelten Wirklichkeit nicht auch verändern müssen? Hatte sie etwa gedacht, ich hätte die letzten Jahre nur zum Spaß gebetet, gefordert, gerungen und gestritten, und jetzt, wo es gilt, Erstrittenes umzusetzen, zöge ich mich zurück und wolle meine Hände nicht schmutzig machen? Ob sie annimmt, ich hätte das alles nicht so ernst gemeint? Nein, liebe Evi, ich habe damals "Ja" gesagt und ich sage heute "Ja"!

Es sind nicht nur Mißverständnisse, sondern es ist Unverständnis entstanden aus der Entfernung der letzten Monate. Erklärungen verlieren vielleicht ihren Sinn. Dennoch will ich versuchen, mir selber durchs Formulieren und Aufschreiben neue Klarheit zu verschaffen. Ich tue dies nicht, um mich zu rechtfertigen, wohl aber werbe ich um Verständnis für mich und andere.

Ich habe ein gepanzertes Dienstauto und Fahrer und Personenschutz, um mich und andere nicht zu gefährden, wenn ich nach einem langen Arbeitstag unterwegs bin. Für meine ehemaligen Mitstreiter in der Samaritergemeinde bin ich damit zum Bonzen geworden.

Die Experten der Sicherheitskräfte haben mir gesagt, daß ich aufgrund der Drohbriefe und aufgrund ihrer Analyse der Situation zu den am meisten gefährdeten Personen in Deutschland gehöre. Dies gelte auch für meine Familie. Darum der Personenschutz, darum die bewachte Wohnung, die Warnanlage, die Pistole in der Kassette. Dies böte den unbedingt notwenigen Mindestschutz. Für andere werde ich dadurch zum Militaristen und fast schon zum potentiellen "Mörder".

Ich denke nicht daran, daß ein Gesetz der Modrow-Regierung, das den Kauf von Ein- und Zweifamilienhäusern an augenblickliche DDR-Mieter ermöglicht und das NVA-Angehörige nicht ausschließt, in der Volkskammer rückgängig gemacht wird. Ich setze mich - dem Gesetz vom 16. Februar entsprechend - ein, daß DDR-weit 800 Häuser aus den Beständen der NVA privatisiert werden. Daß Menschen, die bisher in den Häusern gewohnt und Zeit, Geld, Ideen und Kraft investiert haben, ein Vorkaufsrecht erhalten, halte ich für legitim.

Meine ehemaligen Freunde schließen sich dem Sprachgebrauch der Bildzeitung an: Ich hätte den Verkauf "befohlen". Für sie "verschenke ich Volkseigentum" an die Generale der NVA. Wir leben wahrlich wie Fremdlinge im eigenen Haus.

Daß wir mit unserer siebenköpfigen Familie aus der Pfarrer-Dienstwohnung in der Samariterstraße ausziehen und in eine nicht einmal gleich große Dienst-Wohnung "meines" Ministeriums einziehen, wird als Zeichen meines Bonzentums gedeutet.

Ach Evi, "die eigne Sprache, wie sie uns entgegenschlägt, verstehn wir nicht, noch verstehen, was wir sagen, die unsere Sprache sprechen". Deutungen von Wirklichkeit! Meine Wirklichkeit ist offensichtlich eine andere geworden als die so mancher meiner ehemaligen Freunde.

Ich kämpfe um Beweglichkeit. Deutschland soll zu Deutschland kommen. Ich erlebe, daß in der DDR der Prozeß viel weiter ist als in der BRD. Wir wollen abrüsten. Die DDR hat die Schrumpfung der Armee längst beschlossen. Die radikale Abrüstung und Umrüstung auf Defensivstrukturen bei den Kampfflugzeugen, den Kampfpanzern, den

Minenkampffahrzeugen und Landungsfahrzeugen ist eingeleitet. Wir arbeiten am Umbau der gesamten Verteidigungsstruktur. Begonnen hat damit schon mein Vorgänger Admiral Theodor Hoffmann.

Und weil ich mich bereiterklärt habe, die Waffen vor dem Zugriff der Terroristen zu schützen, die Armee langsam und kalkuliert und mit den anderen europäischen Mächten abgestimmt zu verringern, sie aber eben darum auch solange funktionsfähig zu erhalten, werde ich zum "Aufrüstungsminister".

Weil ich nicht alle Waffen sofort verschrotten lasse, werde ich in den Augen ehemaliger Mitstreiter zum unglaubwürdigen Menschen. (Die Verschrottung eines Panzers kostet etwa 70 000 Mark, seit vierzehn Tagen D-Mark). Weil ich die Verträge entsprechend den Versprechungen der Regierung de Maizière einzuhalten versuche, um nicht totale Irritation bei den ehemaligen Verbündeten hervorzurufen, werde ich zum Vorreiter der Aufrüstung und zum Stabilisator der Nationalen Volksarmee hochstilisiert. Und das alles bei einer Einsparung von 2,3 Milliarden bei einem Gesamtetat von 5,7 Milliarden. Das sind immerhin fast vierzig Prozent. Zeige mir einer der Freunde von gestern ein anderes Land in der Welt mit einer solchen Abrüstungsquote!

Herr Gysi greift mich in der Volkskammer "mutig" an, weil ich keine Berufsarmee will, sondern mich für eine Wehrpflichtigenarmee einsetze, für die Zeit, solange es noch Armeen geben muß. Hätte er doch schon vor einem Jahr zu Zeiten von Erich Honecker mit uns zusammen für den Abbau der militärischen Strukturen gearbeitet! Aber da hatte der bekannte Rechtsanwalt dazu noch geschwiegen, war zumindest nicht gegen die Militarisierung der gesamten DDR!

Vera Wollenberger und andere Mitglieder vom Bündnis 90/Grüne greifen mich an, weil ich die Wehrpflichtigen nicht sofort nach Hause schicken will. Was soll denn aus den Uniformierten und den Zivilangestellten werden? Einen Panzer abzurüsten geht schneller - bei allen Kosten und Problemen - als einem Soldaten neues Denken, ein neues Leben und ein neues Auskommen zu sichern. Aus Schwertern Pflugscharen zu machen, ist ein Kinderspiel, gemessen an der Aufgabe, aus Soldaten Bauern zu machen. Das letzte braucht viel mehr Zeit und Ruhe, Verständnis und Geduld.

Bild 1 Fototermin am 8. Mai 1990 in Moskau aus Anlaß der „45-Jahr-Feier des Sieges der Sowjetunion über Hitler-Deutschland". Ich bin zu diesem Zeitpunkt erster und einziger Zivilist unter den Verteidigungsministern des Warschauer Vertrages.

Bild 2 Am 8. Mai 1990 empfängt mich der deutschlandpolitische Berater Michail Gorbatschows, Valentin Falin, zusammen mit einigen Begleitern in seinen Diensträumen im Kreml.

Bild 3 Am 8. Mai begrüßt mich Michail Gorbatschow im Bolschoi-Theater unter den vielen Gästen des Staatsaktes auf der Bühne mit Handschlag.

Bild 4 Die (inzwischen) letzte große Parade zum Gedenken an den „Sieg der Sowjetarmee über Hitler-Deutschland“ auf dem Roten Platz vor dem Kreml. Fester Bestandteil des Vorbeimarsches sind die „Veteranen des Großen Vaterländischen Krieges“.

Bild 5 Zum ersten Mal dürfte der Besuch des Danilow-Klosters zum offiziellen Besuchsprogramm einer Delegation der Nationalen Volksarmee der DDR in der Sowjetunion gehört haben. Ein Priester der Russisch-Orthodoxen-Kirche führt uns durch das Kloster in Moskau.

Bild 6 Auf dem Moskauer Friedhof nahe dem Danilow-Kloster besuche ich das Grab Nikita Chruschtschows, den ich mit einem Blumenstrauß als den Staatsmann ehre, der in den 60er Jahren die Öffnung zu mehr Freiheit und mehr Menschenrechten in der Sowjetunion einzuleiten versuchte, aber leider scheiterte. Bezeichnenderweise wurde Chruschtschow nicht an der Kremlmauer beigesetzt.

Bild 7 Noch immer keine Selbstverständlichkeit nach gemeinsam erlittener Geschichte: Sowjetische und deutsche Offiziere stellen sich auf dem Gedenkfriedhof gemeinsam dem Fotografen. Ich stehe am 10. Mai zwishen Armeegeneral Luschew und dem Oberbefehlshaber des Leningrader Militärbezirks, Generaloberst Jermakow.

Bild 8 Ausgesprochen herzlich verabschiedet der Oberbefehlshaber der Truppen des Warschauer Vertrages, Armeegeneral Luschew, mich in Leningrad auf dem Flughafen. Es muß als besondere Geste gewertet werden, daß Luschew von Moskau aus mit nach Leningrad flog, um dort mit mir über den Pistarjow-Gedenkfriedhof zu gehen.

Bild 9 Bei meinem Freund und CDU-Landesvorsitzenden Norbert Blüm am 11. Mai 1990 im Landtagswahlkampf in Nordrhein-Westfalen.

Bild 10 Im „Außenministerium des MfAV“ in Grünau kam der Niederländische Verteidigungsminister Ten Beek zu Besuch

Bild 11 Zum erneuten politischen Meinungsaustausch kommt Valentin Falin am 18. Mai ins Verbindungsbüro des MfAV nach Ost-Berlin.

Bild 12 Während des Flottenmanövers auf der Ostsee am 18. Juni suche ich das intensive Gespräch mit Matrosen und Maaten.

Bild 13 Der sowjetische Kapitän erklärt mir die Funktionsweise seines Schiffes.

Bild 14 Am 19. Juni treffe ich mich mit dem französischen Verteidigungsminister Chevenement in Paris.

Bild 15 Anläßlich des Besuches der Luftstreitkräfte der NVA am 25. Juni gebe ich meinen mir zur Begrüßung überreichten Blumenstrauß an einen jungen Piloten weiter.

Bild 16 Der zweite Zivilist unter den Oberbefehlshabern einer Armee des Warschauer Vertrages ist der Ungar Ljanos Für. Ich besuche ihn am 2. Juli 1990 in Budapest. Dabei pflanzen wir auf meinen Vorschlag hin gemeinsam einen Baum im Garten des Clubs der Offiziere in Budapest.

Bild 17 Die Verteidigung der Offiziere auf den neuen demokratischen Staat DDR am 20. Juli 1990 in Strausberg. Mit diesem Akt löse ich die Treuverpflichtung der Offiziere gegenüber dem Unrechtsregime des SED-Staates. Zugleich erhalten die Offiziere dadurch die Möglichkeit, ihr Ja zur Wende und zur neuen Verfassung auszudrücken.

Bild 18 Nach den Feierlichkeiten am 20. Juli 1990, bei der die beiden Hauptgebäude des MfAV in Stauffenberg-Haus und von Tesckow-Haus umbenannt wurden, stelle ich mich den kritischen Fragen der Journalisten.

Bild 19 Ein freundschaftliches Gespräch über die Fortführung der Friedenspolitik führe ich am 9. August mit dem tschechoslowakischen Außenminister Jurij Dienstbier. Dieser wurde, wie ich, früher als Oppositioneller und Staatsfeind verfolgt. Jetzt begegnen wir uns als Minister.

Bild 20 Beim Besuch des von den Nationalsozialisten total zerstörten Dorfes Lidice in der CSFR am 9. August 1990 ist mir meine Erschütterung über das durch die Deutschen verursachte Leid anzusehen.

Bild 21 Der Anfang vom Ende: Der erste Verbündete verläßt den Warschauer Vertrag. Pjotr Luschew und Rainer Eppelmann unterschreiben am 24. September 1990 im Verbindungsbüro des MfAV in Ost-Berlin das Austrittsprotokoll.

Bilder 22a-22c Am 3. Oktober 1990 übergebe ich als Minister a.D. Gerhard Stoltenberg und seinem Beauftragten, Generalleutnant Schönbohm, die geordnete NVA a.D.

Um uns herum sitzen viele Völker, die uns beobachten, wie wir wohl diesen Frieden gestalten. Für sie ist der Prozeß der Einigung Deutschlands ein Modellfall für den Prozeß der Einigung Europas. Die Chancen, die die Soldaten der NVA haben, in die Gesellschaft eingegliedert zu werden, ist Modell für die Eingliederung der Osteuropäer. Ich habe nur die Befürchtung, daß uns in der DDR nicht genug Zeit bleibt. Der Sozialplan für die Menschen ist noch nicht weit genug entwickelt. Die Umschulungsmaßnahmen sind noch nicht vollständig konzipiert, schon gar nicht umgesetzt. Ich hoffe, wir werden bis zum Weltfriedenstag 1992 Zeit haben, um auch diesen Prozeß in eigener Regie zu gestalten. Der Seele der Ostdeutschen täte es gut!

Aber es geht nicht nur ums eigene Land, nicht nur um Deutschland. Es geht um den Frieden in Europa, um die Überwindung konfrontativer Systeme. Es geht um Kooperation, um die Bekämpfung der "immer kälteren Kälten". Wehe, wenn die osteuropäischen Völker den Frieden hassen lernen, weil sie verbittert und neidisch werden. Was wäre, wenn die Militärs putschen, wenn sich dieser riesige Apparat von Armee, Polizei, Stasi, Grenztruppen und den dazugehörigen Verwaltungsapparaten nicht integrieren ließe, sondern sich für immer ausgegrenzt fühlte? Ich will die Asche der früheren Feuer nicht auf den Lippen haben. Ich will, daß kein Blut fließt, kein Mensch wegen der deutschen Einheit sein Leben lassen muß.

Wir hatten eine Friedensbewegung. Wir gehörten gemeinsam dazu. Nun haben wir in der Gegenwart die Chance, den Frieden in Europa aktiv und entscheidend mitzugestalten.

Ich hätte am 17. Juni gerne mit einigen meiner ehemaligen Freunde gesprochen, mit Katja, mit Thomas, Wolfram, Winne, Rudi. Hätten sie mir ihren Protest doch ins Gesicht geschrieen, wie die aggressiven Totalverweigerer. Die besetzten während des Gottesdienstes den Gemeindesaal in Samariter. Ich hätte mit jeder Form des offenen Protestes besser umgehen können, als mit ihrer Sprachlosigkeit, mit ihrer Abwesenheit, mit ihrem mir Aus-dem-Weg-gehen.

Ich will die Gegenwart und die Zukunft mitgestalten. Dabei will ich weiterhin gegen das Unrecht ankämpfen. Zum ersten Mal habe ich das

Gefühl, in ein Rechtssystem hineinzuleben, das diese Bezeichnung verdient.

Dennoch kann ich natürlich die Zukunft nur aufbauen auf den gemeinsamen Erfahrungen der Vergangenheit. Manche von uns bezeichnen sich als "gelernte DDR-Bürger", als "Ossis", um sich von denen abzugrenzen, die in den alten Bundesländern leben.

Wir haben so unsere Schwierigkeiten mit unserer Identität. Das ist kein Wunder, wenn ich daran denke, daß uns eingetrichtert wurde, daß wir auf der Seite der Sieger des gesellschaftlichen Fortschritts und der gesicherten Zukunft lebten. Und nun der Zusammenbruch, das "Aus" für den ersten "Deutschen Arbeiter- und Bauern-Staat"!

Aber wir stehen bei allen Prozessen erst am Anfang. Um eine neue Richtung und eine neue Identität zu finden, brauchen wir Zeit und Verständnis.

Ich frage mich dabei, ob sich diese Entfremdung zwischen mir und den anderen noch weiter vertieft. Oder werden wir in Zukunft wieder eine gemeinsame Sprache finden können? Werden wir in einem Jahr noch oder wieder miteinander reden können, ja wollen...?!

Grundlage unserer Gemeinsamkeit waren unsere Utopien, unsere Hoffnungen, unser Mut und unser klarer Blick. Wir trieben unsere Analysen und knüpften daran unsere Hoffnungen. Wir hatten die gemeinsame Utopie, demokratische Verhältnisse erringen zu können. Wir wollten ein paar der von der SED mißbrauchten Begriffe mit neuen Lebensinhalten füllen: Die Deutsche Demokratische Republik sollte demokratisch, pluralistisch, effizienter und vor allem offener und ehrlicher werden.

Die Ziele der KSZE-Schlußakte von Helsinki aus dem Jahre 1975 waren für uns verbindliche Postulate, auch wenn die Schlußakte kein völkerrechtsverbindlicher Vertrag war, sondern eine politische Absichtserklärung. Aber die Staatsführung der DDR hatte die Akte unterschrieben und uns somit Argumente für unsere demokratischen Hoffnungen an die Hand gegeben. Wir konnten uns auf den Text und den Inhalt berufen, weil eine Verpflichtungserklärung unterschrieben worden war. Wir hatten den Wortlaut vor uns liegen. Wir konnten darauf pochen, auch dann, wenn die STASI uns verhören und belehren

wollte, konnten wir ihr vorhalten, was die Regierung der DDR unterschrieben hatte:
"Die Teilnehmerstaaten werden die Menschenrechte und Grundfreiheiten, einschließlich der Gedanken-, Gewissens-, Religions- oder Überzeugungsfreiheit alle ohne Unterschied der Rasse, des Geschlechts, der Sprache oder der Religion achten. Sie werden die wirksame Ausübung der zivilen, politischen, wirtschaftlichen, sozialen, kulturellen sowie anderer Rechte und Freiheiten, die sich alle aus der dem Menschen innewohnenden Würde ergeben und für seine freie und volle Entfaltung wesentlich sind, fördern und ermutigen."

Die DDR-Regierung hatte sich zusammen mit den anderen Unterzeichnern verpflichtet, die Menschenrechte und Grundfreiheiten "*als wesentlichen Faktor für den Frieden, die Gerechtigkeit und für das Wohlergehen*" zu achten. Darauf konnten wir uns bei den Vernehmungen 1982, nach Veröffentlichung des Berliner Appells stützen.

Wir konnten uns darauf berufen, als uns unsere Westkontakte vorgehalten wurden, als wir gegen die Überwachung unserer Post und unserer Telefone und gegen die Beschlagnahme der sowjetischen Jugendzeitung SPUTNIK protestierten, und als wir auf die Straße gingen, um mit Kerzen in den Händen gegen die Inhaftierung Ausreisewilliger und Andersdenkender zu protestieren. Wir konnten uns auch darauf berufen, als wir im Mai 1989 den Staat der DDR wegen Wahlbetrugs verklagten.

Wir haben gemeinsam das Bewußtsein in uns entwickelt, daß mit militärischen Mitteln die Probleme der Welt nicht mehr zu lösen sind. Nun glauben viele, nur weil ich die Soldaten nicht sofort nach Hause schicke, habe ich die Vorstellung von einer Welt ohne Armeen verraten!

Ach Evi, wir haben es doch gemeinsam erlebt, durch die Medien vermittelt, wie verwundbar die Welt ist: Der Unglücksfall im Chemiewerk Sandoz hat den Rhein bis zur Küste verseucht, die Trinkwasserversorgung vieler Städte gefährdet. Seveso hat eine Region unbewohnbar gemacht. Bhopal hat bei rund 1,4 Millionen Menschen Erbschäden und unheilbare Krankheiten und Behinderungen hervorgerufen. Tschernobyl hat halb Europa in Mitleidenschaft gezogen: Skandinavisches

Ren-Fleisch wurde ungenießbar und vergraben, Muttermilch gefährdete die Gesundheit der Kinder und Kuhmilch mußte vernichtet werden. Wir haben doch gemeinsam mit allen anderen empfindsamen Menschen unter diesen Meldungen gelitten.

Wir wissen doch seit langem, daß dieses Europa schon in Friedenszeiten verwundbar genug ist. Vor diesem Hintergrund bin ich doch Abrüstungs- und Verteidigungsminister geworden; auf meinen ausdrücklichen Wunsch wurde mein Ministerium programmatisch so genannt. Dennoch behalten - leider bisher noch immer - Waffen- und Waffensysteme auch eine politische Funktion. Wir haben sicherlich auch zusammen in den letzten Wochen und Monaten gelernt: Eine offene Mauer, ein geöffneter Zaun, die Freigabe einer Eisenbahnlinie können mehr Verwundbarkeit und Unsicherheit erzeugen, als der Einmarsch einer feindlichen Armee. Ströme von Übersiedlern und Flüchtlingen haben mehr Hilfeleistungen erreicht, aber auch mehr Angst erzeugt als Waffensysteme.

Wir sind verwundbar, und wir machen uns verwundbar. Wir waren uns auch einig, daß Michail Gorbatschow damit angefangen hat, diese Verwundbarkeit zum ersten Mal als Mittel der Umgestaltung in die Politik einzugeben. Er hat als erster Generalsekretär einer osteuropäischen Kommunistischen Partei auf den Absolutheitsanspruch seiner Partei verzichtet. Er hat die Sowjetunion erst einmal verwundbar gemacht, um sie menschlicher und erfolgreicher, ja lebensfähiger zu erhalten.

Wir haben unsere Verwundbarkeit und unsere Gewaltlosigkeit als Mittel eingesetzt. Diese unsere Verwundbarkeit wurde eine unserer "Waffen" in der Revolution. Die militante Stasi, mit ihrer großen Menge an modernen Waffen und Geräten, die ausländische Terroristen ausgebildet hat, haben wir mit unserer Gewaltlosigkeit bezwungen.

Das Bewußtsein, daß wir dies friedlich geschafft haben, daß wir als erste in der deutschen Geschichte eine Demokratie selbstständig und ohne Waffen erkämpft haben, erfüllt uns mit Stolz. Ich fühle mich in diesem Bewußtsein stark. Ich sehe aber auch, daß mich die antrainierte Grundhaltung der Verwundbarkeit in der neuen Situation verletzlicher macht, als ich es manchmal sein möchte. Ich habe keine Angst vor den

Siegerposen derjenigen, die da glauben, daß sie ohne das Volk im Osten die Deutschen wieder zu einem Volk gemacht hätten. Ich habe Angst "vor der Kälte, die in uns einsinkt", Angst vor dem Verlust von Freunden.

Ich fange langsam an zu verstehen, daß dies wohl der Preis ist, den diejenigen zahlen müssen, die sich bereiterklären, politische Verantwortung zu übernehmen. Es scheint der "Preis der Macht" zu sein. Schade, ich hätte die Rückenstärkung so nötig von Freunden, die mir sagen, wie es gemeinsam und ohne Gewalt geht. Die Hand ist offen, der Arm ist ausgestreckt, wie in der Friedenskette, in der wir so oft gemeinsam gestanden haben. Manchmal hielten wir Kerzen. Wir wollten sie weitertragen. Ich versuche sie nun auch in die NVA mitzunehmen, und nun werden Fenster zugenagelt, von außen, und ich sitze mit drin, und "bin wie ein Fremdling im eigenen Haus".

Aber ich habe in den letzten dreißig Jahren aktiv die Atmosphäre im Haus mitgestaltet, ich tue das auch weiter, obwohl der wärmende Händedruck so mancher alten Freundin und so manches ehemaligen Freundes fehlt. Dieser Verlust ist schmerzhaft. Ich fühle mich dennoch nicht allein. Es gibt noch immer "alte" und viele gute "neue" Freunde. Ich hoffe, wir werden nicht Fremdlinge in diesem Land bleiben.

Wir waren immer Lernende. Daß wir es weiterhin bleiben können, zeigt mir Deine Nähe und Deine neue Verbundenheit. Vor fünf Wochen haben wir unseren gemeinsamen Weg wieder aufgenommen, unseren privaten Wendeweg.

Dafür danke ich Dir

Dein Rainer

13. Das neue Gelöbnis

18. Juli 1990

Lieber Martin,

heute lese ich in einer Zeitung vom 13. Juli: "Stoltenberg gegen neue Vereidigung der NVA". Ich verstehe die Welt nicht mehr. Der Feind ist weg. Die beiden Armeen werden zusammenwachsen. Seit dem überragenden Erfolg von Helmut Kohl und Hans-Dietrich Genscher im Kaukasus ist klar, daß ganz Deutschland bald zur NATO gehören wird. Mit dem Kompromiß, daß keine NATO-Truppen auf dem Territorium der noch bestehenden DDR sein werden. Trotzdem sollen die Offiziere der NVA noch immer dem SED-Regime verpflichtet bleiben? Das erscheint mir widersinnig!

Offensichtlich hat Herr Stoltenberg eine ganz andere Sichtweise der Dinge. Anstatt zu verkünden: Offiziere der NVA endlich von ihrem Klassenfeind-Haß entpflichtet, oder NVA-Offiziere endlich auch auf demokratische Verfassung vereidigt, empfindet er die neue Verpflichtung als störend. Er hat nach dem Zeitungsbericht beim Besuch des Marineflieger-Geschwaders Schleswig/Jagel gesagt: "Alles, was jetzt in Verantwortung der Bundesregierung und der DDR-Regierung geschieht, sollte mit Blick auf das gemeinsame Ziel gesamtdeutscher Wahlen und - nach einer Übergangszeit - einer gesamtdeutschen Armee erfolgen, und es sollte nichts geschehen, was dieses Ziel erschwert."

Er sieht in der neuen Vereidigung eine Erschwernis, während die Regierung de Maizière sie zusammen mit den Soldaten für eine nahezu unabdingbare Vorausssetzung für den Vereinigungsprozeß hält. Das Zusammenwachsen zweier demokratischer Staaten erscheint uns einfacher als das Zusammenwachsen zweier so unterschiedlicher Systeme, wie es die Bundesrepublik und die SED-DDR waren.

Das gilt natürlich auch für die beiden Armeen. Zwei Armeen, die demokratischen Prinzipien verpflichtet sind, sind leichter zu vereinigen als zwei Offizierscorps, die unterschiedliche Diensteide geleistet haben und sich gar als Gegner oder Feinde betrachten.

Herr Stoltenberg und seine Berater scheinen zu vergessen, daß das Offizierscorps einer Armee der Verfassung verpflichtet sein muß. Jeder Kommandeur der NVA z.B., der vor dem 20.Juli 1990, dem Tag der neuen Vereidigung, im Panzer vor die Volkskammer fahren würde, weil er die Mitglieder der Volkskammer - völlig zu Recht - für Gegner des SED-Regimes hält, würde nicht einmal gegen seinen Diensteid verstoßen.

Solange die DDR aber als demokratischer Staat besteht, werden die Soldaten diesen Staat und seine Verfassung zu schützen haben und nicht den SED-Staat.

Gerhard Stoltenberg glaubt offensichtlich, die Vereidigung zu diesem Zeitpunkt trüge zur Verfestigung der alten Strukturen bei. Das ist eine jener Sichtweisen, die viele von uns spüren. Wir haben häufig in der Begegnung mit Westdeutschen das Gefühl, daß diese uns immer noch für Vertreter jenes Unrechtsstaates halten, der die DDR vorher war. Wir Regierungsmitglieder der demokratischen DDR, der neuen DDR, treten zwar die Rechtsnachfolge des SED-Staates an, aber die heutige Volkskammer ist ein frei, geheim und Direkt gewähltes Parlament.

Die Armee ist dabei, sich zu verändern, so wie der gesamte Staat sich ändert. Und das Ziel dieser Veränderung ist, den Staat, die Regierung, das Parlament und auch die Volksarmee aufzulösen! Das ist einmalig in der europäischen Geschichte, soweit ich weiß.
Trotzdem - und auch deswegen - werde ich die Offiziere und die Soldaten der Nationalen Volkarmee in zwei Tagen neu vereidigen, sie ein neues Gelöbnis sprechen lassen.

Als wir das Gelöbnis im April formulierten und uns im Auftrag der ersten freigewählten Volkskammer entschlossen, dieses Gelöbnis von unseren neuen Wehrpflichtigen sprechen zu lassen, war noch nicht zu erkennen, daß die Sowjetunion eine Mitgliedschaft des vereinten Deutschlands in der NATO akzeptieren würden.

Die Volkskammer hat dieses Gesetz zum neuen Gelöbnis der Soldaten der Nationalen Volksarmee im Mai verabschiedet. Anfang Mai wurde ein neuer Jahrgang eingezogen. Uns in der Volkskammer war es unvorstellbar, daß die Soldaten den alten Eid schwören sollten. Diese jungen Staatsbürger konnten nach unserem Verständnis nicht mehr auf die Arbeiter-und Bauern-Macht vereidigt werden.

In der Folgezeit ist uns erst der Unterschied klargeworden, den es zwischen den Wehrpflichtigen, die im Mai 1990 in die Kasernen eingezogen sind und denen, die vorher gekommen sind, gab. Es gab ja ein riesiges Heer an vorher eingezogenen Wehrpflichtigen, an Zeitsoldaten, an Berufssoldaten, Offizieren und Generälen. Als uns dies deutlich wurde, haben wir unter den Offizieren der Nationalen Volksarmee eine Befragung durchgeführt, um zu erkunden, ob sie weiter ihren alten Eid behalten möchten, oder ob der Zustand nach ihrer Meinung verändert werden sollte. Ich wollte ihnen einen solchen Eid nicht einfach überstülpen.

Weit über 85 Prozent der Befragten haben gesagt: "Wir wollen den gleichen Eid sprechen wie unsere Soldaten". Das war ein eindeutiges Votum. Sie wollten auf die gleiche inhaltliche Grundlage wie ihre Soldaten gestellt werden. Sie haben sich nicht benutzen lassen, um das Alte zu konservieren, sondern haben sich bewußt für das Neue entschieden.

Ich habe das aber auch als bewußten eigenen Schritt der Offiziere verstanden. Vieles, was früher gelaufen ist, wurde ihnen aufgezwungen. Jetzt haben sie selbst entschieden. Auch wenn vielleicht viele von ihnen PDS gewählt haben, so ist doch durch die Wahl vom 18. März entschieden worden, daß nicht mehr Admiral Hoffmann Minister für Nationale Verteidigung geworden ist, sondern Rainer Eppelmann Minister für Abrüstung und Verteidigung wurde. Auch diese Entscheidung fiel ohne ihr Dazutun.

Mit der Festlegung, wir möchten denselben Eid sprechen wie unsere Soldaten, sind sie einen eigenen bewußten Schritt auf einem neuen Weg gegangen. Es war eine bewußte Trennung von dem, was bisher die DDR ausgemacht hat. Sie haben mir sehr deutlich gemacht: Wir wollen das Neue.

Hervorzuheben ist in diesem Zusammenhang auch die Tatsache, daß sie dies öffentlich machen wollen. Sie wollen öffentlich "Ja" zur neuen DDR sagen. Ich vermute, daß ihnen dies deutlich und auch wichtig gewesen ist bei ihrem Votum für das neue Gelöbnis. Es war ihr "Ja" zur jungen Demokratie in der DDR.

Seit zwei Tagen sieht die Welt ganz anders aus. Vor vier Tagen habe ich noch geglaubt, die Übergangszeit, in der es eine eigenständige ostdeutsche Armee geben würde, könne bis zum Abzug der sowjetischen Armee von deutschem Territorium dauern. Ich hatte angenommen, das würde mindestens noch drei bis vier Jahre dauern. Diese Vorstellung ist nun in sich zusammengefallen. Ich habe die Nachrichten voller Erstaunen und fast ungläubig bei Mutter Streith, Deiner Oma, in Stuttgart gehört.

Mir war sofort die Sensation bewußt, die diese Meldung darstellte. Mir war klar: Das ändert grundlegend die Situation in bezug auf die Vereinigung Deutschlands. Das verändert die Situation außenpolitisch und sicherheitspolitisch in Europa total.

Mir war deutlich: Die Vereingung Deutschlands wird nach diesem großen Schritt, den Gorbatschow auf Deutschland zugegangen ist, schnell vollzogen werden. Mit diesem Ergebnis im Kaukasus hat Gorbatschow sich in seinem eigenen Interesse, nicht nur aus Sympathie den Deutschen gegenüber, die Tür nach Europa offengehalten.

Er ist weit nach Europa hineingetreten. Mit seinem Einverständnis zu einem Gesamtdeutschland in der NATO hat er es Deutschland ermöglicht, auf komplizierte sicherheitspolitische Zwischenlösungen zu verzichten, die Jahre gedauert und möglicherweise einen schweren Konflikt mit der Sowjetunion bedeutet hätten. Damit war auch mein Modell von den zwei deutschen Armeen in einem deutschen Staat überflüssig. Dieses Konzept hatte ich mir bis zur Auflösung der beiden Blöcke und bis zum endgültigen Abzug der sowjetischen Streitkräfte von deutschem Boden vorgestellt.

Die Sowjetunion selber ist durch ihr Zugehen auf Deutschland und durch ihr Hineintreten nach Europa in die glückliche Situation gekommen, daß die Vereinigung Deutschlands nicht zu einem Versailles für sie werden kann. Gerade dies war ja Lothar de Maizières, Markus Meckels und mein Bemühen gewesen. Mit allen uns zur Verfügung stehenden Mitteln wollten wir verhindern, daß die Sowjetunion draußen vor der Tür stehen bleibt. Es durfte nicht geschehen, daß die Sowjetunion feststellt: Deutschlands Vereinigung und das Zusammenrücken von Europa schadet uns in der Sowjetunion, wir sind von der europäischen Entwicklung abgekoppelt.

Wenn es so gekommen wäre, hätten die Menschen in der Sowjetunion früher oder später diese Lösung korrigieren wollen, wie die Deutschen die Verträge von Versailles korrigieren wollten. Das hätte zu einer ungeheuren Belastung des Verhältnisses zwischen Deutschland und der Sowjetunion führen müssen, vergleichbar der Feindschaft zwischen Deutschland und Frankreich infolge des Vertrages von Versailles. Eine solche Last wollten wir unsern Kindern und Enkelkindern nicht aufbürden.

Wie wir wissen, hat dieses Gefühl der Niederlage und des Hasses und Neides ganz wesentlich mit zum Entstehen des Zweiten Weltkriegs beigetragen. Bei aller Sehnsucht nach einem vereinigten Deutschland hätte ich mir diese Vereinigung nicht um den Preis eines Krieges oder eines späteren Konfliktes vorstellen wollen, weder heute noch morgen.

Das ist nun durch das Verhandlungsgeschick von Helmut Kohl und Hans-Dietrich Genscher und durch den großen Schritt, den Gorbatschow gewagt hat, alles anders geworden. Da hat er weitsichtig im Hinblick auf sein eigenes Land gehandelt. Er hat offensichtlich die großen Probleme seines Landes und die zukünftigen Entwicklungschancen für die Sowjetunion im Auge gehabt.

Gorbatschow hat nach meinem Eindruck ungeheuren politischen Mut bewiesen. Er mußte ja davon ausgehen, daß er beim Volk geringe, bei den politischen Führern noch weniger Zustimmung finden würde. Bei den militärisch Führenden mußte er gar mit Ablehnung rechnen. Schon von Falin und anderen Kennern der sowjetischen Führung war uns gesagt worden, daß Gorbatschow ständig mit einem militärischen Putsch zu rechnen hatte. Nach dem Ergebnis der Verhandlungen vom 16. und 17. Juli im Kaukasus ist die Gefahr nicht geringer geworden, sondern größer.

Diese beiden Tage werden Deutschland, Europa und die Welt positiv verändern. Das ist das ungeheure Verdienst der beiden Männer Gorbatschow und Kohl. Und man muß natürlich auch Schewardnadse und Genscher einbeziehen. Ich bin sicher, allein wegen des Ergebnisses vom 16./17. Juli 1990 im Kaukasus wird Helmut Kohl zu Recht in die deutschen Geschichtsbücher aufgenommen, geachtet und geehrt werden.

Dieses "Denkmal" wird er verdienen, denn ich erinnere mich an den ungeheuren Wandel, den er vollzogen hat. Es hat ja immerhin eine eisige Beziehung zwischen ihm und Michail Gorbatschow gegeben, als er ihn mit Goebbels verglich. Ich erinnere mich noch, daß damals beide nicht bereit waren, miteinander zu reden. Damals war der Grund nicht nur Sprachlosigkeit, sondern man konnte von persönlicher Feindschaft ausgehen. Und dann konnten wir diesen Wendeweg mitgehen. Heute reden die beiden Männer von "meinem Freund Helmut" und "meinem Freund Michael". Und das erzielte Ergebnis stellt in meinen Augen auch eine große menschliche Leistung beider Politiker dar.

Wir müssen uns wohl auch noch einmal verdeutlichen, daß Gorbatschow noch im Oktober 1989 gesagt hat: Das Thema einer Vereinigung Deutschlands steht nicht auf der politischen Tagesordnung. Jedenfalls nicht mittelfristig, nicht in diesem Jahrhundert! Diese Aussage, lieber Martin, ist kaum neun Monate alt.

Gorbatschow hat offensichtlich in wenigen Monaten völlig anders darüber denken gelernt. Helmut Kohl hat einen Menschen, den er wenige Monate zuvor noch glaubte, mit Goebbels vergleichen zu sollen, als menschlichen und politischen Freund gewonnen. Auch Helmut Kohl ist mit dieser Zu-Wendung materiell, politisch und menschlich ebenfalls ein Risiko eingegangen. Besinnen, Nachdenken, Einsichten haben zu Veränderungen von Wegen geführt, zu Wendewegen.

Beide haben für mich wieder einmal mehr die Richtigkeit der Aussage bewiesen: Nur wer sich ändert, bleibt sich treu. - Wendehälse sind sie dadurch nicht. Beide sind ihren Grundüberzeugungen treu geblieben.

Um auf den Anlaß des Briefes zurückzukommen - auf die Zeitungsmeldung über die Ablehnung der geplanten Vereidigung der NVA-Offiziere durch Gerhard Stoltenberg: Hier scheint sich die Wendefähigkeit, die Bereitschaft zum Wandel noch nicht ausgebreitet zu haben.

Mir erscheint es jedenfalls nach dem "Kaukasusergebnis" noch sinnvoller und gebotener zu sein, daß die Offiziere der NVA für diese Zeit mit einem neuen Eid neu verpflichtet werden müssen, mit dem "ihrer" Soldaten, mit dem der neuen DDR. Die Verpflichtung der Offiziere und Unteroffiziere muß den gleichen Wortlaut haben, den nach einem Beschluß der Volkskammer Anfang Mai schon die Soldaten gesprochen haben. Sie hatten früher alle geschworen, "der Deutschen Demokratischen Republik... allzeit treu zu dienen und sie auf Befehl der Arbeiter- und- Bauern-Regierung gegen jeden Feind zu schützen."

Spätestens seit dem 12. April, dem Tag der Vereidigung der Regierung, gibt es bei uns keine Arbeiter-und-Bauern-Regierung mehr. Wir können uns auch keinen Feind mehr in Europa vorstellen. Wen sollen wir in diesem Prozeß, in dieser Situation als Feind definieren?

Bis vor kurzem haben die Offiziere der Nationalen Volksarmee die Mitglieder der Bundeswehr noch als Feinde betrachtet. Das wurde bei einem unserer "Wilkendorfer Gespräche", an dem auch der Vorsitzende des Verteidigungsausschusses des Deutschen Bundestages und Mitglieder der Nationalen Volksarmee teilnahmen, von einem Offizier der NVA bestätigt.

Zugleich wurde aber auch deutlich, daß die Offiziere, die jetzt noch bei der Armee dienen, die Soldaten und vor allem auch die Wehrpflichtigen, ihren Dienst freiwillig leisten. Sie wollen - wie sie betonen - die demokratischen Errungenschaften schützen und verteidigen. Sie fühlen sich der ersten demokratisch gewählten Regierung, die es nach 57 Jahren in diesem Teil Deutschlands gibt, verpflichtet.

Die Bundeswehr mag gegen die neue Vereidigung Bedenken äußern. Ich meine: Solange es eine eigenständige DDR gibt und solange es eine eigenständige Armee gibt, die einen Verteidigungsauftrag hat, müssen sich die Soldaten und Offiziere auch mit dem Gelöbnis identifizieren. Und so haben wir sie fast die gleiche Formel sprechen lassen, die auch wir als Minister am 12. April vor der Volkskammer gesprochen haben. Den zweiten Teil des Gelöbnisses haben wir sehr bewußt an die Formulierung der Bundesrepublik angeglichen.

Du erinnerst Dich an unser Gespräch am 18. April, dem Tage meines Amtsantritts? Vier Stunden lang haben wir in der Volkskammer

darüber diskutiert, ob und wie die Regierung vereidigt werden könnte, eine Regierung, die von einer Volkskammer gewählt bzw. bestätigt wurde, die als erste Amtshandlung die Auflösung des Staates und den Beitritt zur Bundesrepublik nach Artikel 23 des Grundgesetzes dieser Bundesrepublik beschlossen hatte. So lautet denn der neue Diensteid der Soldaten, der Zeitsoldaten und der Wehrpflichtigen:
"Ich schwöre, getreu dem Recht und den Gesetzen der Deutschen Demokratischen Republik, meine militärischen Pflichten stets diszipliniert und ehrenhaft zu erfüllen.
Ich schwöre, meine ganze Kraft zur Erhaltung des Friedens und zum Schutz der Deutschen Demokratischen Republik einzusetzen."
Bei der Bundeswehr sprechen die Berufs- und Zeitsoldaten seit 1956 die Formel:
"Ich schwöre, der Bundesrepublik Deutschland treu zu dienen und das Recht und die Freiheit des deutschen Volkes tapfer zu verteidigen."
Die Wehrpflichtigen sprechen die Formel:
"Ich gelobe", und dann folgt der gleiche Wortlaut wie bei den Berufssoldaten."
Ich habe mich in der Rolle eines Dienstvorgesetzten unwohl gefühlt, dessen Unterstellte noch dem SED-Regime verpflichtet waren. Sie hatten ja in dem sehr langen Diensteid auch noch geschworen, "jederzeit bereit zu sein, den Sozialismus gegen alle Feinde zu verteidigen" und das "Leben zur Erringung des Sieges einzusetzen". Auch hatten sie noch "unbedingten Gehorsam" gegenüber den militärischen Vorgesetzten geschworen. Das ließ sich mit der Zielsetzung, die ich verfolge, und mit einem zivilen Oberbefehlshaber nicht mehr vereinbaren.

Die neue Vereidigung der Berufssoldaten und die Umbenennung der beiden Häuser in meinem Ministerium gehören für mich zusammen.

Ich bin gespannt, wie wir beide, lieber Martin, in fünf Jahren darüber denken.

Für heute umarme ich Dich

Dein Rainer

14. 20. Juli in Strausberg

20. Juli 1990

Liebe Wiebke,

Du bist heute wieder einmal viel zu kurz gekommen beim Frühstück. Rudi, mein Fahrer, stand schon vor der Tür. Ich mußte fort und war noch längst nicht fertig mit meinen Antworten auf Deine Fragen.

Du wolltest von mir wissen, welche Bedeutung der 20. Juli für mich hat. In den letzten Tagen und Wochen habe ich erstmals intensiv über diese Fragen nachgedacht. Ich habe das Gelöbnis verweigert, das ich als Bausoldat sprechen sollte und das mich verpflichtete, meinen Vorgesetzten "unbedingten Gehorsam" zu geloben. Für diese Verweigerung bin ich 1965 acht Monate ins Gefängnis gegangen. Für mich war das eine Art von Widerstand.

Das konnte ich Dir heute morgen noch andeuten und, was ich mit den Widerstandskämpfern des 20. Juli verbinde. Aber warum für mich dieser Tag und die Feier heute zu einem so bedeutenden Tag geworden ist, war in der Kürze der Zeit nicht zu erklären. Ich will es Dir aufschreiben, weil es mich bewegt, auch, weil der heutige Tag neue Fragen aufgeworfen hat. Ich habe heute viel Zustimmung, aber auch Ablehnung erfahren. Verständnis und Unverständnis mischten sich. Ich möchte Dir die Beweggründe darstellen, und ich möchte mich darum bemühen, daß Du mich verstehst.

Daß wir im Ministerium für Abrüstung und Verteidigung den 20. Juli in einer besonderen Form begehen würden, stand für uns im politischen Führungszirkel schon wenige Tage nach der Amtsübernahme im April 1990 fest. Aber es blieb auch für mich als dem Oberbefehlshaber der Nationalen Volksarmee die Frage, wie ich es mit der Forderung nach dem "unbedingten Gehorsam" halte. Wenn ich einen Befehl gebe, muß ich mich darauf verlassen können, daß er ausgeführt wird. Wer den Befehl verweigert, wird entlassen oder muß mit Konsequenzen rechnen. Das muß jedem Soldaten und jedem Mitarbeiter im Ministerium deutlich sein. Ohne eine solche Grundhaltung kann keine Armee funktionieren.

Gleichzeitig ist es für mich aber auch selbstverständlich, daß es ein Widerstandsrecht geben muß. Ohne den Widerstand vieler Soldaten oder Offiziere gegen unsinnige Befehle ihrer Vorgesetzten hätten unmenschliche Handlungen von Armeeangehörigen nicht verhindert werden können. Es geht darum, welchen Werten sich die Soldaten, Offiziere und Unteroffiziere verpflichtet fühlen. Befehle, die diese Grundwerte verletzen, müssen den Widerstand der Soldaten und Offiziere hervorrufen.

Dennoch bleibt die Frage, ob ich den Widerstand oder den Gehorsam zur Leitidee für meine Soldaten und Offiziere machen soll. Die Soldaten und Offiziere müssen verstehen, daß einer Gehorsamspflicht ein Widerstandsrecht gegenübersteht. Bisher hat es in der NVA ein solches Spannungsfeld nicht gegeben. Es gab nur den unbedingten Gehorsam, d.h. man hatte stets zu gehorchen. Ich fand und finde dies - gerade auf dem Hintergrund deutscher Geschichte zwischen 1933 und 1945 - skandalös. In den Armeen der Demokratien gibt es neben der Pflicht zum Gehorsam ein Recht auf Widerstand.

Jetzt sind wir ein demokratischer Staat, und diese Armee wird zu einer demokratischen Armee umgebildet. Dazu gehört, daß wir uns auf die Traditionen des Widerstands in einem neuen Sinn berufen.

Evi und ich haben gegen diesen Staat und seine Forderungen an uns Widerstand geleistet. Wir haben uns dabei nicht als Revolutionäre gefühlt, wie das jetzt so oft behauptet wird. Wir wollten durchaus mit den Verantwortlichen in Regierung und Verwaltung zusammenarbeiten. Es ging uns eigentlich nicht darum, die DDR abzuschaffen. Wir wollten sie verändern, wollten sie freier und ehrlicher machen, wollten die Menschenrechte durchsetzen. Wir wollten die DDR den Demokratien Westeuropas annähern.

Und wir waren uns mit unseren Freunden einig, daß wir auf jeden Fall friedlich bleiben wollten. Es war uns klar, daß wir eine solche Veränderung der DDR nur ohne Gewaltanwendung erreichen konnten.

Die DDR hatte unter dem SED-Regime die Menschenrechte nicht anerkannt. Und deshalb war dieses in unseren Augen ein veränderungsbedürftiger Unrechtsstaat, dem wir Widerstand entgegensetzen mußten. Wir machten von unserem moralischen Widerstandsrecht Gebrauch, indem wir den Wehrdienst verweigerten, gegen Menschenrechtsverletzungen protestierten, den Staat wegen Wahlbetrugs verklagten und öffentlich für mehr Freiheiten und Demokratie demonstrierten.

Der 20. Juli verkörpert eine andere Art von Widerstand. Vor 46 Jahren, am 20. Juli 1944, haben einige Staatsbürger versucht, das Staatsoberhaupt und den obersten Befehlshaber der Armee des nationalsozialistischen Staates durch ein Attentat zu beseitigen. Dies geschah mitten im Krieg.

Unter denen, die dieses Attentat durchführten und planten, waren viele Offiziere, aber auch Zivilisten.

Unumstritten sind weder die Tat noch die Motive. Ich habe nie vor einer Entscheidung dieser Art gestanden. Wir haben uns für friedliche Mittel entschieden. Wir konnten uns für friedliche Mittel entscheiden. Gewalt oder gar Tötung kamen für uns in unserer Situation nicht in Frage. Dennoch war seit 46 Jahren der 20.Juli auch für uns ein symbolhafter Tag. Der gescheiterte Versuch, ein als verbrecherisch erkanntes Regime zu beseitigen, wurde zum Zeichen des Widerstands gegen willkürliche Staatsgewalt. Der Widerstand wurde moralisch gerechtfertigt, weil es sein Ziel war, einen Krieg zu beenden, der ein bis zu diesem Zeitpunkt unvorstellbares Leid über die Völker Europas gebracht hatte.

Die Täter wurden selbst zu Opfern. Sie konnten nicht triumphieren, sie siegten nicht. Aber diese Opfer wurden zu Hoffnungsträgern, die der freien Welt verdeutlichten, daß es innerhalb eines scheinbar gleichgeschalteten Volkes tatkräftige und mutige Menschen gab, die bereit waren, unter persönlichen Opfern für die Beseitigung eines Unrechtsregimes einzutreten. Kein Volk kann ohne solche Helden leben.

Vor dem Attentat hatte Graf von Stauffenberg, der die Bombe im Führerbunker zündete, seinen Freund Tresckow gefragt, ob sich denn das Opfer überhaupt lohne. Tresckows Antwort steht für mich wie ein Aushängeschild für die Handlung und die moralische und geschichtlich begründete Tat der Offiziere. Er sagte:

"Das Attentat muß erfolgen, coute que coute (Koste es, was es wolle). Sollte es nicht gelingen, so muß trotzdem in Berlin gehandelt werden. Denn es kommt nicht mehr auf den praktischen Zweck an, sondern darauf, daß die deutsche Widerstandsbewegung vor der Welt und vor der Geschichte den entscheidenden Wurf gewagt hat. Alles andere ist dagegen gleichgültig!"

Das "coute que coute" ist für mich nicht der Weisheit letzter Schluß. Aber eines erscheint mir sicher: Deutschland wäre nie so schnell in die Völkergemeinschaft aufgenommen worden - und das gilt für Osteuropa u n d Westeuropa, wenn es nicht einen deutschen Widerstand, wenn es nicht auch die Gruppe um Stauffenberg und Tresckow gegeben hätte.

Es ist mir zudem an dieser Stelle wieder einmal deutlich geworden: Geschichte wird von Menschen gemacht, gestaltet, verantwortet und erlitten. Menschen prägen ihre Geschichte und werden zugleich von ihr geprägt. Wir sind immer Prägende und Geprägte, wir gestalten und wir werden gestaltet. Wir sind Täter und Opfer zugleich.

Der heutige Tag, der 20. Juli steht für den gesamten Widerstand gegen Hitler. Dieser Widerstand war für mich politisch und ethisch-moralisch begründet. Er ist für mich von einem tiefen Humanismus getragen.

Ich komme aus der christlichen Tradition, die sich an Jesus und seiner Art zu leben orientiert. Christlicher Glaube ist für mich immer auch eine Lebenshaltung, die Opfer, die Hingabe, die Dienen, die Einsatz für den anderen erwartet, ja fordert. Und dieser Einsatz ist in meinen Augen immer ein Einsatz für das Leben, für die Gerechtigkeit und für das Recht. Jesus von Nazareth, der den Mächtigen Widerstand entgegengesetzt hat, indem er sich den Bedrängten und Außenseitern, den Armen und Unterdrückten zuwandte, dieser Jesus hat eine besondere Form des Widerstands begründet: Für mich ist er der "Gründer" des friedlichen Widerstandes. Eines Widerstandes, der bis zur Selbstaufgabe gehen kann. Er ist nur scheinbar von der geschichtlichen Bildfläche verschwunden. Er hat letztlich über die Täter gesiegt. Jesus hat uns deutlich gemacht, daß nur die Liebe den Kreislauf der Gewalt und des Neides durchbrechen kann.

Wir Christen sind Anhänger Jesu und wollen seine Botschaft weitertragen. Christen haben immer wieder - auch unterschiedlich - die Taten und die Geschichte interpretiert und ausgelegt. Jesus von Nazareth hat in meinen Augen auch deshalb gesiegt, weil seine Anhänger sich seinen Ideen, seinem Menschenbild und seinen Vorstellungen und Bindungen über das unmittelbar Überschaubare und Vorstellbare hinaus verpflichtet fühlten und fühlen. Es sind die Ideen, Bilder und Vorstellungen von Opfern, von Solidarität, von Einsatz für den anderen. Es ist die Hoffnung auf mehr Menschlichkeit und Toleranz.

Ich habe es heute morgen schon gesagt: Geschichte fordert von uns immer wieder die Entscheidung, in welcher Tradition wir weiterleben wollen, leidend oder gestaltend. Auschwitz ist in meinen Augen ein solcher geschichtlicher Entscheidungspunkt.

Nachdem meine Eltern die ganze Tragweite des Geschehens bewußt erfaßt hatten, mußten sie sich entscheiden, ob sie als Deutsche in der Tradition der Opfer oder in der Tradition der Täter weiterleben wollten. Ihnen fiel diese Entscheidung nicht schwer. Sie haben mich erzogen und geprägt, so wie ich Dich auch durch die Vermittlung meines Welt- und Menschenbildes beeinflussen möchte, damit Du erkennen kannst, aus welchen Motiven heraus ich heute handle und Du Dir "Leitmotive" für die Gestaltung Deines Lebens aussuchen kannst.

In meinem Verständnis waren auch die Abwürfe der Bomben auf Hiroshima und Nagasaki Ereignisse, die die Frage nach der Tradition der Opfer und Täter provozierten, desgleichen Tschernobyl, Seveso, Vietnam, Prag 1968. Hinter all diesen Namen verbirgt sich für mich die Entscheidung: Ich will in der Tradition der Opfer leben.

Und immer wieder stellte sich dabei auch die Frage: Wie werden die Täter wohl mit ihrer Schuld fertig, wenn sie die Tragweite ihrer Tat erkennen? Leningrad mit seinem Friedhof ist für mich ein Ort geworden, der mich diese Frage stellen läßt. Ich habe Euch darüber geschrieben.

Aber neben den Orten gibt es auch Daten, die solche Fragestellungen hervorrufen. Es sind dies geschichtliche Wendepunkte, Zeiten des Niedergangs und des Neubeginns.

Der 20. Juli 1944 ist für mich ein Datum, das in der Tradition der Opfer steht. Und damit meine ich nicht nur die Gruppe der Militärs, deren Attentatversuch an diesem Tag gescheitert ist. Ich meine auch Tausende von Christen, Sozialdemokraten, Kommunisten, die sich Toleranz und Mitmenschlichkeit nicht austreiben lassen wollten und dem Unrechtsstaat widerstanden. Dafür führte sie ihr Weg Direkt in die Konzentrationslager und oft in den Tod. Ich meine die Zahllosen, die in die innere Emigration gingen, die sich in wechselseitigem Vertrauen stärkten. Sie wurden Opfer, sie wurden Sich-Wehrende gegen ein wüstes Denunziantentum. Oder sie wurden Widerständler gegen den Machtmißbrauch vieler kleiner Beamter, Blockwarte und KZ-Aufseher. Sie wehrten sich aktiv oder verweigerten sich dem Prinzip der Unterdrückung Andersartiger. Diese Menschen sind mir Vorbild.

In diesem Staat, in diesem Teil Deutschlands, war der Name, die Benennung für die, die sich wehrten, immer gleich. Sie hießen immer nur Antifaschisten. Das ist mir stets zu eng gewesen. Diese Bezeichnung schließt zu viele aus, oder wenigstens nicht ein.

Gestern las ich in einer Broschüre zum 20. Juli den Satz, der den Krieg kennzeichnen sollte: *"Die Furie vernichtete weitere unwiederbringliche materielle Werte und Kulturgüter"*. Für mich war das keine Furie. Es waren Menschen, die da vernichteten, die sich zum Vernichten mißbrauchen ließen. Es sind immer Väter und Söhne, Geliebte und Liebende, die Panzer fahren und Bomben werfen, die da handeln, aus den unterschiedlichsten Motiven. Es sind Nachdenkliche und Gedankenlose, die da zum Teil unter Gewissensqualen, dem Gehorsam oder einer Einsicht verpflichtet, töten und vernichten. Es waren Mütter, Väter, Söhne und Töchter, die in Konzentrationslagern andere Menschen gequält haben und sie verhungern ließen. Es waren Ärzte, Dreher, Büroangestellte, Maurer, Ingenieure und Verkäufer, die in der Rolle von Soldaten die Vernichtung von Leningrad und Warschau, von Coventry und Dresden und Katyn betrieben haben.

Und, meine Tochter, das ist mir dabei auch bewußt geworden: Es gab immer Männer und Frauen, die sich dagegen gewehrt haben. Es waren Offiziere wie die, die wir heute in Strausberg geehrt haben. Oder es waren Studenten wie die Geschwister Scholl, Pastoren wie

Bonhoeffer und Niemöller; Kommunisten, Christen, Sozialisten, Arbeiter und Intellektuelle, Bürgerliche und Adlige wie z. B. von Stauffenberg, von Hardenberg und von Voß. Verschwörer waren das nicht. Es waren aufrechte Menschen, die gewissenhaft und rational begründet handelten. Aus Verantwortung für das Leben vieler setzten sie ihr eigenes ein!

In einer Studie las ich, daß Heinrich Himmler, der Leiter der SS, in einem Erlaß seinen Untergebenen verboten hat, sich bei ihren Handlungen auf ein Gewissen zu berufen! So waren die Täter.- Ich glaube, so sind sie auch noch heute. Ein aktives Gewissen wäre der Totengräber jeder, ja jeder Diktatur!

Diejenigen, die sich auf die Seite der Opfer schlugen, die zum Widerstand aufriefen oder Widerstand leisteten, beriefen sich auf ihr Gewissen. Sie wurden von einem gequälten Gewissen, von der Scham über Untaten und Lügen im Namen Deutschlands getrieben. Sie fühlten sich herausgefordert, ihrer eigenen Verantwortung als Staatsbürger und Mensch zu entsprechen. Sie waren bemüht, ihre Furcht vor der Gewalt und der möglichen Bestrafung zu überwinden. Sie wollten die Gewissenlosigkeit des Systems, deren Machtmißbrauch und deren Menschenverachtung überwinden und bekämpfen. Sie hatten die politische, die geistige und materielle Vernichtung von Polen, Russen, Franzosen, von Kommunisten, Zigeunern und Homosexuellen, von Künstlern und Wissenschaftlern und vor allem auch von Juden voller Scham und Zorn erlebt. Sie hatten erlebt, wie diese Menschen durch nichts anderes als ihre Herkunft zu Freiwild für Verfolger und Vernichter wurden.

Dagegen haben sie sich damals gewehrt, liebe Wiebke. Auch in deren Tradition leben wir heute und haben wir im November letzten Jahres versucht zu leben. Auch wir wollten Menschenverachtung und Machtmißbrauch - endlich - widerstehen. Und das waren nicht nur einige Pfarrer, wie man vielleicht demnächst in den Schulbüchern lesen wird. Es waren auch viele Unbekannte, Christen und Nichtchristen, unter ihnen sogar einige Offiziere und Soldaten dieser Nationalen Volksarmee. Letztere haben sich bewußt oder unbewußt - also mit Verstand oder Gefühl - dieser Tradition des 20. Juli 1944 verpflichtet gefühlt.

Ich habe heute zwei Häuser meines Ministeriums nach zwei Männern aus dieser Widerstandsgruppe benannt. Ich habe das getan, weil ich damit ein Signal setzen wollte. Ich wollte den Widerspruch, der schon in den Bereichen Abrüstung und Verteidigung meines Ministeriums zu liegen scheint, auch an anderer Stelle deutlich machen.

Sich auf die Tradition des Widerstands zu berufen und ein Ministerium unter den Geist des Widerstands zu stellen, hat zwei Gründe. Beide liegen in der jüngsten Entwicklung unserer Geschichte. Der eine bezieht sich auf die Rolle der Armee, der andere auf das Menschenbild, auf mein Bild, das ich von mir selber als Befehlshaber habe, und auf das Bild des Soldaten, den ich nicht als reinen Befehlsempfänger sehen möchte.

In unserer jüngsten Geschichte, im November 1989, hat sich diese Armee, zumindest in den Personen einiger Offiziere, als eine wahre Volksarmee gezeigt. Sie hat sich in der Person von leitenden Offizieren dem Ansinnen widersetzt, sich mißbrauchen zu lassen, sich gegen das Volk zu wenden. Die Soldaten der Nationalen Volksarmee mußten keine Befehle verweigern. Einigen Offizieren war es vorher gelungen, den Machthabern des Staates klarzumachen, daß ein Einsatz der Armee gegen das Volk nicht durchzusetzen sei. Mit ihnen als Offiziere ginge das nicht mehr. Die Soldaten waren dabei, Staatsbürger mit einem neuen staatsbürgerlichen Bewußtsein zu werden. Sie wollten sich nicht mehr gegen das Volk einsetzen lassen.

General Joachim Goldbach hatte es als erster gewagt, in einer der vielen nächtelangen Sitzungen um den 7. Oktober 1989 in Strausberg - im "Generalstab" - dem Minister Heinz Keßler zu widersprechen. Ohne den persönlichen Mut dieses Mannes wäre vielleicht manches anders gelaufen im Herbst 1989.

Auch die Offiziere des 20. Juli haben aus dem Bewußtsein heraus gehandelt, daß die Wehrmacht von Hitler mißbraucht wird. Es gibt einige Parallelen und eine Vielzahl von Unterschieden zwischen dem 20. Juli 1944 und dem Herbst 1989. Selbst wenn die Offiziere am Abend des 20. Juli erfolgreich gewesen wären und die Oberhand gewonnen hätten, wäre Deutschland nicht mehr zu retten gewesen. Längst waren die geschlagenen Deutschen auf dem Rückmarsch. Längst hatten die

Alliierten sich geeinigt, Deutschland zur bedingungslosen Kapitulation zu zwingen.

Die Emissäre der Widerstandsbewegung, die aus Schweden, Spanien und der Schweiz zurückkehrten, wo sie sich insgeheim mit Abgesandten der Feindmächte getroffen hatten, übermittelten die bittere Wahrheit: Den Deutschen blieb nichts anderes übrig als die bedingungslose Kapitulation, die totale Besetzung des Landes, womöglich die Teilung des Reiches.

Auf diesem Hintergrund und mit dieser Erkenntnis handelten die Männer des 20. Juli 1944. Stauffenberg hat versucht, so sehe ich es, von Europa, von Deutschland das letzte Chaos, den Kampf um jedes Haus und jeden Busch abzuwenden. Er wollte - Hitler vernichtend - viele andere Leben und Lebensmöglichkeiten retten.

Das Scheitern des Attentats ist nicht nur für Deutschland tragisch gewesen. Vom 20. Juli 1944 bis zum Ende Adolf Hitlers im Mai 1945, bis zur Kapitulation und damit zum Niedergang des Deutschen Reiches, vergingen noch neun Monate. In diesen neun Monaten sind an den Fronten, in den bombardierten Städten, in den Konzentrationslagern und auf der Flucht mehr Menschen umgekommen, als in den gesamten fünf Kriegsjahren zuvor! Viele alte Städte gingen in diesen letzten neun Monaten des Zweiten Weltkrieges in den Feuerstürmen zugrunde: Königsberg, Aachen, Breslau, Freiburg, Nürnberg, Dresden, Hildesheim und Stuttgart.

Ich kann diese Opfer nur als sinnlos empfinden. Zur Vermeidung solch unsinniger Opfer erscheint mir jeder Widerstand gerechtfertigt. Aus dieser Überzeugung heraus habe ich auch am 2. Mai, kurz nachdem ich das Ministeramt übernommen hatte, einigen Offizieren der Nationalen Volksarmee öffentlich gedankt, daß sie dafür gesorgt haben, daß im Herbst 1989 über die DDR keine "chinesischen Zustände" hereinbrachen, d.h., daß die Armee nicht auf das Volk geschossen hat wie in Peking auf dem "Platz des Himmlischen Friedens".

Das Vermächtnis des 20. Juli 1944 fordert von den Angehörigen der Nationalen Volksarmee, sich zu der neuen Verfassung und damit zu einer demokratischen und menschenwürdigen Ordnung zu bekennen. Deshalb habe ich heute das Haupthaus meines Ministeriums in "Stauffenberg-Haus" umbenannt. Ich habe das auch getan, weil ich mich diesen Männern verpflichtet fühle im Eingeständnis eigener Angst und eigenen Versagens. Auch ich kann nicht behaupten, immer alles getan zu haben, um Ungerechtigkeit, Menschenverachtung und Dummheit in der DDR zu widerstehen. Wir alle 16 Millionen haben hier Schuld einzugestehen und umzukehren.

Ein anderer wichtiger Grund, weshalb ich die Leitbilder Stauffenberg und Treskow zu Leitbildern meines Ministeriums gewählt habe, liegt in der Erkenntnis, daß diese dem Gehorsam verpflichteten Soldaten und Offiziere nicht leichtfertig um der bloßen Macht willen gehandelt haben. Sie haben sich erst nach ausführlicher Beratung und Abwägung zu dieser Handlung entschlossen. Sie taten es nicht allein. Sie waren in eine Gruppe von Freunden und Gleichgesinnten eingebunden. Ich kann die genannten Offiziere nicht als Verschwörer sehen. Sie haben ihr Vorhaben mit Freunden besprochen, darüber in ihren Familien beraten. Weil sie dies taten, waren sie verwundbar.

Der klassische Ausspruch "Wehe dem Volk, das Helden nötig hat!" läßt mich zu den Antihelden, zu den Gescheiterten, den Unterlegenen greifen.

Ich hoffe, daß ich nie den Befehl zum Schießen geben muß, daß ich ein Minister für Abrüstung und Verteidigung nur in Friedenszeiten bin. Und ich wünsche mir Offiziere, die mich daran hindern, meine Macht zu mißbrauchen, wenn ich es wollte. Ich rechne auf Mitarbeiter, die aufrecht genug sind, mir zu widerstehen, mir zu widersprechen, wenn es nötig ist.

Die Freiheit, die wir im November 1989 erkämpft haben, die ich auch für Dich miterstritten habe, ist ein hohes Gut. Diesen Schatz gilt es zu schützen und zu wahren. Mit der Freiheit dürfen wir es uns nicht zu leicht machen. Das zeigt sich für mich auch im Gedenken an den 20. Juli.

Hartmut von Hentig hat in seinen Überlegungen über die moralische Erziehung junger Menschen, auch junger Soldaten, im Hinblick auf die Freiheit formuliert: "Die Freiheit haben wir nie ganz wirklich, aber wir müssen sie immer und ganz beanspruchen; sie muß uns zustehen; genauer: sie muß uns unerbittlich zugemutet werden."

Heute morgen beim Frühstück, als ich Dir vom Ablauf des Attentats erzählte, hast Du eingewendet, daß seien doch Stümper gewesen. Als Soldaten seien sie doch nicht als Vorbilder anzusehen. Für mich waren die Ereignisse um den 20. Juli nie ein militärischer Akt, vielmehr ein *"Kulminationspunkt im militärischen Widerstand"*. Ein Bombenattentat ist für mich keine militärische Operation. Der Widerstand der Männer des 20. Juli ist nach meiner Einschätzung deshalb gescheitert, weil sie keine militärische Operation geplant haben, weil sie keinen Bruderkrieg im Landesinneren anzetteln wollten. Sie wollten möglichst unblutig und mit möglichst wenigen Opfern ein brutales, menschenverachtendes und menschenzerstörendes Regime beseitigen.

Im Herbst 1989 ist es uns gelungen, unser heuchlerisches Unrechtsregime zu stürzen. Wir hatten Glück. Wir konnten in Friedenszeiten Widerstand leisten. Die Menschen damals sind Opfer geworden. Sie haben ihr Ziel nicht erreicht. Sie hatten Pech. Dennoch haben viele ihre Botschaft verstanden, und sie ist nicht vergessen worden!

Ich wollte heute mit der Umbenennung der beiden Häuser in meinem Ministerium ein Signal setzen und eine neue Verpflichtung eingehen: Wir wollen keinen blinden Gehorsam! Wir wollen den verantwortlichen, den mitdenkenden, den der Demokratie und den Menschenrechten verpflichteten "Bürger in Uniform". Daß dies verstanden worden ist, zeigt mir die Geste des Bundesministers der Verteidigung, Gerhard Stoltenberg, der mir zwei Bilder schickte, die ihren Platz in der Lobby der beiden umbenannten Häuser finden sollten. Auch die Anwesenheit von Rüdiger von Voss, dem Sohn des Widerstandskämpfers Hans Alexander von Voss, bei der Feierstunde war für mich ein Zeichen des Verständnisses, ja des Einverständnisses. Die Gesten dieser beiden Männer waren für mich an diesem Tage ungeheuer wichtig.

Andere Menschen aus der Bundesrepublik haben heute gegen den Festakt in Strausberg durch Nichterscheinen oder mit Worten protestiert. Sie konnten sich die Nationale Volksarmee vom Sommer 1990 nicht als eine Armee vorstellen, die die tapferen Männer vom 20. Juli 1944 ehren darf.

Ich hoffe, ich kann Verständnis dafür erzeugen, daß unsere DDR-Geschichte und DDR-Wirklichkeit sehr viel differenzierter war und ist, als manche Westdeutschen, uns mehr oder weniger von außen betrachtend, meinen.

Wir werden für dieses wichtige Tun viel Geduld brauchen. Ich hoffe, daß wir sie aufbringen werden.

Sei für heute umarmt von

Deinem Rainer

15. Der Rufmord

27. Aug. 1990

Mein lieber Martin,

Deine Empörung gestern abend am Telefon, nachdem Dir Dein Freund aus Westberlin den Artikel aus der Sonntagszeitung vorgelesen hatte, hat mir richtig gut getan. Du hattest den berechtigten Verdacht, daß man mich als Waffenschieber hinstellen will. Nachdem ich mir die Zeitung hier in Stuttgart besorgt habe und den Artikel mit der Überschrift "DDR repariert Jagdflugzeuge für den Irak" genau durchgelesen habe, kann ich Dich verstehen. Ich werde gegen den Journalisten klagen. Er hat nun zum zweiten Mal etwas Unwahres behauptet. Ich will versuchen, Dir zu erklären, was an der Darstellung unrichtig, was sogar Lüge ist. Und um Klarheit zu schaffen, will ich hier aus der Zeitung zitieren:
"In der DDR werden zehn irakische Jagdflugzeuge des Typs MiG-21 repariert und technisch überholt. Sie sollen in den nächsten Tagen wieder einsatzbereit sein und an den kriegstreibenden Irak ausgeliefert werden. Verantwortlich dafür ist DDR-Verteidigungsminister Rainer Eppelmann.

Das erfuhr WELT am SONNTAG aus Bonner Regierungskreisen. Bonn versucht derzeit, die Auslieferung der MiG's noch zu verhindern. Die zehn MiG-21 befinden sich zur Überholung in der Flugzeugwerft Dresden. Das DDR-Verteidigungsministerium bestätigte am späten Abend, daß die Maschinen auf einer Werft in Dresden gewartet würden. Der Sprecher schloß aber "absolut" aus, daß die Maschinen an den Irak ausgeliefert würden".

Daß ich eigentlich für diesen Bereich überhaupt nicht zuständig bin, habe ich Dir schon am Telefon gesagt. Nun will ich Dir alles der Reihe nach aufschreiben, damit Du verstehst, warum ich diesen Artikel für eine bösartige Kampagne halte. Am Samstag, dem 18. August, brachte mir Oberst Uwe Hempel, der Presseoffizier in meinem Ministerium, folgende Pressemeldung von der Deutschen Presseagentur (dpa):

"WamS: DDR-Armee beginnt Manöver "Nordwind" mit Stoßrichtung Bundesrepublik -

Hamburg (dpa) - Die Nationale Volksarmee (NVA) der DDR beginnt nach Informationen der Zeitung "Welt am Sonntag" in den nächsten Tagen ein Manöver mit Stoßrichtung Bundesrepublik. Wie es in dem Blatt heißt, herrscht im Bundesverteidigungsministerium "Entsetzen" über die Entscheidung von DDR-Abrüstungs- und Verteidigungsminister Rainer Eppelmann.

Das Manöver, so schreibt das Blatt, soll die Bezeichnung "Nordwind" tragen und im nördlichen Teil der DDR stattfinden. Eppelmann berufe sich auf vertragliche Abmachungen für die militärische Großübung, die schon im vergangenen Jahr vom Warschauer Pakt geplant worden sei. Auf der Bonner Hardthöhe werde auch darauf verwiesen, daß die Kosten eine Größenordnung von mehreren Millionen Mark erreichten und von der Bundesrepublik bezahlt werden müßten.

Mit wachsendem Unmut registriere das Bundesverteidigungsministerium weiter, daß Eppelmann einen DDR-Frachter mit Brückenlegepanzern für den Irak, der sich auf hoher See befindet, nicht zurückrufen wolle. In der Dschungelkampfschule der NVA auf der Insel Rügen würden irakische Offiziere ausgebildet - zusammen mit PLO-Leuten und anderen Kräften der internationalen Terrorszene aus Libyen, Mosambik und Angola.

Nach Informationen der Zeitung kommt es in der Volksarmee auch zu Schiebereien im großen Stil. Waffen, Munition, aber auch Villen verschwänden in privaten Kanälen. Dies geschehe mit Hilfe von NVA-Offizieren und Geschäftsleuten in der DDR sowie in der Bundesrepublik. Es gehe um Millionenverluste zu Lasten der Bevölkerung.

Der Beitrag wurde dpa in redaktioneller Fassung vorab übermittelt."

Den dann am Sonntag abgedruckten Zeitungsartikel lege ich bei.

Es ist leider nicht das erste Mal, daß mich Journalisten durch falsche Angaben in der Öffentlichkeit angreifen. Bisher habe ich das bei aller Verärgerung ganz gut wegstecken können. Aber hier sehe ich nun im Zusammenhang mit einigen anderen Meldungen und Artikeln, daß mich jemand in der Öffentlichkeit richtig fertigmachen will.

Ich habe dabei den Eindruck, daß er das nicht alleine tut. Der betreffende Journalist, der noch nie mit mir gesprochen hat und auch nicht bei uns im Ministerium recherchiert hat, wie mir Oberst Hempel glaubhaft versichert, arbeitet offensichtlich mit Menschen aus dem Verteidigungsministerium in Bonn Hand in Hand. Zumindest hat niemand von der Hardthöhe seinen Behauptungen widersprochen. Wieder beruft er sich auf Aussagen aus "Bonner Regierungskreisen", wieder schreibt er etwas, was sich leicht durch Nachfragen oder durch eine saubere Erkundigung hätte klären lassen.

Lieber Martin, Du hast mich mit Recht gefragt: Wie kannst Du als Minister, der sich Minister für Abrüstung und Verteidigung nennt, zum Waffenhändler werden? Es ist also etwas hängen geblieben. Um wieviel fragwürdiger muß meine Rolle denjenigen erscheinen, die nicht nachfragen können, mich nicht persönlich kennen? Was für ein Bild soll jemand von mir bekommen, der nur auf Informationen aus Zeitungen, wie zum Beispiel aus dem General-Anzeiger, angewiesen ist? In dieser Bonner Zeitung vom 5. Juli gab es einen Artikel mit der Überschrift "Der Pazifist mit der Pistole wird für Bonn zum Problem". Darin stellt der Journalist Ekkehard Kohs fest, ich hätte mich vom Paulus zum Saulus entwickelt. Beratende Generale um Stoltenberg gerieten in "mittlere Rage", wenn Sie nur meinen Namen hören. Als ich dann die Begründung gelesen habe, ist mir deutlich geworden, warum. Und dann hat mich die Rage sogar gefreut. Da heißt es nämlich:
"Auf der Hardthöhe wird darauf hingewiesen, daß der auch von Eppelmann anvisierte erhaltenswerte Kernbestand der NVA von rund 60000 Mann, alles nach mehr oder weniger politischen Kriterien ausgesuchtes Führungspersonal, letztendlich zu Lasten des entsprechenden Personals der Bundeswehr geht. Die Hardthöhe will, wenn überhaupt, aus der NVA eine Heimatschutztruppe unter ihrem Kommando machen."
Mich hat das ehrlich gefreut, weil es mir zeigte, daß meine bisherigen Bemühungen zur Kenntnis genommen werden. Ich habe ja immer wieder versucht, deutlich zu machen, daß Abrüstung umweltfreundlich,

sozial verträglich und politisch verantwortlich zu geschehen hat, vor allem aber, daß Abrüstung nicht gegen die betroffenen Menschen gemacht werden darf, schon gar nicht in unserer jetzigen Situation! Seit dem Kaukasus-Ergebnis der Verhandlungen zwischen Helmut Kohl und Michail Gorbatschow ist klar, daß beide deutschen Armeen abrüsten müssen. Ich werde darum kämpfen, daß man die Offiziere und Unteroffiziere aus der DDR nicht einfach wegschickt. Abrüstung muß sich unter Berücksichtigung rechtsstaatlicher Kriterien gerecht vollziehen. Wir können nicht allein auf Kosten der DDR auf 370 000 Mann reduzieren. Wenn man die NVA-Offiziere ohne Pensionen in die Arbeitslosigkeit entläßt, muß das das Selbstwertgefühl der NVA-Angehörigen zerstören. Daraus entsteht leicht Feindschaft. Es geht mir aber darum, in unserem gemeinsamen Haus Verständnis und Wärme zu erzeugen und alles zu vermeiden, was nach Ungerechtigkeit, Erobern und Abstrafen aussieht.

Ich gehe genauso wie die Soldaten davon aus, daß jeder Staat eine Fürsorgepflicht auch gegenüber seinen Soldaten hat. Wenn man eine Armee reduziert oder ganz auflöst, muß man die Frage beantworten können, was aus den Soldaten werden soll, die nicht mehr benötigt werden. Und um eben die Beantwortung dieser Frage bemühe ich mich. Weil aber meine fürsorgliche Haltung für die mir anvertrauten Menschen den anderen, die - verständlicherweise - um ihr Einkommen und ihre Zukunft bangen, ein Dorn im Auge ist, ärgern sie sich über mich, versuchen sie, mich zu demontieren.

Dieser Reporter wird sich nun vor einem westdeutschen Gericht zu verantworten haben. Er lebt ja nicht in einer Parteiendiktatur, wo er sich auf den Schutz von Parteimitgliedern oder Mitgliedern eines wie immer benannten Politbüros berufen könnte. Ich bin fest davon überzeugt, daß ihn der ständige Hinweis auf die Bonner Regierungskreise in einem Rechtsstaat nicht schützen kann.

Auch wenn ich auf seinen Widerruf warten muß, ich werde ihn verklagen, denn er hat die Unwahrheit gesagt: über die Ausbildung der "Dschungelkämpfer" auf Rügen, über das Manöver "Nordwind", über die Reparatur irakischer Flugzeuge, die ich angeblich in den Krieg schicken will, über die Brückenlegepanzer, die ich angeblich nicht zurückholen will, die Waffenverkäufe, die als Schieberei bezeichnet werden.

Laß mich beim letzten anfangen. Waffen und Munition sind in letzter Zeit offiziell weder verkauft noch anderweitig veräußert worden; mit ausländischen Geschäftsleuten sind keinerlei gültige Verträge abgeschlossen worden. Es wurden lediglich Kleinkalibergewehre aus den Beständen der ehemaligen "Gesellschaft für Sport und Technik" mit Genehmigung des Ministeriums des Innern nach Vorlage eines Waffenscheins an Privatpersonen verkauft, in einem Fall auch an eine Firma in Regensburg. Sie werden von Jägern als sogenannte Schonzeitbüchsen verwendet.

Wir haben auf ausdrückliche Bitten der Bundesdeutschen und der Amerikaner 200 000 komplette "Schutzausrüstungen" an Saudi-Arabien geliefert. Es handelt sich dabei um Gasmasken, Schutzanzüge und Umhänge, die die Menschen vor den erwarteten und drohenden Gasangriffen der Irakis schützen können. Ich sehe dies eher als humanitäre Hilfe denn als "Waffenschieberei" an.

Mehr und anderes hätte ich auch gar nicht liefern können, denn es gab noch aus der Zeit der Regierung Modrow ein Gesetz vom 7.3. 1990, das grundsätzlich die Ausfuhr von Kriegstechnik verbot. Dieses Gesetz ist von uns nicht außer Kraft gesetzt worden. Es ist aber nach allem, was ich weiß, auch nie übertreten worden. Frank Marczinek, der Staatsekretär für Abrüstung, hat sich auf meinen Befehl hin ganz genau beim Zoll erkundigt und festgestellt, daß es an keiner Stelle einen Hinweis gegeben hat, daß gegen dieses Gesetz verstoßen wurde. Natürlich wollen laufend Interessenten Waffen kaufen. Wir werden auch vermutlich noch den Verkauf von Flugzeugen und Schiffen und eventuell auch von Waffen vorbereiten. Aber die Realisierung dieser Verträge bleibt einer gesamtdeutschen Regierung vorbehalten. Uns, lieber Martin, gibt es doch nur noch 42 Tage!

Als ich in Ungarn war, sind wir von den Ungarn gebeten worden, Ihnen Material aus der NVA zu überlassen. Der ungarische Verteidigungsminister hat mir erklärt: "Die neuesten Flugzeuge, die wir haben, sind 15 Jahre alt. Wir bekommen von den Sowjets nur unzureichende Mengen und sehr begrenzt Ersatzteile dafür. Wir haben großes Interesse daran, Flugzeuge gleichen Typs zu kaufen, um sie auszuschlachten und auf diese Weise Ersatzteile zu bekommen. Wir haben auch Interesse daran, modernere Flugzeuge von Ihnen zu kaufen".

Nach einem Gespräch mit Rupert Scholz, dem ehemaligen Verteidigungsminister der Bundesrepublik, hat der Leiter meines Beraterstabs am 11. August in Hannover mit Genscher gesprochen. Hans-Dietrich Genscher ist in der Bundesrepublik der zuständige Minister für Abrüstungsfragen. Dietmar Herbst sollte ihn über unseren Wunsch informieren, an die ehemaligen Verbündeten im Ostblock Waffen zu verkaufen oder zu verschenken. Dietmar hatte wenige Tage davor von General Schönbohm und General Schade, dem zukünftigen Leiter des Beraterstabs Stoltenbergs, die Auskunft erhalten: "Verkauft oder verschenkt alles, wir wollen nichts". Das sei die Meinung auf der Hardthöhe. Der Verteidigungsrat des Bundestages hätte noch zustimmen müssen. Deshalb wurde Genscher informiert.

Meine Absprache mit Stoltenberg und den Mitgliedern der Verbindungsgruppe ging dann dahin, daß wir den Verkauf auf die Länder Polen, Ungarn und Tschechoslowakei beschränken wollten. Wir meinten, daß es wohl keinen Westdeutschen geben würde, der annehmen könnte, daß polnische, ungarische oder tschechische Armeen gegen das NATO-Land Bundesrepublik Deutschland marschieren. Es ist uns ganz deutlich das Signal gegeben worden: Bereitet ihr diese Verträge vor. Solange es noch NATO und Warschauer Vertrag gibt, wird das NATO-Land Bundesrepublik Deutschland wohl kaum Kriegstechnik an Länder des Warschauer Vertrages verkaufen oder verschenken können.

Wir handelten also immer in Abstimmung mit der Hardthöhe. Und alle diese Verträge sind mit der Sicherheitsklausel versehen worden: "vorbehaltlich der Zustimmung der Bundesrepublik Deutschland". Uns war doch deutlich, daß wir mit Verhandlungen nur noch beginnen können. Die Volkskammer hat vor vier Tagen den Beitritt zur Bundesrepublik nach Artikel 23 des Grundgesetzes zum 3. Oktober beschlossen. Damit steht seit drei Tagen fest, daß wir nur noch wenige Wochen als DDR bestehen werden.

Die Hardthöhe hat den Ministerialdirigenten Simon als ein Mitglied des Verbindungsstabes nach Strausberg abgeordnet. Auf Anregung der Bundesdeutschen haben wir bei unseren ehemaligen Verbündeten nachgefragt, wer welche Waffen von uns haben wollte. Der "Abrüstungs-Staatsekretär" Frank Marczinek hat dann eine Liste zusammengestellt, die das Interesse dieser Verbündeten an Waffentechnik auflistete. Diese Liste ist Herrn Simon überreicht worden. Vor wenigen Tagen ist er mit einer Negativ-Liste aus Bonn zurückgekommen, in der genau aufgeführt ist, was nicht verkauft werden soll. Ich habe angeordnet, daß man sich streng daran hält.

Des weiteren habe ich angeordnet, daß alle diese Verträge, die der Staatssekretär Frank Marczinek vorbereitet, mir zur Gegenzeichnung vorgelegt werden müssen. Außerdem müssen sie eine "Vorbehaltsklausel" enthalten, in der steht: "Dieses Geschäft ist nur rechtsgültig, wenn eine zuständige staatliche Stelle der Bundesrepublik Deutschland ihre Zustimmung gegeben hat". Wir verhandeln also jetzt gleichsam schon im Auftrag der Bundesregierung, werden diese Verträge aber voraussichtlich nicht mehr realisieren können. Das muß das vereinte Deutschland tun.

Ich will es noch einmal deutlich sagen: Ich habe ein gutes Gewissen. Und ich hoffe, daß das bis zum Ende meiner Amtszeit als Minister für Abrüstung und Verteidigung so bleiben kann. Schon am 1. August, als mich die "Bild am Sonntag" als großen Aufrüster darstellen wollte, konnte ich vor der gutbesuchten Bundespressekonferenz in Bonn mit meinen vorgetragenen Tatsachen überzeugen.

Ich war - Du erinnerst Dich - bei meinem Schwager in Stuttgart im Urlaub, als ich die Zeitung las. Aufgrund dieser Abwesenheit habe ich den Haushalt nicht selber in der Volkskammer eingebracht. Er war mir auch nicht vorgelegt worden. Staatsekretär Werner Ablaß hatte ihn mit seinen Mitarbeitern ausgearbeitet, nachdem ich Anweisung gegeben hatte, alle Neuanschaffungen zu stornieren, nur dort die Verträge zu erfüllen, wo dies unabdingbar notwendig sei.

Wie ich inzwischen erfahren habe, hat Ablaß ihn nicht mit Admiral Hoffmann abgestimmt. Es ist also bestimmt kein "Aufrüstungsetat" gewesen, wie das behauptet wurde. Auch der Volkskammerausschuß für Abrüstung und Verteidigung unter der Leitung von Camilli (SPD) sah keine Veranlassung, den Entwurf kritisch zu hinterfragen. Erst als die Wellen der Empörung in der Presse so hoch schlugen, hat er sich dafür interessiert.

Ich habe die genauen Zahlen erst in der Zeitung gelesen. Bertram Wieczorek, der parlamentarische Staatssekretär, hat sie in der Volkskammer vorgetragen. Offensichtlich hat er die Einsparungen nicht deutlich genug gemacht. Und es ist ihm auch nicht gelungen klarzumachen, daß es sich nicht um Beschaffungsaufträge, sondern um Vertragserfüllungen handelte. Der Betrieb der Armee sollte ja aufrechterhalten werden, bis sie dann demnächst aufgelöst wird. Technik mußte also angeschafft werden. Dazu gehörten Ausgaben für die Instandsetzung, für Treibstoff und vor allem für die Verschrottung. Aus langfristigen Lieferverträgen mußte eine Reihe von Material abgenommen werden. Darunter waren auch zwei Schiffe; sie sind von Kampfschiffen zu Küstenschutzbooten umgerüstet worden!

Dies alles habe ich nach der Pressekampagne vor der Pressekonferenz erläutert und richtiggestellt. Und wie mir eine Reihe von Menschen versichert haben, sind sie nach meiner Darstellung doch anderer Meinung gewesen als vorher. Ich will der "Welt am Sonntag" das Feld nicht allein überlassen. Ich merke, wie wichtig es ist, zu widersprechen, wenn jemand falsche Dinge in den Raum stellt. In der DDR sind wir lange genug von den Medien belogen worden, oder uns ist die Wahrheit vorenthalten worden. Ich habe früher um die Durchsetzung der Wahrheit gekämpft. Ich werde es jetzt nicht aufgeben.

Dabei bin ich weder grundsätzlich gegen die Presse oder gegen die Medien, noch habe ich generell eine negative Meinung von ihr. Ich habe eine freie Presse immer für ein wichtiges Instrument in der Demokratie angesehen und sehe in ihr den Garanten für die Durchsetzung demokratischer Strukturen. Ich habe die Presse ja immer auch als etwas ungeheuer Hilfreiches erlebt, als wir noch in der Diktatur lebten. Die hilfreichen Boten der Demokratie waren für uns Dissidenten ja in erster Linie nicht die Politiker, sondern es waren einige Journalisten: Dieter Bub vom "Stern", Ulrich Schwarz vom "Spiegel" und Ingo Schwelz von ap zum Beispiel.

Trotzdem habe ich westliche Journalisten in der DDR erlebt, die sich haben korrumpieren lassen, weil sie z.B. steuerfrei in der DDR arbeiten konnten. Ich habe erlebt, daß nicht jeder Journalist mit Genauigkeit und Ausdauer arbeitet und recherchiert und nicht jeder um der Wahrheit willen auf eine Schlagzeile verzichtet. Ich habe immer wieder erlebt, daß unsauber und ungenau recherchiert worden ist. Viele Dinge sind "rausgehauen" worden, weil die Redakteure meinten: Das gibt eine knackige Schlagzeile. Dabei stört mich am meisten, daß sie dabei oft nicht überlegen: Was bedeutet diese Meldung, die sie so herausstellen, für andere konkrete Menschen? Welches Leid, welche Schmerzen kann eine solche Darstellung hervorrufen?

Ich finde es einfach schäbig, wenn so über mich berichtet wird, ohne daß man ein einziges Mal mit mir selbst geredet hätte, ohne mir ein einziges Mal die Chance zu geben, meine Sicht darzustellen. Der Reporter der WamS hat sich nicht ausreichend um die Wahrheit bemüht. Er scheint an der Wahrheit nicht interessiert zu sein.

Ausgesprochen traurig hat mich aber gemacht, daß diejenigen, die ihm solch unseriöse Informationen geliefert haben - und er ist ja auf solche Informanten angewiesen - Parteifreunde von mir sind, sowohl aus der West-CDU als auch aus der Ost-CDU. Das hat sich besonders in einem angriffigen Artikel in der "Bild am Sonntag" vom 5. August gezeigt. Unter der Überschrift "Momper: Urlaub mit Honeckers Hubschrauber" wurde berichtet, daß ich den "Luxus-Hubschrauber", der sonst "nur gegen teures Geld (4 611 Mark die Stunde) vermietet wird", dem SPD-Politiker kostenlos zur Verfügung gestellt hätte. Darin heißt es dann unter anderem: "Eppelmann verfügt über militärisches Gerät, als wäre es sein Eigentum". Ich hatte mich natürlich vorher erkundigt, ob es üblich ist, dem Ministerpräsidenten eines Landes ein Fahrzeug oder ein Flugzeug oder einen Hubschrauber aus Bundesmitteln zur Verfügung zu stellen. Es gibt ja in der DDR kein vergleichbar gut ausgebautes Verkehrsnetz wie in der Bundesrepublik. Mir war gesagt worden, daß dies im Westen selbstverständlich wäre. Wenn Ernst Albrecht, als Ministerpräsident von Niedersachsen an entlegene Orte gelangen will, stehe ihm selbstverständlich ein Hubschrauber des Bundesgrenzschutzes zur Verfügung. Natürlich wird auch Herr Albrecht von seinem Urlaubsort zu jeder Besprechung geflogen, die er in seiner Eigenschaft als Ministerpräsident oder als Bundesratsvorsitzender zu führen hat. Und Walter Momper war im Juli und August 1990 Bundesratsvorsitzender.

Ich habe mein Angebot an Walter Momper nicht nur als menschliche Geste gesehen, um einen in Termine eingezwängten Politiker davor zu bewahren, auf schlechten Straßen zwischen Trabis eingezwängt fünf Stunden im Verkehrsgewühl zu verbringen. Ich meinte, mit diesem Beispiel von im Westen üblicher Amtshilfe auch ein Beispiel für den zukünftigen Umgang im deutschen Einigungsprozeß zu liefern. Davon haben die Journalisten nichts gebracht. Sie haben bei mir ja auch nicht nachgefragt. Zwei Staatssekretären, einem von der Hardthöhe und einem aus Strausberg, hat das nicht gepaßt, vielleicht weil es ein SPD-Politiker war. Sie haben die Presse informiert und nicht unwesentlich die Tendenz und die Stoßrichtung des Angriffs gegen mich bestimmt.

Das, was durch die Presseberichte geschieht, ist ja nicht nur der Versuch, mich um meinen guten Ruf zu bringen. Es ist für Menschen, die moralisch denken, ein gewaltiger Absturz, der ihnen da angeboten wird: vom Friedenskämpfer und Friedenspfarrer zum Waffenhändler! Und das bin ich ja nun wirklich nicht, bin es nie gewesen und werde es nie sein. Diese Art von Berichterstattung ohne Rückfrage bei den "Objekten" führt zu Irritationen und macht politisch tot, versucht es zumindest.

Es ist nicht der erste Prozeß gegen den Springer-Konzern, den ich jetzt führe. Ich habe bereits mit zwei einstweiligen Verfügungen Richtigstellungen erwirkt. Das betraf auch die Unterstellung, ich sei für Dinge zuständig, die ganz anderen Ministerien zugeordnet waren. Deshalb empfinde ich es auch als "Rufmord", wenn mir nun unterstellt wird, ich sei für die Brückenlegepanzer zuständig und für die Flugzeuge verantwortlich.

Lieber Martin, ich hätte mich mit dem Reporter zusammen erregt und mit ihm zusammen darum gekämpft, die Verträge rückgängig zu machen, noch schwungvoller als ich es ohnehin getan habe, wenn etwas drangewesen wäre. Ich habe mich gekümmert, obwohl es nicht unbedingt mein Ressort war. Das hat er aber weder recherchiert noch ausreichend zu Kenntnis genommen. Wenn mich der Journalist gefragt hätte, hätte ich ihm sagen können, daß die von ihm verbreitete Behauptung, "Er (Eppelmann) wollte einen Frachter mit Brückenlege-Panzern für den Irak nicht zurückrufen", eine reine Lüge ist. Es handelte sich bei dem Transportfahrzeug auch nicht um einen DDR-Frachter, wie die "Welt am Sonntag" berichtet, sondern um das irakische Frachtschiff "MS Balquess".

Als mir Stefan Schwarz, mein persönlicher Referent, am 16. August über den Versand dieser "Waffen" berichtete, habe ich sofort versucht, das Schiff zurückzurufen. Aber der Frachter hatte bereits am 31. Juli den polnischen Hafen Gdynia verlassen und befand sich in internationalen Gewässern. Natürlich hatte ich keine Möglichkeit, Direkt und persönlich einzugreifen. Ich habe sofort alle vier Alliierten informiert und sie darum gebeten, das Schiff "mit allen Mitteln" am Erreichen des Zielorts zu hindern. Dafür haben mir die Alliierten ausdrücklich nach ein paar Tagen gedankt. Darüber stand aber nichts in den Zeitungen. Die Agenturen haben zwar die Richtigstellung verbreitet, aber die Redakteure fanden es nicht wert, sie zu drucken.

Es ist auch falsch, so zu tun, als sei ich dafür verantwortlich oder als fiele das in meinen "Zuständigkeitsbereich". Die Verträge über die Brückenlege-Einheiten wurden bereits 1989 unter der Stoph/Modrow-Regierung abgeschlossen. Auf der Seite der DDR hat die ITA die Verträge unterschrieben. Die ITA, Ingenieur-Technischer-Außenhandel, in Berlin ist ein staatliches Unternehmen, das dem früheren DDR-Außenhandelsministerium unterstand und jetzt dem Wirtschaftsministerium der DDR zugeordnet ist. Es hat also zu keinem Zeitpunkt meinem Ministerium unterstanden.

Wie inzwischen Stefan Schwarz und Frank Marczinek herausgefunden haben, wurden am 26. März sieben Brückenlegepanzer im polnischen Hafen Gdansk auf ein irakisches Schiff verladen. Am 18. Juni folgte auf dem gleichen Wege eine Lieferung von 17 Stück. Ein Journalist hat das Verladen beobachtet und sich dafür interessiert. Er hat uns zumindest vorab informiert, daß darüber ein Bericht erscheinen würde. Nur dadurch konnten wir so schnell reagieren. Hier zeigt sich, wie Journalisten verantwortungsbewußt mit Informationen umgehen können.

Nachdem ich von dem Überfall Kuweits durch den Irak im Morgengrauen des 2. August erfahren habe, habe ich noch am Abend dieses Donnerstags telefonisch angeordnet, im Ministerium für Abrüstung und Verteidigung zu überprüfen, ob Kriegsmaterial aus der DDR an den Irak geliefert worden ist. Meine Mitarbeiter sollten auch prüfen, wie es in den Irak transportiert worden sei, falls sie solche Lieferungen feststellten.

Am 2. Juli 1990 hatten wir, die Regierung der DDR, mit meiner ausdrücklichen Beteiligung einen Auslieferungsstop für alle Kriegstechnik beschlossen und verkündet. Darunter fielen selbstverständlich auch die Flugzeuge.

Die Flugzeuge aus dem Irak wurden seit 1980 in der DDR gewartet und repariert. Jedes Flugzeug blieb dafür zwischen acht Monaten und zwei Jahren in der DDR. In der Amtszeit der Regierung de Maizière sind keine neuen Flugzeuge des Irak zur Wartung oder Reparatur angenommen worden! Die zivile Flugzeugwerft Dresden unterstand dem Ministerium für Wirtschaft. Die Wartungsaufträge wurden aufgrund von Verträgen mit dem ITA durchgeführt, der ebenfalls dem Wirtschaftsministerium unterstand.

Das alles hätte der Reporter der WamS leicht herausfinden können, wenn er gewollt hätte. Und er hätte auch herausfinden können, daß die Rückführung der gewarteten Flugzeuge nicht nur nicht geplant, sondern ausdrücklich verboten worden war. Aber dann hätte er den Satz nicht schreiben können, daß ich allein dafür verantwortlich sei. Ich habe gestern, nachdem mir der Artikel vorgelegt worden ist, sofort im Wirtschaftsministerium eine Überprüfung veranlaßt. Dort hat man sofort die politische Brisanz erfaßt und zusammen mit Journalisten die Flugzeugwerft Dresden besucht, um zu überprüfen, ob der Auslieferungsstopp eingehalten worden ist. Und er ist eingehalten worden.

Damit ist auch die Behauptung falsch, es habe Pläne gegeben, die Flugzeuge auszuliefern. Ich muß also annehmen, daß man genau eine Woche, nachdem der erste Artikel zurückgewiesen worden ist, absichtlich versucht, mich als Kriegstreiber und Aufrüster hinzustellen, während die Hardthöhe als Friedensbringer herausgestellt wird. "Bonn versucht derzeit, die Auslieferung der MiG's noch zu verhindern." Damit wird so getan, als müßte erst Bonn eingreifen und als sei nicht einmal sicher, daß dies erfolgreich sein könnte.

Ähnlich verhielt es sich mit der Behauptung, ich würde den Krieg gegen die Bundesrepublik üben. Der Journalist hat sich bei mir nach dem Manöver nicht erkundigt. Ich hätte ihm sagen können, daß eine Übung, an der 300 Soldaten und einige Panzer beteiligt sind, in Nord-Süd-Richtung im Rahmen der üblichen Gefechtsfeldübung angeordnet worden ist.

An dem Text, den die "Welt am Sonntag" vom 19. 8. 1990 veröffentlicht, stimmt nichts. Der erste Satz ist falsch: Eine Stoßrichtung "Bundesrepublik" hat es nicht gegeben und wird es nicht geben. Du kannst Dir dazu ja von Niels den Brief geben lassen, den ich ihm am 25. Juni geschrieben habe. Dann wirst Du auch besser verstehen, warum mich diese Unterstellung so trifft. Ich habe auch keine Entscheidung getroffen, wie sie im zweiten Satz behauptet wird. Mir bleibt auch unverständlich, warum im Verteidigungsministerium "Entsetzen" herrschen sollte. Die Hardthöhe hätte im August längst bei uns nachfragen und dann feststellen können, daß an der "Meldung" nichts dran ist. Bei mir hat niemand angefragt. Und ich habe niemandem die Auskunft gegeben, bei der Stabsübung "Nordwind" habe es sich um ein Manöver gehandelt oder gar um ein Großmanöver. Ich habe mich in diesem Zusammenhang auch keinesfalls auf "vertragliche Abmachungen für die militärische Großübung" "berufen".

In seiner Regierungserklärung hatte Lothar de Maizière betont, daß wir alle eingegangenen Verpflichtungen erfüllen wollten. Wenn wir dem tatsächlich entsprochen hätten, hätten wir an drei Veranstaltungen des Warschauer Vertrages teilnehmen müssen. Diese drei Maßnahmen waren lange vor dem Regierungsantritt im April 1990 im Warschauer Vertrag abgesprochen worden. Es waren dies die Ausbildungsfahrt des "Vereinigten Geschwaders" von Schiffen der baltischen Flotte der UdSSR, der polnischen Seekriegsflotte und der Volksmarine. Darüber habe ich kurz berichtet. Das Zweite wäre die Übung "Granit 90" der

Luftverteidigungskräfte gewesen, die wir abgesagt haben, wie ich Niels im Juni geschrieben habe. Das Dritte war die gemeinsame Kommandoübung "Drushba 90" der Westgruppe der sowjetischen Streitkräfte, der polnischen Armee und der NVA.

Von dieser Übung, die man als Großmanöver im Sinne des Helsinki-Abkommens hätte bezeichnen können, habe ich im Juli genauer Kenntnis erhalten. Ich habe sofort Admiral Hoffmann gebeten, mit allen Mitteln und unter Ausnutzung aller ihm zur Verfügung stehenden Kontakte vom gemeinsamen Oberkommando der UdSSR die Absetzung dieses Manövers zu erwirken. Obwohl für dieses Manöver kein Angriff der NATO fingiert war, erschien uns allen aber die bloße Teilnahme der NVA an einer Übung des Warschauer Vertrages nicht mehr zeitgemäß. Das Manöver sollte am 20. August sein. Ich hatte den Auftrag Anfang Juli gegeben, noch vor dem Kaukasus-Gipfel. Die Entscheidung über das seit langem geplante gemeinsame Manöver lag allein beim Stab der Vereinten Streitkräfte unter Führung der UdSSR. Wegen dieses Oberbefehls hatte ich keine Möglichkeit, jede Beteiligung der NVA an diesem gemeinsamen Manöver zu unterbinden.

Ich habe dann mit meinen Offizieren einen Kompromißvorschlag ausgearbeitet, falls das Oberkommando auf einer Teilnahme bestanden hätte. Wir hätten lediglich die Übungsunterlagen an die Westgruppe der Streitkräfte der UdSSR und an die polnische Armee übergeben. Das hätte die Durchführung von Kommandostabsübungen auf nationaler Ebene begründet. Ich wollte dadurch das Manöver in ein reines "Sandkastenspiel" umwandeln.

Mehrfach hat Admiral Hoffmann mit dem Oberkommandierenden der Vereinten Streitkräfte, Armeegeneral Lobow, verhandelt. Am 16. und 17. Juli gelang es ihm, den Kompromißvorschlag durchzusetzen! Diese Verhandlungen liefen parallel zu denjenigen Helmut Kohls und Michail Gorbatschows. Hoffmann erreichte nicht die gewünschte völlige Absetzung. Er konnte aber durchsetzen, daß aus der Beteiligung am Großmanöver "Drushba 90" eine bloße Kommandostabsübung mit der Bezeichnung "Nordwind" wurde. Das war ein großer Erfolg. In diese Übung sollte zum Abschluß eine Ausbildungskompanie von rund

300 Mann mit 15 Panzern auf einem Ausbildungsplatz einbezogen werden.

Dieser Sachverhalt war der Hardthöhe bekannt. Auch der Schreiber des Zeitungsartikels vom 19. August hätte dies alles wissen können. Er verkehrt den Sachverhalt aber in sein Gegenteil. Ich kann nur Bösartigkeit unterstellen. Zu einem Manöver, insbesondere zu einem Großmanöver, hätten große Truppenbewegungen größerer Verbände gehört, wäre sogenanntes schweres Gerät einbezogen worden, wäre auf jeden Fall außerhalb von Truppenübungsplätzen geübt worden. Das alles mußte der Schreiber, wenn er einigermaßen verantwortungsvoll recherchiert hätte, wissen. Aus der Hardthöhe konnte die gedruckte Interpretation nicht gekommen sein, denn die Experten mußten den Unterschied zwischen einer Übung, wie wir sie - vom Schreibtisch aus - durchgeführt haben, und einem echten Manöver kennen.

Aber es ging dem Schreiber wohl nicht um eine sachlich richtige Darstellung eines komplizierten Sachverhalts, sondern darum, mich mitten in einer Weltkrisensituation, als alle über das brutale Vorgehen des irakischen "Teufels" Saddam Hussein redeten, als unberechenbaren, unzuverlässigen Oberbefehlshaber einer Armee darzustellen. Ich werde als ein Mensch dargestellt, der sich vom Friedenspfarrer zum Kriegsminister gewandelt hat.

Dazu kommt die Kampagne, mich als Verschleuderer von Steuergeldern hinzustellen. Leider ist sie mir nicht neu. Daß Steuergelder von mir an den politischen Gegner verschleudert werden, sollte schon die Darstellung der Bereitstellung eines Hubschraubers "für den Regierenden Bürgermeister von Berlin" zeigen. Daß diese Flüge für Momper in seiner Funktion als Bundesratspräsident zur Verfügung gestellt wurden, wurde in dem Bericht unterschlagen. Daß die NVA einen eigenen Etat hat, aus dem die Kosten auch für Stabsübungen beglichen werden, bleibt in diesem Artikel ebenso unerwähnt. Die Höhe der Kosten für den Treibstoff für 15 Panzer und den Transport von 300 Soldaten in der Höhe "von mehreren Millionen Mark" hat sich der Mitarbeiter der WamS aus den Fingern gesogen.

Ich werde mit den Soldaten der NVA zusammen als Feind der Bundesrepublik hingestellt. Ich übe zu einem Zeitpunkt, an dem alle von Vereinigung und Frieden reden, den Krieg. Und das sollen die Bundesbürger auch noch bezahlen. Das bietet der Schreiber den Lesern der Welt am Sonntag am 19. August 1990 als "Wahrheit" über Deinen Vater an. Ein Blick auf meinen Lebenslauf hätte ihm eigentlich verdeutlichen können, wie verrückt das ist.

Auf der gleichen Ebene liegt der Vorwurf, ich ließe in Prora Terroristen ausbilden. Ich werde mich auch gegen die Äußerung zu wehren haben, lieber Martin, im Bundesverteidigungsministerium "werde das Verhalten Eppelmanns mit wachsendem Unmut registriert". Es hat in allen angesprochenen und von der "Welt am Sonntag" falsch dargestellten Sachverhalten zwischen Gerhard Stoltenberg und mir nie Meinungsverschiedenheiten gegeben. Seit unserem ersten Treffen im Mai haben wir uns immer abgesprochen.

Ich werde mich wehren. Ich will mich nicht einschüchtern lassen. Aber es ist eine verkehrte Welt: Vor einem Jahr habe ich die westliche Presse genutzt, mich gegen das SED-Regime zur Wehr zu setzen. Heute muß ich mich als Mitglied einer demokratisch gewählten Regierung auf dem Weg zur friedlichen Vereinigung und mitten in einem gewaltigen Abrüstungsprozeß gegen die westliche Presse verteidigen.

Es grüßt Dich für heute
Dein Rainer

16. Der Warschauer Vertrag

24. Sept. 1990

Lieber Martin,

Heute habe ich den offiziellen Austritt der DDR aus dem Warschauer Vertrag vollzogen. Das war wirklich ein historischer Augenblick, als ich im Verbindungsbüro in Berlin meine Unterschrift neben die von Armeegeneral Luschew, dem Oberbefehlshaber der Warschauer-Vertrags-Staaten (WVO), setzte. Admiral Hoffmann, der wenige Stunden später beim Verabschiedungs-Appell der Generale ebenfalls neben mir stand, war sichtlich gerührt.

Für mich ging mit diesem Akt eine Zeit der Begegnungen zu Ende, die mir viele Bereicherungen gebracht hat. Für Außenstehende ist das wohl häufig unverständlich geblieben. Viele Menschen fragten sich, wie ich als Pazifist ein solch enges Verhältnis zu Militärs entwickeln konnte.

Martin, es ist ihr Mensch-Sein, das mich in ihre Nähe bringt. Ich kann nicht nur den Soldaten, den Militär in den Generalen sehen. Für mich sind es eben nicht nur die Waffenhandwerker. Ich sehe in ihnen auch die Familienväter mit ihren jetzt gescheiterten Lebensentwürfen, mit ihren Enttäuschungen.

Ich frage mich immer, was in den Menschen wohl vorgehen mag. Ich habe Generale getroffen, die bis zum November 1989 außerdienstlich nie die verbotenen westlichen Fernsehsender empfangen haben. Sie haben mir glaubhaft versichert, daß ihre Kinder nie Westfernsehen gesehen haben. Viele sind an dem Wandel zerbrochen. Nicht alle konnten ihn nachvollziehen, und viele konnten sich selbst nicht mehr ändern. Ich habe sowohl vor denen eine hohe Achtung, die jetzt freiwillig ausscheiden, weil sie zu der dreißig- oder vierzigjährigen Prägung stehen und sagen: "Ich kann jetzt nicht einfach zum ehemaligen Gegner oder Feind überlaufen", als auch vor denjenigen, die den Wandel und die innere Wende versuchen, den Schritt in die Demokratie, in die soziale

Marktwirtschaft und in eine neue Rechtsordnung wagen. Ich werde auf keinen von ihnen Steine werfen.

Pjotr Luschew, mit dem ich über den Leningrader Friedhof ging, auf dem einer seiner Söhne liegt, ist auch ein Militär. Auch er war heute bewegt. Er hatte mir am 19. Juni voller Stolz sein mit der neuesten Elektronik ausgestattetes Kriegsschiff gezeigt. Er hatte sich an jenem Tag auf der Ostsee damit abfinden müssen, daß er - wie ich - während eines Manövers auf Schritt und Tritt von ostdeutschen und westdeutschen Fernsehteams begleitet wurde. Er hat sogar in seiner brummigen Art ein Interview gegeben.

Dietmar hat einmal von ihm gesagt, er sei der einzige Mensch, den er kenne, der mit scheinbar unbewegtem Gesicht eine Vielfalt an Gefühlen ausdrücken könne. Ich muß zugeben, daß mir dieser Pjotr Luschew in den wenigen Begegnungen ans Herz gewachsen ist. So haben wir uns heute auch mit einer herzlichen Umarmung verabschiedet.

Ich erinnere mich noch genau an meine ersten Begegnungen mit den Führern des Warschauer Vertrages. Ich habe in meinem Brief vom 10. Mai an Dich über einige Erlebnisse berichtet. Über die erste Tagung des Warschauer Vertrages im April in Moskau habe ich kaum etwas erzählt.

Ich sehe diese erste Begegnung noch heute vor mir: die Neugier, das tiefe Mißtrauen und die Verunsicherung bei den Generälen. Da steht da so ein lausiger Zivilist! Der erste Zivilist inmitten der Gruppe hochdekorierter Verteidigungsminister der Warschauer Vertrags-Staaten. Und dann ist er nicht einmal Mitglied des Politbüros oder Kommunist, sondern ein suspektes Mitglied der Friedensbewegung und Pfarrer! Sicherlich haben sie, wenn sie meinen Namen überhaupt kannten, vor wenigen Wochen noch an einen Konterrevolutionär oder Schlimmeres gedacht. Und nun mußten sie mich auf einmal als gleichrangigen Gesprächspartner akzeptieren. Sie merkten sehr bald, daß sie mich auch ernst nehmen mußten, weil ich mich nicht als gehorsamer Untergebener des sowjetischen Oberkommandierenden verstand, sondern als gleichberechtigten Partner mit dem Recht mitzureden und erforderlichenfalls auch zu widersprechen.

Beides habe ich auch getan. Ich habe sehr bestimmt eine Änderung der Tagesordnung für die große Tagung des Warschauer Vertrages am 13. Juni in Strausberg durchgesetzt. Jasow wollte die schon Monate vorher festgelegte Tagesordnung für Strausberg einfach so stehen lassen. Die geplante Tagung wurde als "Routinetagung" eingeordnet: Im Wechsel trafen sich die Verteidigungsminister reihum in einem der Staaten in der Hauptstadt. Der zuständige Verteidigungsminister des betreffenden Staates war Gastgeber und Tagungsleiter.

Ich habe deutlich gemacht, daß ich es für unverantwortlich und für politisch nicht zu vertreten hielte, wenn wir bei den Veränderungen, die sich in Deutschland und Europa vollzogen hatten, Anfang Juni in Strausberg so tun würden, als ob alles noch so sei, wie es vor zwei Jahren gewesen ist. Jasow ist es sehr schwergefallen, sich darauf einzulassen. Aber endlich gab er nach und erklärte sich damit einverstanden, daß die Tagesordnung geändert wurde. Sie hat dadurch sehr viel stärkeres politisches Gewicht bekommen. Die ursprünglich vorgeschlagene Tagesordnung hätte den Gedankenaustausch ausschließlich auf Militärs beschränkt. Die neue Tagesordnung führte auch zu einer politischen Auseinandersetzung. Plötzlich waren Politiker und Militärs gleichwertig.

Im Juni war deutlich: Die DDR wird nicht mehr lange zu den Warschauer Vertrags-Staaten dazugehören. Auch die Ungarn haben in Strausberg zu erkennen gegeben, daß es für sie nur noch eine Frage der Zeit ist, bis auch sie aus dem Warschauer Vertrag aussteigen werden.

Meine zweite Begegnung mit den Kollegen Verteidigungsministern der WVO war nicht weniger aufregend. Ich war zu den Siegesfeiern am 7./8. Mai nach Moskau geflogen. Am siebten hatte ich dem frisch ernannten Marshall Jasow einen Blumenstrauß überreicht. Ich wußte wohl, daß die Ernennung ein Zugeständnis Gorbatschows an die Militärs war. Sowohl die mich begleitenden NVA-Offiziere als auch die sowjetischen Offiziere mutmaßten, daß Gorbatschow damit versucht habe, die Armee noch einmal an sich zu binden und zu befrieden. Mit der Ernennung wurde gleichsam die Gesamtarmee geehrt.

Ich erinnerte mich, als ich den Kranz am Grab des unbekannten Soldaten an der Kremlmauer niederlegte, wie doppeldeutig dieser Tag war und als Gedenktag ist: Für die Sowjets ist es der Tag des Sieges, der Tag der Veteranen, der Tag, an dem der Sieg über das faschistische Deutschland gefeiert wird. Für die Deutschen ist es Tag der Kapitulation, ein Tag der Niederlage, ein Tag aber auch des Neubeginns.

Dietmar hat mir von seiner Ergriffenheit an der Kremlmauer erzählt. Sein Vater ist in Stalingrad verwundet worden, kam als körperlich und seelisch zerstörter Mensch aus diesem Krieg zurück, unter dessen Schrecken und Greueln er gelitten hatte. Er habe dauernd an seinen Vater denken müssen und an die Geste der Verbrüderung und der Versöhnung, die er darin sehe, daß er als einer der ersten Westdeutschen in dieser Delegation stehe, die an diesem Tag einen Kranz zum Gedenken an die gefallenen sowjetischen Soldaten niederlegt.

Abends waren wir zu einer Festveranstaltung im Bolschoi-Theater, wo Gorbatschow in einer Rede an die Veteranen zum ersten Mal vermittelte, daß er den Eindruck habe, daß es den Verlierern des Krieges besser gehe als den Gewinnern. Er hatte mich in der Runde der Verteidigungsminister des Warschauer Vertrages mit Handschlag begrüßt. Dies war eine Geste, die mich bewegt hat, denn ich hatte sie nicht erwartet. Vielleicht erinnerte er sich an die Danke-Kerze, die ich ihm als Minister ohne Geschäftsbereich überreicht hatte?

Mir ist bei diesem Festakt im Bolschoi-Theater deutlich geworden, welchen ungeheuren Stellenwert der Sieg der Sowjetunion im "Großen Vaterländischen Krieg" über Deutschland für die sowjetischen Bürger bedeutet. Das Bolschoi-Theater war, abgesehen von der politischen und militärischen Spitze des Landes und uns ausländischen Gästen, gefüllt mit männlichen und weiblichen Veteranen dieses Krieges.

Es war schon eine etwas gespenstische Situation. Gorbatschow mußte diesen Menschen das Gefühl geben, daß ihre Opfer nicht umsonst gewesen sind. Gleichzeitig bereitet er die Annäherung an den Westen und die Versöhnung mit Deutschland vor. Für ihn ist die Niederlage des kommunistisch-leninistischen Systems vermutlich längst klar. An diesem Feiertag aber wurde der Vergangenheit gedacht und wurde an die Vergangenheit angeknüpft.

Angerührt hat mich deshalb auch die große militärische Parade auf dem Roten Platz am 9. Mai. Dieses riesige Aufgebot an militärischem Potential und Material erschien mir als Ausdruck einer "heilen" militärischen Welt. Es war bedrückend, daß in diesem Prozeß des Zerfalls der Blöcke, des Überwindens der Gegnerschaft, eine solche Machtdemonstration stattfinden konnte. Es erschien mir fast wie das Pfeifen der kleinen Jungen im dunklen Wald, um sich Mut zu machen. Mir ist beim Anblick der ganzen Kriegstechnik erneut bewußt geworden, wie menschenfeindlich dieses ganze militärische Handwerk eigentlich ist. Dieser Paradeschritt und die totale Gleichschaltung von Bewegungen, bis hin zum Gesichtsausdruck bei allen Armeen dieser Welt, zerstört die Individualität der Menschen. Der Mensch wird zum Bestandteil einer Maschinerie und auch, ganz konkret, zum Bestandteil von Kriegs-Maschinen. Das ist mir in Moskau sehr bewußt geworden. Während der Parade auf dem Roten Platz sah ich, daß die Soldaten in den Fahrerkabinen der Raketenwerfer und Abschußrampen und in den Panzern nicht genügend Platz hatten. Sie mußten stundenlang in völlig verbogener und gebückter Haltung sitzen, bei ungeheurem Lärm, und das in riesigen Wolken stinkender Abgase.

Ich erinnere mich auch daran, daß in den DDR-deutschen und sowjetischen Kriegsschiffen die Raketenwerfer auf den Schiffen von Hand unter Deck beschickt werden. Halb liegend müssen die Soldaten die zentnerschweren Schiffsgranaten und Wasserbomben in die Halterungen schieben. Bei den Franzosen dagegen ist das alles elektronisch gesteuert. Da braucht kein Soldat die Raketen zu tragen. Das erledigen Roboter, menschenentlastende Maschinen.

Beim Betrachten der französischen "Kriegsmaschinerie" hatte ich den Eindruck, daß man durch Lärmschutzvorrichtungen und Polsterungen und durch freundliche Farbgestaltung die Maschinen mehr um die Menschen herumgebaut hat, während ich in Moskau bei der Parade und anschließend bei der Fahrt durch die Straßen eher das Gefühl hatte, daß man die Menschen in für sie zu kleine Maschinen gestopft hat. Und das in der Gesellschaft, die den Anspruch erhebt, als erste und bisher einzige den Menschen in den Mittelpunkt allen Denkens, Planens und Arbeitens zu stellen!

Aber dies, lieber Martin ist nur ein Eindruck am Rande. Aber er ist dennoch wichtig, weil er die Menschenverachtung dieses Systems zeigt, das von sich behauptete, der Welt in besonderem Maße Frieden und Menschlichkeit zu bringen. Stattdessen produzierte es überwiegend Unfreiheiten, Unterdrückung, graue Häuser, unfreundliche und unzufriedene Menschen und eine zerstörte Umwelt.

Aber ich wollte von der Auflösung des Warschauer Vertrages und den Begegnungen mit den Führern der Sowjetunion schreiben. Dazu gehört auch folgendes Erlebnis am Rande des Moskauer Treffens. Dietmar Herbst hatte am 7. Mai in Berlin noch wichtige Gespräche zu führen. Es ging darum, das Verlangen der Polen zu klären, die eine Verzögerung des Truppenabzugs der Sowjetunion wegen des erstarkenden Deutschlands gefordert hatten. So kam Dietmar erst am 8.Mai mit einem Linienflugzeug nach Moskau, wurde vom Leiter der Abteilung für auswärtige Angelegenheiten abgeholt und Direkt zum offiziellen Essen ins Stabsgebäude der Sowjetischen Armee gebracht. Wie uns erst hinterher bewußt wurde, war er wohl der erste Westdeutsche, der in diesem Haus an einem solchen offiziellen Empfang des Warschauer Vertrages und der Armeeführung teilnahm. Über die Eindrücke bei diesem Essen habe ich ja früher schon berichtet.

Dietmar war offiziell als Delegationsteilnehmer gemeldet. Der Botschafter der Sowjetunion in Ost-Berlin hatte die notwendigen Dokumente ausgestellt, denn er mußte ja mit seinem bundesrepublikanische Paß einreisen. Er fiel beim Mittagessen als einer von drei Zivilisten in meiner Delegation nur wenig auf. Als er sich um 14 Uhr beim Gespräch mit Falin vorstellen wollte, winkte dieser nur ab. Er wisse Bescheid über den Berater des Ministers.

Die Militärs hatten jedoch offensichtlich keine Informationen erhalten. Beim Frühstück - am 9.Mai - in der Kommandantur kam es zu einer regelrechten Vernehmung, die Admiral Hoffmann als entwürdigend und allen Umgangsformen widersprechend einstufte. Ich empfand dies eher als Zeichen der verständlichen und tiefgreifenden Verunsicherung der Militärs in Moskau. Sie mußten mit mir, einem zivilen Verteidigungsminister, der sich dazu noch Abrüstungsminister ("Entwaffungsminister") nannte, Schwierigkeiten haben. Und nun entdeckten sie, daß er einen Zivilisten aus Westdeutschland zum Leiter seines Beraterstabes gemacht hatte.

Am Abend zuvor war im Zweiten Deutschen Fernsehen in den Tagesthemen eine Meldung mit dem Wortlaut gesendet worden: "Sowjets irritiert über den westlichen Berater des Verteidigungsministers der DDR." Es ist durchaus möglich, daß die sowjetischen Militärs erst durch diese Meldung auf den Sachverhalt aufmerksam wurden. So fragte Armeegeneral Lobow beim Frühstück Dietmar ganz Direkt: "Wer sind Sie?". Dietmar antwortete: "Ich bin Dietmar Herbst. Ich bin der Leiter des Beraterstabs des Ministers". "Woher kommen Sie?", lautete die nächste Frage. "Aus Hannover", sagte Dietmar. "Dann sind Sie NATO!" stellte der General fest. Dieser Teil des Gesprächs verlief in einem Befehlston, der wirklich sehr stark an ein Verhör erinnerte. Dietmar hat dann sehr ruhig erzählt, daß er nie in einer Armee gedient habe, daß er Philosoph, Germanist und Religionslehrer sei und im kirchlichen Bereich in der Friedensbewegung der Bundesrepublik mitgearbeitet habe und von daher auch die Verbindung zu dem früheren Pfarrer und Mitglied der Friedensbewegung, Rainer Eppelmann, geknüpft worden sei.

Dies schien den General durchaus zu befriedigen. Mir wurde wieder einmal bewußt, was für Exoten und Paradiesvögel wir waren. Aber meine Art, mein Widerspruch und mein gelegentlicher Widerstand wurden akzeptiert. Das habe ich immer wieder im Umgang mit sowjetischen Politikern und Militärs gemerkt. Es gab zwei Ereignisse, bei denen ich mir dessen besonders bewußt wurde:

Der ungarische Verteidigungsminister Dr.Ljanos Für war im Kreis der Verteidigungsminster des Warschauer Vertrages außer mir der einzige zivile Minister. Er war in Strausberg beim Juni-Treffen der Verteidigungsminister erstmals dabei. Jasow versuchte, ihn sehr massiv unter Druck zu setzen und an dem angedeuteten Austritt Ungarns aus dem Warschauer Vertrag zu hindern. Die sowjetische Delegation formulierte unter der Leitung von Marschall Jasow in Strausberg, daß sie von Für das Versprechen verlange, daß die ungarische Republik auch weiterhin treu zum Warschauer Vertrag stehen werde. Ljanos Für geriet in eine äußerst schwierige Situation. Er mußte den Sowjets erklären, daß er dieses Versprechen mangels politischer Kompetenz nicht geben konnte. Er hätte ihnen sagen müssen: Wir sind auf dem Weg, eine Demokratie zu werden. Das muß das ungarische Parlament entscheiden. Ich kann Ihnen das nicht versprechen. Ljanos Für hat das nicht so deutlich ausgedrückt, weil er sich offensichtlich nicht traute. Die Situation wurde immer dramatischer. Der Eklat stand unmittelbar bevor.

In dieser Situation stellte ich mich eindeutig auf die Seite des Ungarn und sagte den Sowjets ganz deutlich: "Nehmen Sie bitte zur Kenntnis: Unser ungarischer Kollege kann Ihnen diese Zusage nicht geben, weil er Minister in einer Demokratie ist. In einer Demokratie kann der Minister nicht allein bestimmen. Er braucht dazu den Auftrag des Parlaments. Und diesen Auftrag hat er noch nicht."

Den Blick sehe ich heute noch, mit dem mich mein ungarischer Kollege anschaute. Die Sowjets haben meine Intervention und das Argument - wenngleich nicht freudig - akzeptiert. Die Tagung lief störungsfrei weiter.

Der ungarische Verteidigungsminister hat sich später bei mir dafür bedankt. Bei meinem folgenden Besuch in Budapest am 1. Juli hat er mir diese Dankbarkeit erneut gezeigt. Ich glaube, ich habe damit einen Freund gewonnen, und ich hoffe, daß diese Freundschaft länger hält als nur die kurze Zeit, in der wir Verteidigungsminister unserer Länder sind.

Das zweite Erlebnis hatte ich auf dem Flughafen in Marxwalde (früher: Neuhardenberg), wo ich am 13. Juni nacheinander die Delegationen der einzelnen Länder empfing. Mein tschechischer Amtskollege stieß mich beim Ablaufen der Ehrenformation mehrmals an, stieß auch richtig mit mir zusammen. Ich selbst, der ich ja diese protokollarische Aufgabe zum ersten Mal übernommen hatte, dachte: Meine Güte, was macht dieser erfahrene alte General. Warum ist der nervös? Dem darf das doch eigentlich nicht passieren, daß der auf einmal anfängt, an dieser Stelle unsicher zu werden.

Als alle Delegationen eingetroffen waren, fuhren wir gemeinsam in einem Bus nach Berlin. Unter-den-Linden haben wir am Ehrenmahl unter großer Beteiligung der Öffentlichkeit gemeinsam einen Kranz niedergelegt. In dem Bus erlebte ich, wie mein tschechischer Kollege in sich zusammensackte. Er war total betrunken. Deswegen ist er beim Abschreiten der Ehrenformation immer wieder gegen mich gestoßen. Er tat mir leid, weil er mit seiner Situation zuhause offensichtlich nicht fertig wurde. Inzwischen hatte sich ja auch in der Tchechoslowakei einiges verändert, und er wußte nicht, wie lange er noch Verteidigungsminister sein würde. Sein "Stuhl wackelte". Ich kann mir gut vorstellen, daß er aus diesem Grund trunken die Ehrenformation abgeschritten ist und dann auch die Toten am Mahnmal des unbekannten Soldaten geehrt hat.

Das dritte Erlebnis war dann der richtige Eklat mit Verteidigungsminister Jasow. Bis zum Juni hatte Klaus Gille, der von mir eingesetzte Umweltbeauftragte der NVA, viele Dokumente über Umweltsünden der sowjetischen Armee auf den Tisch gelegt. Ich habe diesen Umgang mit der Natur als einen unerträglichen Zustand empfunden und wollte mit den verantwortlichen Verursachern reden.

Ich hatte mich gut auf eine mündliche Einwendung zu diesem Thema vorbereitet, denn ich meinte, daß es an der Zeit war, Jasow dazu etwas zu sagen. Mir war immer wieder berichtet worden, daß wir Deutschen große Schwierigkeiten haben, weil der sowjetische Kommandeur eines Standortes unumschränkter Herrscher ist. Wenn er einen deutschen Vertreter nicht in seine Kaserne oder auf das Gelände lassen wollte, gab es keine Handhabe, ihn dazu zu zwingen.

Auch wenn ein sowjetischer Soldat eine Straftat begangen hatte, wenn er gestohlen hatte, eine Frau vergewaltigt hatte, konnten die ermittelnden Organe der DDR den vermutlichen Täter nicht bis auf das Kasernengelände verfolgen. Sie konnten nur bis zum Tor der Garnison gehen und dort höflich anfragen, ob der Kommandeur erlaube, daß sie die Ermittlungen auf dem Gelände der sowjetischen Einheit fortsetzen könnten. Sagte der Standortkommandant "Nein", was häufig vorkam, dann waren die Ermittlungen zu Ende. Das kam insbesondere bei Verkehrsunfällen sehr häufig vor.

Wir hatten bisher kaum Möglichkeiten, ökologische Sünden der Sowjetarmee aufzudecken, obwohl es dafür eine Menge schlimmer Beispiele gab, die ich selber auch gesehen habe. Wir hatten uns also gut vorbereitet. Zwei NVA-Offiziere standen mit dem Material bereit. Es konnte ja sein, daß es nur an den Leuten vor Ort lag, weil diese ja - wie das im Sozialismus üblich war- gute Berichte abgaben, um ihren Posten zu behalten oder Karriere zu machen. Es konnte ja möglich sein, daß Marschall Jasow gar nichts von den ökologischen "Untaten" seiner Untergebenen erfahren hat.

Ich weiß auch, daß von DDR-Regierungsseite mehrere Anfragen zu diesem Komplex an die Westgruppe gestellt wurden, die aber immer mit dem Hinweis auf "verantwortlichen und angemessenen Umgang der Sowjetischen Armee mit den Dingen" beantwortet wurden. So habe ich mich an den Minister selbst gewandt und zwei Offiziere mitgenommen, die von konkreten Beispielen definitiv berichten konnten. In einer Konferenzpause habe ich die Gelegenheit genutzt, mit Jasow und Leuten aus seiner Delegation das Problem anzusprechen.

Das Gespräch, in dessen Verlauf die Offiziere die Situation schilderten, endete mit einem Eklat. Jasow wurde immer unruhiger und wütender. Schließlich wollte er mit puterrotem Kopf das Gespräch beenden. Ich machte ihm jedoch nachdrücklich deutlich, daß er sich dies anhören müsse, weil wir an dieser Stelle seine Aufmerksamkeit fordern müssen, damit wir sicher sein können, daß er weiß, um was es geht. Ich habe ihm zudem verdeutlicht, daß ich erwarte, daß er Entscheidungen trifft, die die entsprechende Situation ändern.

Er hatte sich zu Beginn des Gesprächs seine Uniformjacke ausgezogen, saß also in Hose und Pullover da. Schließlich wollte er mit der Bemerkung das Gespräch beenden, daß er nicht wegen solcher Kinkerlitzchen hier nach Strausberg zur Konferenz gekommen sei. Er sei davon ausgegangen, daß er zu einer großen militärischen Konferenz des Warschauer Vertrages erschienen sei. Es ginge hier um die Sicherung des Friedens und um die Stärkung des Bündnisses und nicht um solche Kleinigkeiten. Daraufhin habe ich ihm deutlich gemacht, daß das in meinen Augen sehr viel mehr als nur Kleinigkeiten sind und daß ich erwarte, daß wir hier zu einer Lösung kommen, von der wir hinterher sagen können, sie hätte zur Verbesserung des Verhältnisses beigetragen. Darauf stand er schnaubend auf, sagte: "Beachten Sie, daß das Recht des Siegers ist!" und stürmte in Hose und Uniformbluse, ohne

Kopfbedeckung, die Jacke über dem Arm aus dem Raum und war erst einmal verschwunden. Minuten später wurde die Konferenz im großen Konferenzsaal fortgesetzt. Zunächst ignorierte mich Jasow während dieser Konferenzphase. In der nächsten Konferenzpause kam er aber wieder freundlich auf mich zu.

Er war, so wie ich ihn erlebt habe, ein jähzorniger Mann, der unhöflich und unbeherrscht sein konnte, der das dann aber offensichtlich eine Stunde später alles weggesteckt hatte. Ich hatte nicht das Gefühl, daß seine Freundlichkeit geheuchelt war. Er hatte seinen Ärger heruntergeschluckt. Auch in dieser Szene wurde mir - wie bei der Bemerkung von Falin - deutlich, daß die Verantwortlichen der DDR ihre Chancen und Möglichkeiten aus Feigheit und Bequemlichkeit nicht genutzt hatten.

Mir ist nicht bekanntgeworden, daß er in der Sache später etwas unternommen oder angeordnet hätte. Ich habe aber auf der nächsten Reise nach Prag mit meinem tschechischen Kollegen eine Arbeitsgruppe gegründet, damit Tschechen, Ungarn und Deutsche ihre leidvolle Erfahrungen im Umgang mit den abziehenden sowjetischen Truppen austauschen konnten, um so gemeinsam lernen zu können. Besonders die Polen und die Ungarn haben nach uns vorliegenden Berichten viele unerfreuliche Erfahrungen mit abziehenden sowjetischen Truppen gemacht.

Mit dem heutigen Tag - dem 24. September 1990 - ist der Warschauer Vertrages beendet. Das Problem der Bodenverseuchung, der ruinierten militärischen Arreale, der heruntergekommenen Kasernen ist aber noch lange nicht gelöst. Die Ungarn sollten - nach den Vorstellungen der Sowjets - für die Überlassung von Häusern und Gelände, das keiner sinnvollen Nutzung zuzuführen war, sehr teuer bezahlen. Wir könnten uns damit trösten, daß wir für einen verlorenen Krieg zahlen, daß wir für unsere Vereingung die Kosten zu tragen haben. Wir können auch noch verstehen, daß wir für Häuser, die ein Eroberer in einem eroberten Land gebaut hat, bezahlen, daß er uns diese Häuser verkauft. Aber in Ungarn kann so nicht argumentiert werden: 1956 ist der Einmarsch als brüderschaftliche Hilfe bezeichnet worden. Ungerufen kamen die sowjetischen Truppen ins Land, besetzten Land und Gebäude, und aus dieser Maßnahme heraus läßt sich ein Rückkauf des eigenen Landes durch die Ungarn von den abziehenden Sowjets eigentlich nicht begründen.

Ich hoffe, daß es zu einer langfristig friedlichen Ablösung kommen kann. Die freundschaftliche Verabschiedung von Pjotr Luschew und mir läßt mich hoffen, daß ich meinen Beitrag geleistet habe. Noch immer ist es märchenhaft für mich, daß die DDR aus dem Warschauer Vertrag austritt und die Sowjetunion das zuläßt. Noch stärker: nicht nur zuläßt, sondern daß der sowjetische Oberbefehlshaber der Truppen des Warschauer Vertrags sich auch noch freundschaftlich von mir verabschiedet. Vielleicht traurig, aber ohne Verärgerung und Haß und Wunsch nach Korrektur. Ich bin froh und glücklich und ein wenig stolz.

Die Bundesregierung in Bonn unternimmt inzwischen viel, um ein Wohnungsbauprogramm für die sowjetischen Soldaten in Gang zu bringen. Die Mehrzahl der Afghanistankämpfer wohnt mit ihren Familien noch in Zelten. Es gibt noch immer nicht genug Wohnungen. Dies bedeutet sozialen und politischen Sprengstoff.

Wir müssen helfen, damit die friedlichen Lösungen und die Rückführung der sowjetischen Soldaten aus den osteuropäischen Ländern nicht zu einer grundsätzlichen Verschlechterung der Lebensverhältnisse dieser Soldaten und Offiziere wird. Der Einigungs- und Friedensprozeß darf nicht zum Versailles für die Sowjetunion werden. Das müssen wir uns immer wieder vor Augen führen.

Für heute sei umarmt von

Deinem Rainer

17. Nach-Denken

2. Okt.1990

Liebe Evi,

Dies ist mein letzter Arbeitstag als Minister für Abrüstung und Verteidigung! Ich will einen Augenblick zurückblickend verweilen und zugleich in die Zukunft schauen. Ich tue dies wieder einmal mit einem Brief an Dich.

Ich weiß inzwischen, daß ich bei der Politik bleiben werde und vorerst nicht in mein Pfarramt zurückkehre. Ein Wahlkreis und ein guter Listenplatz auf der Landesliste der CDU-Brandenburg geben mir die Chance, als Politiker, der bereits Verantwortung übernommen hat, meine Erfahrungen in den deutschen Einigungsprozeß und in die gesamtdeutsche Parlamentsarbeit einzubringen. Ich möchte in dem Prozeß des Zusammenwachsens der beiden Volksteile hörbar Anwalt der 16 Millionen Ostdeutschen sein.

Es hat Freude gemacht in den letzten Monaten. Nicht nur das Regieren, auch das Ringen um Sachkompetenz, der Umgang mit immer neuen Menschen und Sichtweisen, die Begegnung mit Menschen und Menschengruppen, zu denen ich bisher keinen Zugang hatte. Neben der Freude an dieser Begegnung und der Bereicherung, die ich dabei erfahren habe, hatte ich auch durchaus Freude daran, als Staatsgast empfangen und verwöhnt zu werden. Das Erleben des nächtlichen Paris, eine Seine-Fahrt auf dem "Batêau Mouche" und der Rundgang auf dem Montmartre werden mir ebenso unvergeßlich bleiben wie die Gespräche mit dem ungarischen Verteidigungsminister Ljanos Für, mit Jurij Dienstbier und das kultivierte Abendessen mit dem französischen Verteidigungsminister Chevenement.

Der alte Hutten hatte schon recht: Es ist eine Lust zu leben!

Es war auch immer die Freude dabei, etwas anzupacken, zu verändern und etwas zu schaffen. Dabei hätte ich gerne mehr Zeit gehabt, um einzelne Vorhaben zu vollenden, aber die Geschichte - genauer die vielen Menschen in der DDR - wollten die Vereinigung sofort.

Abrüstungspolitik werde ich weiter betreiben, aber nur als Parlamentarier, der Bewußtsein dafür schaffen will. Ansonsten werde ich mich aus der Verteidigungspolitik zurückziehen. Von der NATO habe ich im Detail keine Ahnung und mit ihr keine Erfahrung. Ich will mich darum zu NATO-Fragen auch öffentlich nicht äußern.

Vielmehr will ich in Zukunft Sozialpolitik betreiben. Ich möchte mich für die Menschen in Ostdeutschland einsetzen. Dazu gehört weiterhin auch die Sorge um die Offiziere und Soldaten, für ihre gerechte Behandlung. Ich will aber vor allem die Wünsche und Erwartungen der Menschen aus meinem Wahlkreis, auch ihre Ängste und Sorgen, soweit sie mir bekannt werden, in Bonn vermitteln und für Lösungen sorgen. Ich hätte gerne mehr Zeit gehabt, um bereits im Vorfeld bessere Startbedingungen zu schaffen.

Ich hätte gerne mehr erreicht, aber die sechs Monate ließen einfach nicht mehr zu. Ich hätte gerne mehr Pflöcke eingeschlagen für die Übergabe und Verringerung der Nationalen Volksarmee. Ich hätte gerne mehr Menschen eine lebenswerte Perspektive gegeben. Ich hätte gerne der Demokratie noch stärker zum Durchbruch verholfen, um aus Schwertern Pflugscharen und aus Soldaten Bauern zu machen. Ich hätte gerne noch ein Konversionsgesetz für Gesamtdeutschland durchgesetzt. Ich hätte gerne die Dienstpflichtverordnung der DDR vom Februar 1990 als Dienstpflichtgesetz für ganz Deutschland eingeführt. Leider stieß ich beim Kollegen und bei den Generälen von der Hardthöhe auf wenig Gegenliebe.

Mit dem morgigen Tag, dem 3. Oktober 1990, ist die Vereinigung Deutschlands formal vollzogen. Dann werden wir ein Staat sein. Aber sind wir dann schon ein Volk? Vierzig Jahre haben wir nebeneinander und gegeneinander gelebt. Wir haben uns gegenseitig ausgespäht, belauert, beobachtet, nachrichtendienstlich und erkennungsdienstlich behandelt. Und trotzdem: In dem letzten halben Jahr habe ich gelernt: Wir wußten und wissen sehr sehr wenig voneinander. Wir müssen unsere Vergangenheit erst noch bewältigen. Wir müssen neue Strukturen aufbauen in allen Bereichen des öffentlichen und kommunalen, des gesellschaftlichen und des privaten Lebens, in der Kultur, in der Bildung und in der Erziehung.

Wir Deutschen in Ost und West sind uns fremd gewesen, sind uns noch immer fremd. Um diesen Prozeß des Zusammenwachsens zu beschleunigen und zu harmonisieren, brauchen wir mehr Verständnis und mehr Informationen, mehr Geduld und mehr Bereitschaft zum Abgeben, zum Zuhören und zum Aufeinanderzugehen. Um dieses Ziel zu erreichen, wird es auch in naher Zukunft engagierter ehemaliger DDR-Bürger bedürfen. Wir haben unser Ziel noch nicht erreicht. Ich will einer von ihnen sein. Deshalb bleibe ich noch in der Politik.

Ich bin auf Listenplatz Nummer 2 hinter Lothar de Maizière auf der Landesliste der CDU-Brandenburg gewählt worden. Wenn alles klappt bei den Wahlen zum Bundestag am 3. Dezember 1990, werde ich Mitglied des ersten frei gewählten gesamtdeutschen Bundestages sein! Das wäre großartig! Ein ganz geheimgehaltener Jugendtraum von mir ginge in Erfüllung! Ich freue mich riesig darauf.

Ich werde ab morgen in einem Land leben, das mir zu zwei Dritteln fast fremd ist: Seine Gesetze muß ich kennenlernen, seine Gesetzmäßigkeiten erfahren und begreifen. Die Rituale und Ikonen dieses "Regierungssitzes Bonn" werde ich durchschauen lernen müssen.

Ich wurde in den letzten Tagen immer wieder gefragt, was ich mir anders gewünscht hätte, wie ich die schnelle Entwicklung der letzten Monate beurteile. Es sind ja auch Deine Fragen. Ich weiß nicht, ob ich mir etwas anders hätte wünschen können oder sollen. Es gibt ja wahrlich Gründe genug dafür, daß es so gelaufen ist, wie es gekommen ist. Ich verstehe die Gründe, die so viele bewogen haben, zu sagen: "*Ich möchte nicht länger warten, ich habe die Schnauze voll*"*!* Aus unserem näheren Freundeskreis waren es nur ganz wenige, die die DDR verlassen haben. Mich hat die Tatsache, daß von den vielen, die hierblieben, so wenige widerstanden oder sich wenigstens den sozialistischen Ritualen versagten, oftmals sehr traurig gemacht.

Auch Du hast mich in den letzten Wochen immer wieder gefragt, ob ich mich nicht zu sehr nach "rechts" bewegt habe. Abgesehen davon, daß ich seit einem Jahr schon kaum noch etwas mit den Begriffen "links" und "rechts" in der Politik anfangen kann, glaube ich: Wer sich in die politische Verantwortung begibt, muß bereit sein, sich auf Erwartungen, Wünsche und Hoffnungen anderer Menschen einzulassen. Wer sich in die Politik begibt, darf die eigenen Wünsche und Vorstellungen nicht diktatorisch über die der anderen stellen. Dies hatten wir gerade vierzig Jahre lang! Ich bin empfindlich geworden gegenüber intellektueller Arroganz und Besserwisserei. Ich denke, die europäische Intelligenz hat in den letzten vierzig Jahren intellektuell und politisch versagt. Sie hat wohl auch ethisch versagt.

Ich meine, daß die "linke" Intelligenz in den letzten Jahren mit zweierlei Maß gemessen hat. Sie hat die Diktatoren in Osteuropa, die sich als links bezeichneten und links mit Fortschritt gleichsetzten, sehr viel freundlicher behandelt, kommentiert und eingeschätzt, als sie es bei vergleichbaren Handlungen im Westen getan hat. Die "linken Intelligenzler" haben die Unmenschlichkeiten in der Sowjetunion nicht mit der gleichen Schärfe verurteilt, wie man sie völlig zu Recht in Chile oder Südafrika gegeißelt hat. Ich will nicht begreifen, weshalb das Berufsverbot für einen Eisenbahner, der bei der DKP gewesen ist, etwas Schlimmeres sein soll, als die Inhaftierung von zwei polnischen Solidarnosc-Arbeitern. Und es ist schmerzlich für mich, daß viele dieser Intelligenzler jetzt mit Gregor Gysi und der PDS sympathisieren. Sollte diese Hinwendung echt sein, dann will ich allerdings gerne ins andere Lager gestellt werden.

Ich habe Schulbücher gesehen, die in den letzten Jahren in der Bundesrepublik verwendet wurden. Darin war die DDR ein Land, in dem es sich lohnte zu leben, dessen Ziele zu verwirklichen als erstrebenswert hingestellt wurde. Als ich das gelesen habe, wollte ich es nicht glauben. Da stand nichts von politischen Gefangenen, von Reiseverboten, von Wahlbetrug und Stasi-Überwachung, nichts von Versorgungsengpässen und jahrelangem Warten auf Auto und Kühlschrank. Ich habe Schulbücher gesehen, in denen bei der Darstellung unserer Situation der letzten Jahre nicht einmal die Mauer erwähnt wurde.

Mir wird von ehemaligen Freunden vorgeworfen, ich sei opportunistisch. "Opportunistisch sein" heißt in deren Sinn, wenn ich es richtig verstehe, sich der "Volksmeinung" anzuschließen, um möglichst viele Wählerstimmen zu erhalten. Das ist nicht mein Ansatz. Dafür habe ich nicht in den letzten Jahren gekämpft und gelitten. Wenn aber "Opportunist sein" bedeutet, sich die Sorgen und Nöte der Bürger anzuhören, diese Menschen ernstzunehmen, ihnen zu helfen und sich von ihnen beeinflussen zu lassen, dann will ich gerne Opportunist sein.

Und wenn "rechts sein" bedeutet, daß ich erst auf die Wünsche und Erwartungen der Menschen höre und dann entsprechend diesen Wünschen verantwortliche Politik betreibe und nicht Politik mache, um mein Welt- und Menschenbild zu bestätigen, weil ich ja schon vorher weiß, was für die Menschen am besten ist, dann will ich auch gerne ein "Rechter" sein.

Wir werden jetzt immer nach unserer verlorenen DDR-Identität gefragt. Geht Dir das auch so? Wir Mitglieder der Bürgerrechtsbewegung scheinen so eine Art Gewissen für die westlichen Journalisten darzustellen, die von uns dann die Verteidigung der DDR erwarten, weil einige von uns vor der Wende noch vor dem Ausverkauf der DDR gewarnt haben. Aber was ist das für eine merkwürdige Nostalgie! Da haben Menschen 12 Jahre lang auf einen Trabi, eine Plastikkiste von Auto gewartet. Spätestens dann, als sie zum ersten Mal in einem Opel oder in einem VW gesessen haben, begriffen sie, was für ein Schrotthaufen dieses Auto war. Sie erkannten, daß es allen Mindestanforderungen an Sicherheit Hohn sprach. Und nun bekommen dieselben Menschen beim Anblick eben dieses Trabant Tränen der Rührung in die Augen und fangen an, einen Trauerflor zu tragen. Für mich hat das nichts mit Identität zu tun, sondern mit einer falschverstandenen Nostalgie.

Ich glaube, die Menschen merken, daß etwas zu Ende geht.

Viele Künstler und Intellektuelle, haben den Traum geträumt haben, hier in der ehemaligen DDR etwas zu schaffen, was dem Ideal eines menschlichen Staates näher kam, als die Bundesrepublik es tat. Aber mit dem 9. November war das alles vorbei!

Es geht mir nicht um den Streit, wer zuerst gemerkt hat, daß es nicht viel zu retten gibt aus der DDR. Wir haben uns jahrelang daran geklammert, daß wir ein besseres Bildungssystem hatten als in der ehemaligen BRD, ein besseres Sozialsystem, ein besseres Gesundheitswesen und billigere Mieten. Nun müssen wir feststellen, daß wir uns selbst belogen haben. Das Gesundheitswesen ist mitnichten besser, die Kindergärten und die Schulen haben nicht zur Freiheit und Selbstverantwortung, nicht zur Toleranz erzogen. Die Mieten waren nur deshalb so billig, weil unsere Häuser und Städte verfielen und verkamen. Unsere Dörfer haben schlechtes Wasser. Unsere Umwelt ist heillos belastet. Ich könnte seitenlang fortfahren. All diese Erkenntnis tut weh!

Viel wird davon abhängen, wie wir mit denen umgehen, die diese Mißstände zu verantworten hatten. Dazu gehören ja nicht nur die Machthaber, nicht nur die Politiker, die Regierungsmitglieder und die Stasi-Offiziere. Auch die Steigbügelhalter: viele SchulDirektoren, Lehrer und Offiziere. Auch viele KombinatsDirektoren und Lehrstuhlinhaber an den Universitäten. Ebenso viele Institutsleiter und LPG-Vorsitzende. Eine zentrale Rolle spielen Staatsanwälte und Richter, Polizisten und Journalisten. Natürlich war es immer nur ein Teil dieser hier Genannten, der sich subaltern verhielt. Es hatten nicht alle "die Schere im Kopf". Nicht alle Kinder waren in den "Jungen Pionieren", nicht alle Jugendlichen in der "Freien deutschen Jugend", nicht alle Werktätigen im "Freien Deutschen Gewerkschaftsbund". Nur ca 3 Millionen DDR-Bürger waren parteipolitisch gebunden.

Wir müssen differenzieren. Dazu gehört die Bereitschaft, unterscheiden zu wollen. Es gilt festzustellen: Es gibt Unterschiede. Es kann nicht egal sein, ob ein Strafrichter Ehescheidungen vollzog, ob er versucht hat, Arbeitskonflikte zu schlichten, oder ob er sogenannte Republikflüchtlinge zu Höchststrafen verurteilt hat. Es kann nicht egal sein, ob er sich um Erbschafts-oder Finanzangelegenheiten gekümmert hat, oder ob er Existenzen vernichtet und Recht in unmenschlicher Weise angewendet hat.

Ich bin mir sicher: Auch bei der noch ausstehenden Aufarbeitung des Unrechts aus vierzig Jahren DDR wird es vermutlich ungerecht zugehen, da nicht jeder bereit ist, zu differenzieren - es vielleicht auch nicht kann. Oftmals wird auch die Aktenlage nicht klar genug sein, um differenziert beurteilen zu können.

In Abstimmung mit Innenminister Schäuble und mit dem Bonner Verteidigungsministerium habe ich im Bereich der Militärspionage dafür gesorgt, daß eine Aktenbereinigung vorgenommen wurde. Wir waren uns einig, daß wir bei diesem ausgesprochen heiklen und sensiblen Thema einen Weg finden mußten, mit dem die Ost- wie die Westdeutschen werden leben können. Mir war klar - und den anderen beiden auch - es wird im vereinten Deutschland mit hundertprozentiger Sicherheit keinen Prozeß geben, bei dem ein Bürger der Bundesrepublik, der im Auftrag der Bundesregierung Militärspionage gegen die DDR betrieben hat, dafür vor Gericht gestellt und verurteilt wird.

Es war für mich im Gegenzug nicht vorstellbar, daß ein DDR-Bürger, der im Auftrage der DDR-Regierung Militärspionage gegen die Bundesrepublik betrieben hat, nach der Vereinigung vor ein gesamtdeutsches Gericht gestellt und bestraft würde. Etwas anderes ist es allerdings, wenn ein Bürger der Bundesrepublik im Auftrag der DDR gegen die Bundesrepublik Militärspionage betrieben hat. Dann hat er sich gegen in seinem Staat geltendes Recht vergangen und muß zur Verantwortung gezogen werden.

Unumstritten war diese von uns veranlaßte Maßnahme keineswegs. Aber ich will Gleichheit, auch zwischen Ost- und West-Spionen. Und Gerechtigkeit!

Es wird auch in Zukunft unsere gemeinsame Frage bleiben: Wie gehen wir mit unserer Schuld um, wie mit der Schuld der anderen? Wollen wir uns im Haß gegen die Niedrigkeit verbiegen, oder reifen wir weiterhin, wie wir uns das immer vorgenommen haben?

Wir beide wissen: Hunderttausende von Menschen in der DDR sind durch eine Stasi-Vergangenheit belastet, und nun bleibt die Frage, wie dieses Problem auch nur ansatzweise so aufgearbeitet werden kann, daß die Gräben zwischen den Menschen geschlossen werden. Es geht doch darum, daß wir im Erkennen der uns belastenden Vergangenheit Wege zueinander finden, die ein gemeinsames Handeln für unsere gemeinsame Zukunft ermöglichen. Hier ist Ehrlichkeit angesagt. Brücken sind zu bauen. Jeder einzelne von uns muß sich eingestehen: Auch ich bin nicht ohne Schuld. Es wird kaum einen geben können, der sagen kann "Ich bin an den Mißständen nicht mitbeteiligt gewesen, habe mir die Hände nicht schmutzig gemacht, nie mit der Lüge gelebt...". Wenn ich weiß, daß auch ich durch mein Schweigen, durch meine Verhaltensweisen, auch durch Taten Schuld habe, kann ich nicht mehr mit dem Finger auf den anderen zeigen. Gustav Heinemann hat uns gelehrt: Wenn wir mit dem Finger selbstherrlich und verurteilend auf den anderen zeigen, übersehen wir meist, daß drei Finger auf uns selber zeigen! Gerechtigkeit allein ist kalt. Wer mit dem Finger auf den anderen zeigt, muß auch bereit sein, ihm die offene Hand hinzuhalten. Zur Gerechtigkeit gehört - wenn wir miteinander leben wollen - auch die Barmherzigkeit.

Versteh mich bitte richtig! Das bedeutet nicht Straffreiheit für solche, die geltendes Recht verletzt haben. Ich will auch keine Straffreiheit für Menschen, die andere kaputt gemacht haben.

Wir werden Bürgern in den neuen Bundesländern, die es bald geben wird, unter anderem das Gefühl geben, daß wir nicht nur übernommen wurden, sondern daß wir etwas mitbringen und einbringen. Dieses Gefühl werden wir uns wohl erarbeiten müssen. Der Einigungsprozeß ist mit dem heutigen Tag ja nicht zu Ende, sondern eigentlich beginnt er jetzt erst richtig. Was will ich mitnehmen und einbringen? Menschen, uns und unsere Freunde.

Wir müssen aus unserer Geschichte lernen. Ich nehme meine Biographie mit, und ich gehe davon aus, daß meine guten und meine leidvollen Erfahrungen in dieser DDR einen Sinn erhalten. Unter "Sinn erhalten" verstehe ich Erhalten als Bewahren und Erhalten als Bekommen, als Möglichkeit, dem Vergangenen und Erlebten einen neuen Sinn zu geben. Die Geschichte ist erklärbar und verstehbar. Sie erhält durch unsere Betrachtung und Beurteilung einen Sinn.

Ich habe an unsere Kinder und Dich Briefe geschrieben. Sie halfen mir durch das genaue Formulieren, meine und unsere Geschichte der letzten Monate besser zu verstehen. Im Nach-Denken erhält einiges von dem, was ich gemacht habe, einen neuen Sinn. Wir sind beide andere geworden. Ich zumindest habe mich noch nie in so kurzer Zeit so stark verändert; ich meine, daß ich dabei gewachsen bin, nachdenklicher, vorsichtiger und toleranter wurde. Ich kann mit **dieser** Wendung gut leben.

Ich umarme Dich, mein liebes zweifaches Weib,

Dein Rainer

18. Menschliches - allzu Menschliches

5. Oktober 1990

Lieber Niels,

Nun bin ich Minister a.D. Meine Amtszeit ist zu Ende. Ich sitze in aller Ruhe im Verbindungsbüro, ordne meine Sachen und ziehe aus. Es ist für mich sehr entlastend, ohne den täglichen Druck hier zu sitzen. So finde ich auch Zeit und Muße, Dir noch einmal zu schreiben. In den vergangenen Wochen und Monaten bin ich meist auf besondere Anlässe oder Fragen von Dir oder Deinen Geschwistern eingegangen. Heute will ich Rückblick halten.

168 Tage bin ich Minister für Abrüstung und Verteidigung der Deutschen Demokratischen Republik gewesen. Der Teil Deutschlands, der diese Bezeichnung wirklich zu Recht getragen hat, hat nur diese 168 Tage lang bestanden: bis zum 3. Oktober 1990. Am Mittwoch habe ich in einem Festakt die Nationale Volksarmee aufgelöst. Gerhard Stoltenberg, der Verteidigungsminister der Bundesrepublik Deutschland, übernahm die Soldaten und Offiziere als Bürger und "übergab" sie General Jörg Schönbohm, dem neuernannten Leiter des "Heeres Ost" der Bundeswehr.

Als ich als Minister begann, habe ich geglaubt, daß die DDR länger bestehen würde. Wir waren glücklich, daß wir zu einer demokratisch gewählten Regierung in einem demokratischen Land gehörten. Wir waren stolz darauf, zu den politischen Architekten der Vereinigung Deutschlands und der wachsenden Einheit Europas zu gehören.

Ich hatte mir vorgestellt, daß die Armee noch so lange fortbestehen würde, wie die Sowjets auf deutschem Boden stünden. Ich hatte damit gerechnet, daß der Abzug zwei bis sechs Jahre dauern würde. So lange, habe ich gedacht, wird auch die Funktion eines vom Parlament eingesetzten und kontrollierten Oberbefehlshabers erhalten bleiben müssen. Wir haben viel darüber nachgedacht, welche Form und Funktion diese beiden deutschen Armeen in der Zeit der Vereinigung haben könnten.

Es ist alles ganz anders gekommen - und viel schneller. Wenn ich die politische Entwicklung in der Sowjetunion sehe, muß ich sagen: Zum Glück haben wir im Somnmer so schnell gehandelt. Das Gipfeltreffen zwischen dem Sowjetischen Staatschef Michail Gorbatschow und dem Kanzler der Bundesrepublik Deutschland am 16./17. Juli 1990 im Kaukasus hat alles verändert. Wie sehr es das Verdienst von Helmut Kohl war und wieviel das Umdenken und die nun schon fast sprichwörtliche Wandlungsbereitschaft und die Fähigkeit Gorbatschows, schnell umzudenken, zu dem Ergebnis geführt hat, wirst Du bald in den Geschichtsbüchern nachlesen können. Ich könnte die Frage heute nicht eindeutig beantworten. Jedenfalls waren vom 17. Juli an die Tage der DDR als eigenem Staat mit einer eigenen Armee gezählt.

Ich habe immer wieder versucht, Dir und Deinen Geschwistern in Briefen meine Beweggründe und auch meine Lust, meine Freude, aber auch Sorgen während der letzten 168 Tage zu schildern. Angelpunkt für alles Tun als Minister war für mich die gespürte politische Gesamtverantwortung und die Fürsorge für die mir anvertrauten Menschen: die Soldaten, die Offiziere und die Zivilangestellten der Nationalen Volksarmee. Die Hoffnungen, an den internationalen Abrüstungsverhandlungen beteiligt zu werden, habe ich sehr schnell aufgeben müssen. Es hätte mich viel zu viel Kraft gekostet, dort gegen die Interessen von Markus Meckel und Hans-Dietrich Genscher um eine Mitsprache zu kämpfen. Außerdem hat mir Lambsdorffs Ausspruch "Wir wollen nicht, daß die da drüben noch länger auf unsere Kosten DDR spielen!", schnell verdeutlicht, daß diejenigen, die das Geld haben, auch bestimmen, wer wann wo und worüber mitreden darf.

Mit Markus Meckel, dem Außenminister der DDR, wollte ich nicht um einen Platz am Konferenztisch streiten. Ich hätte aber gerne - aus sachlichen Gründen - neben ihm gesessen. Markus ist zu einer tragischen Gestalt geworden. Er hat in dem Spiel zu hoch gepokert, die Verärgerung Hans-Dietrich Genschers hervorgerufen und sich dem schnellen politischen Wandel nach dem Kaukasusergebnis auch nicht gewachsen gezeigt. Vielleicht ging das damals mit der SPD auch gar nicht. Dieser erste und letzte frei gewählte Außenminister der DDR hat die 168 Tage nicht heil überstanden. Genscher, der Außenminister der Bundesrepublik, war mächtiger, cleverer und erfahrener. Ob sein Verhalten gegenüber Markus Meckel immer fein und fair war, mag er selbst beurteilen.

Doch, lieber Niels, zurück zu mir, zu meinen Bemühungen als Minister für Abrüstung und Verteidigung. In meinem ersten Beruf war ich Maurer. Ich habe damals vor allem gelernt, daß man Häuser auf stabilen Fundamenten aufbauen muß. Das Fundament, auf das ich als Politiker bauen will, heißt Vertrauen ohne Blauäugigkeit, Barmherzigkeit ohne Verzicht auf Gerechtigkeit und Mitmenschlichkeit.

Der Block von 5000 Armeeangehörigen und Mitarbeitern im Ministerium begann bald zu schmelzen. Ich habe nur mit ganz wenigen zu tun gehabt. Es gab den "Filter" meiner beiden Obersten, die ich als persönliche Referenten ausgewählt hatte. Sie schirmten mich ab, wählten die aus, die an mich herantreten wollten und konnten - wie es ihre Aufgabe war. Ob ihre Motive und Ziele immer meinen Vorstellungen und Ideen entsprachen, konnte und kann ich nur schwer überprüfen. Ich habe es erwartet und erhofft.

Die Mitarbeiter haben nicht zusammengearbeitet. Sie waren nicht als ein Block meiner Verbündeten tätig. Die vorhandenen Seilschaften hielten zusammen. Sie konnten schnell erkennen, an welchen Stellen sich die Staatssekretäre, die Berater und die anderen Mitarbeiter gegenseitig auszustechen suchten, und wo dadurch Lücken und weiche Stellen entstanden. Ich habe es nicht geschafft, alle Menschen, die mit mir zusammen neu in dieses festgefügte System gekommen waren, fest um mich zu scharen und zu einheitlichem Handeln zu bewegen. Von den drei Staatsekretären, dem Leiter des Personalamts, dem Umweltbeauftragten der Armee, dem Soldatenbeauftragten, meinem Kabinettsreferenten und dem Leiter meines Beraterstabs habe ich sehr unterschiedliche Unterstützung erfahren. Nur auf ganz wenige Zivilisten und Militärs konnte ich mich blind verlassen.

Inhaltlich habe ich nur wenigen verdeutlichen können, warum ich mich für die Stabilisierung der Armee eingesetzt habe. Ich weiß nicht, wie viele meinen Stolz verstehen, mit dem ich vor zwei Tagen eine geordnete und disziplinierte Armee übergeben habe. Es ist kein Blut geflossen. Es hat keine Panzer vor der Volkskammer oder auf den Straßen gegeben. Es hat keine offene Meuterei und Rebellion gegeben. Ich war nicht gezwungen, mit harten Disziplinarmaßnahmen gegen uneinsichtige Offiziere oder Soldaten vorzugehen, obwohl ich nicht immer alles in ihrem Sinne geregelt habe.

Es hat während der 168 Tage keine einzige Zusammenkunft aller Staatssekretäre mit dem Leiter meines Beraterstabes und mit mir als dem Minister gegeben. Dietmar hatte nach der zweiten Begegnung mit Verteidigungsminister Stoltenberg angeregt, eine Nachlese zu halten. Dazu erschienen nicht alle Staatsekretäre, sie konnten oder wollten nicht. Viele meiner Anordnungen wurden entweder nicht befolgt oder nicht richtig übermittelt, und es war nicht meine Art, mich mit Befehlsgewalt durchzusetzen, wenn jemand sich weigerte. Ich habe diese Verhaltensweise in den 168 Tagen auch nicht angenommen. Ich habe immer wieder versucht, kooperativ und in Übereinstimmung mit allen Beteiligten die entstehenden Probleme zu lösen. Das ist von einigen ausgenutzt worden. Manche haben mich für schwach gehalten, weil ich nicht auf meiner Befehlsgewalt bestanden habe. Es war für viele unverständlich, warum ich nicht spätestens Ende August wenigstens einen meiner Staatssekretäre entlassen habe, als bekannt wurde, wie sehr gegen mich gearbeitet wurde, wie sehr Geheimhaltungspflichten verletzt wurden.

Derselbe Staatsekretär, der zusammen mit einem seiner Kollegen vehement verhinderte, daß der Leiter meines Beraterstabes an den Lagebesprechungen teilnahm, weil er aus dem Westen kam, faxte später die vertraulichen Protokolle eben dieser Lagebesprechungen an das Bundesverteidigungsministerium, ohne mich darüber zu informieren! Beide Staatssekretäre hegten und säten tiefes Mißtrauen gegen den Minister und den, wie sie sagten, "linken" Berater Egon Bahr. Jeder Staatssekretär baute seinen eigenen Beraterstab auf: mit jeweils mehreren hochqualifizierten wissenschaftlichen Mitarbeitern, mit Redenschreibern, persönlichen Referenten und Pressesprechern, die zum Schluß größere Büros und bessere technische Ausstattungen hatten als mein zentraler Beraterstab.

Die mir gegebenen Hinweise auf dieses Geschehen habe ich leider nur als technisches oder organisatorisches Problem angesehen, bin von grundsätzlicher Loyalität mir gegenüber ausgegangen. Schließlich waren beide Parteifreunde, einer zumindest langjähriger Gegner des alten Regimes. Erst in den letzten drei Wochen meiner sechsmonatigen Ministerzeit ist mir diese Fehleinschätzung bewußt geworden, merkte ich, wie sehr sich innerhalb meines Verantwortungsbereichs selbständige Lager gebildet haben, die eigene Interessen verfolgten. Das tat sehr weh, lieber Niels. Es waren doch Gleichgesinnte, politische Freunde, von mir mitgebracht, die mich so enttäuschten. Da habe ich mit den Offizieren, mit denen ich Direkt zu tun hatte, von zwei bis drei Ausnahmen abgesehen, bessere Erfahrungen gemacht, mehr Loyalität und Verläßlichkeit erfahren.

Hinzu kam, daß die aufreibende Arbeit in der Volkskammer, im Ministerrat, die Flut von Gesetzesvorhaben neben dem Versuch, die Truppe mit ihren Untergliederungen kennenzulernen und zugleich auch noch im Ostblock und im Westen Kontakte zu pflegen, keine Zeit ließ, mich um den täglichen Kleinkram zu kümmern. Ich hätte eigentlich den Rücken frei haben müssen. Dafür zu sorgen, wäre Aufgabe der beamteten Staatsekretäre gewesen.

Hinzu kam, daß die Presse immer mehr auf Distanz zu mir und meiner Arbeit ging. Ich versuchte, das zu ändern, indem ich einen mit den Westmedien vertrauten Journalisten in mein Team holen wollte. Zunächst wollte die Wochenzeitung DIE ZEIT einen jungen Volontär schicken. Aber die anfänglich positiven Signale wurden immer zögerlicher und ablehnender. Wegen meines schlechter gewordenen Rufes!? Hatten die Kampagnen Wirkung gezeigt?

So kam Peter Marx, ein Mitarbeiter des RIAS-Berlin, zu uns. Mit seiner Offenheit, seinem Verständnis und seiner Berufserfahrung hat er sehr zur besseren Information der Öffentlichkeit über meine Arbeit und mich beigetragen.

Außerdem erklärte sich Anfang August Stefan Schwarz, Vorsitzender der Jungen Union in Rheinland-Pfalz, spontan bereit, für mich in Berlin und Strausberg zu arbeiten. Er hatte seit Jahren mein Bemühen um mehr Frieden und Menschenrechte begleitet und unterstützt. Er war sehr hilfreich in der Durchsetzung und Organisation von Kontakten zu den Medien und zu offiziellen Stellen in Bonn. Selbstlos hat er uns geholfen und dabei seine eigene politische Karriere gefährdet.

Was mir im ersten Rückblick aber am meisten zu schaffen macht, ist, daß sich zu viele aus meiner Direkten Umgebung vorrangig um ihr persönliches Fortkommen gekümmert haben. Dabei haben sie sich gegenseitig gestützt und diejenigen, die loyal zu mir waren, isoliert und von mir ferngehalten. So haben sie Klaus Gille, den Leiter der neugegründeten Umweltschutzabteilung innerhalb der NVA, weit weg in ein eigenes Gebäude gesetzt. Er hat inhaltlich hervorragende Arbeit geleistet. Sein Bericht in einer der letzten Lagebesprechungen ist auch von den westdeutschen Vertretern der Verbindungsgruppe mit Anerkennung aufgenommen worden.

Wolfgang Apfeld, mein persönlicher Referent, einer der Mitbegründer von "Demokratie Jetzt", war in der kurzen Zeit seiner Tätigkeit diesem Ränkespiel und Machtkampf nicht gewachsen. Dennoch hat er mich sehr unterstützt, indem er vor allem die unendlich vielen Briefe mit Klagen, Protesten und Bitten geduldig und einfühlsam beantwortet hat.

Michael Hahn, der 21jährige Soldatenbeauftragte, hat sich im Laufe der 168 Tage die Hochachtung vieler Soldaten erworben. Er hat sich ganz in meinem Sinn für die Soldaten eingesetzt. Sie haben gemerkt, daß er ihre Sorgen und Nöte ernst nimmt, daß er sich für sie einsetzt. Trotz der vielen Kritik, die er immer wieder vortrug, stand er zu mir. Sowohl diese Kritik als auch seine Unterstützung waren wichtig für mich. Aber auch er kam zu selten an mich heran, konnte mir zu selten vortragen. In den Verhandlungen mit den Offizieren, auch mit dem russischen Stab in Moskau als Verhandlungspartner, hat er eine sehr gute Figur gemacht und sich dadurch bei den "alten Hasen" aus der NVA trotz seiner Jugend Achtung erworben.

Der Personalchef des Ministeriums, Gerd Engelmann, hat sich, soweit ich das beurteilen kann, in den sechs Monaten seiner Tätigkeit sachkundig gemacht und wurde weitgehend anerkannt. Seine enge Verbindung zum Staatssekretär für den militärischen Bereich scheint sachlich begründet gewesen zu sein, hat aber dazu geführt, daß ich schlechter informiert war als dieser. Ein Fehler, den ich zu spät bemerkte und dann nicht mehr korrigieren konnte.

Du weißt ja, lieber Niels, daß ich zwar viele Probleme und Fragen, die die Familie und die auch Euch betreffen, mit Evi bespreche, daß sie im Alltag aber viele Entscheidungen alleine trifft. Wenn ich dann etwas dazu sage, kontert ihr - oft zu Recht -: "Davon hast Du doch keine Ahnung, laß das mal Evi machen". So ähnlich war das in meinem Ministerium auch. Ich konnte mich nicht um alles kümmern. Ich mußte und wollte mich auf andere verlassen, ihnen vertrauen.

Die Erfahrung mit der Familie, in der alle zusammenhalten, in der mich keiner austricksen will, in der ich offen sprechen kann und in der ich sicher sein kann, daß wir uns aufeinander verlassen können, hat mich geprägt. Das in vielen Jahren gewachsene Vertrauensverhältnis und das Gefühl, trotz aller Kritik dennoch von Euch akzeptiert zu werden, habe ich mit mir herumgetragen.

Im Ministerium habe ich in den letzten Wochen gemerkt, daß auch einige von denen, die ich gleichsam als Familienmitglieder mitgebracht habe, zu sehr an ihre eigenen Vorteile gedacht haben. Einer hat sich ein Haus gesichert, andere bauten an ihrer Karriere, wollten den hohen Lebensstandard mit Fahrer, gutem Gehalt, mit großem Büro und Mitarbeiterstab behalten. Darüber vergaßen sie die Loyalität mir gegenüber, der sie als Mitarbeiter eingesetzt hat.

In Bonn wollte man die NVA von Anfang an auflösen und die Restbestände sofort in die NATO übernehmen. Wenn ich den Berichten, die ich im Juli erhielt, glauben darf, dann war die Hardthöhe über mich erbost, weil ich in Absprache mit Lothar de Maizière die Verläßlichkeit, Kalkulierbarkeit und Vertragstreue gegenüber unseren früheren Verbündeten als Wert durchzusetzen versuchte. Ich hielt das für die Grundlage zukünftiger europäischer Sicherheits- und Friedenspolitik. Ich glaube noch heute, daß dies die richtige Grundlage war und erst die Kaukasusgespräche die sicherheitspolitische Wende gebracht haben. Kalkulierbarkeit und Verläßlichkeit bedeutete zunächst, daß wir die Verträge einhielten und also auch bestimmte Waffenlieferungen abnehmen mußten. Natürlich bemühten wir uns intensiv, einvernehmlich zu Verständigungen und zu Vertragsauflösungen zu kommen. So ist es uns gelungen, die meistens langfristig abgeschlossenen Verträge wegzuverhandeln, fast 50 Prozent der Rüstungsausgaben einzusparen. Das hat keine andere Armee jemals in so kurzer Zeit geschafft!!

Aus der Vorbereitungsrunde zum NATO-Gipfel im Kanzleramt wurde Anfang Juli berichtet, daß man dort durchaus registriere, daß der von mir angestrebte erhaltenswerte Kernbestand der NVA von 60000 Mann letztendlich zu Lasten des entsprechenden Personals der Bundeswehr geht. Damals wurde - zufällig ? - die erste Pressekampagne gegen mich losgetreten. Das war noch vor dem Kaukasusgespräch zwischen Helmut Kohl und Michail Gorbatschow. Also noch bevor die Höchstgrenze der gesamtdeutschen Armee festgelegt war. Weil die NVA-Offiziere mit meiner Argumentation verständlicherweise einverstanden waren, wurde ich in der bundesdeutschen Presse als DDR-Minister dargestellt, der sich "von den alten SED-Offizieren strategische und andere Flöhe ins Ohr setzen läßt".

Die Hardthöhe plante, aus der NVA eine Heimatschutztruppe unter ihrem Kommando zu machen. Das ist nun dank zäher Verhandlungen und klarer politischer Aussagen von mir verhindert worden. Das bedeutete, daß Deutschland in Zukunft nicht nur von Bayern, Niedersachsen und Bremern verteidigt wird und daß die gesamtdeutsche Armee nicht nur von Menschen aus Bochum, Schleswig und Wuppertal befehligt wird, sondern auch von Offizieren aus Suhl, Rostock und Leipzig.

Im Westen habe ich mir dadurch nicht nur Freunde gemacht. Bedeutet doch jede erhaltene Position eines ehemaligen NVA-Angehörigen die zusätzliche Pensionierung eines Bundeswehrangehörigen.

Außerdem wollte ich auch nicht, daß die Herren von gestern, z. B. die Generäle der NVA, sehr viel höhere Renten bekommen als die vielen, vielen Arbeiter und Angestellten aus den Betrieben und Verwaltungen. Ich habe mich bemüht, diese Grundhaltung den betroffenen Offizieren der NVA zu verdeutlichen. Ich habe um ihre Einsicht gerungen und ihnen zugleich das Gefühl gegeben, daß sie trotz allem nicht alleine stehen.

Ich glaube, daß ich dadurch auch noch Ende August und im September Streiks und Unruhen in der NVA verhindert habe.

Durch die Übergabe des Ministeramtes sind mir Menschen anvertraut worden, die in den deutschen Vereinigungsprozeß geführt werden sollten. Ich habe das nach meinem Vermögen getan. Daß auch dieser Teil menschlich, friedlich und aus meinem Empfinden heraus einigermaßen gerecht verlaufen ist, darauf bin ich stolz. Und mit diesem Gefühl will ich in den Wahlkampf ziehen, um einen Sitz im ersten gesamtdeutschen Parlament zu erringen.

Ich muß mich jetzt nicht nur von meinem Ministeramt trennen, sondern vor allem auch von Menschen Abschied nehmen, Menschen, mit denen ich in den letzten sechs Monaten zusammengearbeitet habe und mit denen ich viele gute Erfahrungen gemacht habe. Mit einigen von ihnen verbindet mich gegenseitige Achtung und eine Zuneigung, die sich bei einigen sicherlich auch als Freundschaft erhalten wird. Ich weiß, daß ich ab sofort kaum noch eine Möglichkeit haben werde, sie bei ihrem weiteren Weg in das neue Leben zu unterstützen. Sie müssen nun diesen Weg allein oder mit anderen gehen, jedenfalls nicht mehr mit mir.

Ich wünsche ihnen dabei viel Erfolg und hoffe, daß sie - trotz der Prägungen durch ihren Dienst in der Armee der SED - eine Chance für ihr neues Leben bekommen. Ich wünsche dies nicht nur aus "christlicher Nächstenliebe", sondern auch in eigenem Interesse. Vielleicht verwundert Dich diese Aussage, lieber Niels. Aber sieh mal, die meisten von ihnen sind gut ausgebildet, fleißig und zuverlässig. Solche Menschen brauchen wir.

Außerdem wird es einem Volk als ganzem nicht gut bekommen, wenn viele tausend Einzelne unzufrieden und unglücklich sind. Du kennst vielleicht das Bild aus einem der Paulusbriefe, in dem er sagt: Wenn ein Teil des Körpers krank ist, ist der ganze Körper krank. Das Bild paßt gut auf die Situation, in der wir uns befinden. Paulus beschrieb in seinem Brief an die Bürger von Korinth seine Vorstellungen von der christlichen Gemeinde. Auch ihm ging es um "Geistesgaben", um Einstellungen und Erkenntnisfähigkeiten. Vor rund 2000 Jahren hat er geschrieben:

"Wir haben einen Leib und doch viele Glieder. Sie alle zusammen bilden trotz ihrer Vielheit den einen Leib.

Viele Glieder gibt es, aber nur einen Leib. Das Auge kann nicht zur Hand sagen: "Dich kann ich gut entbehren", und wiederum kann der Kopf nicht zu den Füßen sagen: "Ich brauche euch nicht." Im Gegenteil, gerade die Glieder, die schwächer zu sein scheinen, sind besonders nötig. Und den Gliedern, die nach unserer Meinung dem Leib nicht so wohl anstehen, legen wir umso mehr Schmuck an, und unsere unedlen Glieder verhüllen wir aufs schicklichste; die anderen haben es ja nicht nötig. Gott hat den Leib so gebaut, daß er dem geringgeachteten Glied ein besseres Aussehen gegeben hat, damit keine Uneinigkeit am Leibe entsteht, sondern ein Glied für das andere sorgt. Ja, wenn ein Glied leidet, leiden alle anderen mit, wenn ein Glied eine Auszeichnung erfährt, freuen sich alle mit."

Du merkst schon, warum ich diesen Vergleich aufgeschrieben habe. Wir können nicht ein Glied wegwerfen, nicht eine Gruppe ausgrenzen. Ich hoffe sehnlichst, daß Westdeutsche und Ostdeutsche, aber auch Ostdeutsche untereinander, sich ansprechen, sich verstehen und gemeinsam das neue zweite Deutschland aufbauen.

Du, lieber Niels, wirst dabei das Werk, das wir begonnen haben, weiterführen müssen. Bitte!

Ich liebe Dich und wünsche Dir viel Erfolg
Dein Rainer

19. Wegemarken

10. Oktober 1990

Lieber Justus,

dieser vorletzte Brief aus einer Reihe von Briefen an Evi, Niels, Martin, Wiebke und Ulrike soll Dir gelten. Du bist erst ein Jahr alt. Du wirst diesen Brief wohl erst mit Interesse lesen, wenn Du 15 Jahre alt bist, also im Jahre 2004.

Vieles von dem, was ich in den letzten sechs Monaten getan habe, habe ich auch für Dich getan. Immer wieder habe ich mich nicht nur an die Vergangenheit erinnert, sondern auch in die Zukunft gedacht. Ich habe in den letzten beiden Jahren festgestellt, daß viele meiner geheimsten Träume im Verlauf von Monaten, von Wochen, ja häufig von Tagen in Erfüllung gegangen sind.

Lieber Justus, ich stelle mir vor: Du lebst im Zentrum Europas, kannst im Urlaub mit uns verreisen. Du kannst die Zeitungen lesen, die Du willst, lernst in der Schule mit Mädchen und Jungen zusammen, die aus den unterschiedlichsten Regionen Europas und der Welt stammen. Du lebst in einem Rechtsstaat und in einem demokratisch regierten Land, das Minderheiten schützt und die Vielfalt der Lebensformen und des Denkens zuläßt und fördert.

Ich habe versucht, Dir eine solche freie und friedliche Welt zu schaffen. Darum habe ich die DDR zusammen mit anderen in die Vereinigung mit der Bundesrepublik geführt. 16 Millionen Deutsche, die in einer Diktatur lebten, können endlich in einem demokratischen und international geachteten freiheitlichen Rechtsstaat leben. Von dieser DDR wirst Du immer wieder in der Vergangenheitsform reden hören. Sei froh darüber! Wir haben erlebt und leidvoll erfahren müssen, daß jede Diktatur unmenschlich ist, egal ob davor "sozialistisch", "faschistisch", "privatistisch", "nationalistisch" oder etwas anderes steht. Du hast die DDR-Diktatur nie bewußt erlebt. Ich will aus der Erinnerung des letzten Jahres ein paar Wegemarken als Markierung der Zusammenführung setzen. Nimm sie aus meiner Situation heraus als Vermächtnis für Dich. Es sind dies Markierungspunkte meines Lebensweges und Deines, unseres Volkes.

Wir sind wieder ein Staat. Der Teil, in dem ich aufgewachsen bin, hat 57 Jahre lang unter verschiedenen Diktaturen gelebt, erst von 1933 bis 1945 unter nationalsozialistischer Herrschaft und von 1949 bis 1989 unter dem Diktat der "Sozialistischen Einheitspartei Deutschlands" (SED). Vor wenigen Tagen habe ich die Nationale Volksarmee aufgelöst. Ich habe den Rest von einstmals fast 200 000 Mann, rund 100 000 gut ausgebildete Soldaten, Offiziere und Zivilangestellte, geordnet und diszipliniert der Bundeswehr übergeben. Vielleicht findest Du in den Geschichtsbüchern ein Foto von diesem Übergabeakt im Tagungszentrum der Nationalen Volksarmee in Strausberg. Vielleicht gibt es einen Auszug aus der Rede des bundesdeutschen Verteidigungsministers aus diesem Anlaß. Eventuell findest Du einen Aufruf von General Schönbohm von diesem Tag, der am 3. Oktober das Oberkommando der Streitkräfte-Ost übernommen hat.

Vielleicht hat Dir Dein Geschichtslehrer oder haben Dir die Geschichtsbücher aber auch gar keine oder ganz andere Bilder dieser Tage vermittelt. Wir ringen heute - 1990 - noch um Benennungen, um Formulierungen. Sind wir beigetreten? Sind wir übernommen worden? Haben wir übernommen? Für dieses Land, das bis zur vorigen Woche Deutsche Demokratische Republik hieß, habe ich in den Zeitungen und offiziellen Verlautbarungen eine ganze Reihe von Bezeichnungen gefunden. Einige zeigten schon die Unsicherheit, die in der Vergangenheit bei den Westdeutschen bestand, ein staatliches Gebilde zu benennen, das sie nicht akzeptierten:

Früher sagten sie "Sowjetische Besatzungszone" oder "sowjetisch besetzte Zone" oder "Sowjetische Zone" oder abgekürzt "SBZ".

Es gab keine Einigung, ob die Ostzone oder Zone nun Mitteldeutschland oder Ostdeutschland war. Viele sprachen einfach von "drüben". In einigen Zeitungen wurde nur von der "sogenannten DDR" geschrieben, immer stand DDR in Gänsefüßchen ("DDR"). Heute ist die Unsicherheit nicht kleiner geworden. Ich habe folgende Bezeichnungen gelesen: Im Artikel 3 des Einigungsvertrages genanntes

Gebiet, beitretendes Gebiet, beigetretenes Gebiet, Beitrittsgebiet, Ex-DDR, ehemalige DDR, frühere DDR, einstige DDR, die Fünf neuen Bundesländer, Fünf neue Länder, fünf junge Länder. Ein Freund wollte mich neulich "auf dem Gebiet der Ex-Zone" besuchen und ein anderer Freund redet nur von Neufünfland oder vom Reichsbahngebiet. Hinter jeder Benennung steckt eine feine Abwägung und Einschätzung. Die Liste ist längst nicht vollständig.

Man wird Dir beibringen, wie erfolgreich die Bundesrepublik in vierzig Jahren von 1949 bis 1989 gewesen ist. Man wird Dir erzählen, welche enormen Aufbauleistungen erbracht worden sind, wie Demokratie, Rechtsstaat und Sozialstaat entstanden sind und sich gefestigt haben.

Daneben wirst Du wahrscheinlich über die "Vierzig verlorenen Jahre im Osten" hören, von der Irreführung und dem Zerbrechen einer Generation unter Erich und Margot Honecker. Wahrscheinlich wird nur wenig in den Geschichtsbüchern stehen über den Stolz der Menschen in Ostdeutschland, nach dem Krieg unter schwierigsten Bedingungen eine enorme Aufbauleistung vollbracht zu haben. Die DDR war im Ostblock das reichste Land, so wie die Bundesrepublik in Westeuropa das reichste Land war.

Ich vermute, daß es für Dich sehr schwer sein wird, eine echte und lebendige Vorstellung von der DDR und unseren Erfahrungen in ihr zu entwickeln. Du hast selber nie im ersten deutschen Arbeiter- und Bauernstaat leben müssen. Weine nicht darüber, auch wenn Dir eine Erfahrung fehlt, die Deine Eltern und Geschwister gemeinsam haben. Über diese Erfahrung schreibe ich Dir heute, am 10. Oktober 1990, diesen Brief, denn jetzt kann ich noch "frisch" darüber berichten, was mich geprägt hat und was ich aus den Erfahrungen der letzten Monate ableite. Dir kann dieser Brief vielleicht helfen, uns Ex-DDRler besser zu verstehen.

Beim Abschied aus dem Ministerium ist mir noch einmal deutlich geworden, wie bereichernd die Erfahrung mit einigen Freunden in dieser Zeit gewesen ist. Einige habe ich mitgenommen aus den kämpferischen Tagen von 1988-90. Einige habe ich dazugewonnen. Dieses Gefühl des Sich-aufeinander-verlassen-Könnens ist für unsere Arbeit wichtig gewesen. Eine 40-Stunden-Woche gab es nicht. Wenn Not am Mann war - und das war es fast immer - wurde durchgearbeitet. Wir sind zu einem richtigen Team, zu einer Mannschaft zusammengewachsen. Wir hatten das gleiche Aufgabenbewußtsein, und wir sind fair miteinander umgegangen. Aus dieser Erfahrung heraus kann ich Dir nur raten, Dir früh genug Freunde zu suchen, Freundschaften zu pflegen. Du brauchst die anderen Menschen, auch wenn Du Dich stark und klug fühlst, lieber Justus. Du kannst nicht alleine leben; Du brauchst Hilfe, Wärme, Liebe, ein helfendes Wort, ehrliche Kritik. Schon heute, nach einer Woche, zählen die guten Erfahrungen der vertrauensvollen Zusammenarbeit mehr als die schlechten Erfahrungen, die Enttäuschungen über andere Menschen.

Ich habe in einem Bereich gearbeitet, den ich vor wenigen Monaten noch vorsichtig als "Feind-Bereich" definiert habe. Die Polit- und Stasi-Offiziere, die es in der Armee gab, habe ich als Pfeiler in der "Unterdrückungsmaschine NVA" angesehen. Für sie war ich, der "Friedenspfarrer", der Bürgerrechtler und Leiter eines großen Friedenskreises, sicher ein Feind.

Viele dieser Offiziere sind bereits vor meiner Amtseinführung am 18. April 1990 aus der Armee ausgeschieden. Sie haben die Konsequenz aus der politischen Wende gezogen. Sie konnten nicht mehr glaubwürdig an ihrem Platz ihre Arbeit fortführen. Ihr Aufgabe war es, den Soldaten das "sozialistische Bewußtsein" anzuerziehen, sie im Geist des SED-Regimes zu erziehen. Ich habe diesen Geist für unmenschlich, zumindest für menschenverachtend gehalten und darum versucht, die DDR zu verändern, zunächst ganz klein und still und dann immer lauter und öffentlicher und selbstbewußter. So habe ich mitgeholfen, den friedlichen Wandel der SED-Diktatur zu einer demokratischen Staatsform mit zu beeinflussen.

Die Polit-Offiziere, die den Militarismus mit Überzeugung vertraten, mußten auf meinen Befehl gehen und müßten auch weiterhin aus einflußreichen Stellen ferngehalten werden. Sie haben genug Unheil in den Köpfen und Herzen vieler junger Männer angerichtet. Aber dennoch möchte und muß ich ihnen eine Chance für ihr weiteres Leben geben. Dieser Weg der Barmherzigkeit ist für mich eine Gratwanderung gewesen. Du wirst im Laufe Deines Lebens genauso wie die Polit-Offiziere der NVA lernen müssen, daß alles, was Du tust, Konsequenzen hat.

Überlege Dir genau, welchen Beruf Du erlernen willst. Du mußt ihn ein ganzes Leben verantworten können. Du mußt in und mit ihm zumindest zufrieden, möglichst sogar glücklich werden. Vielleicht ergeht es Dir aber auch wie mir. Ich habe gerade meinen dritten Beruf beendet. Mein erster Beruf war Maurer, mein zweiter Pfarrer, mein dritter Minister. Jetzt werde ich, wenn ich Erfolg habe, Bundestagsabgeordneter in Bonn werden. Dann wäre mein vierter Beruf Politiker. Eins habe ich auf dem Weg dahin gelernt: Wenn man seiner Grundüberzeugung treu bleiben will, muß man sehr beweglich sein! Das wird manchmal nicht ohne Wende abgehen. Dazu gehört immer eine klare Analyse der Situation. Dazu gehört, daß sich Gefühl und Verstand die Waage halten. Du mußt mit scharfem Verstand die geschichtliche, die politische Situation erkennen und Dich auf Dein Gefühl als Wegweiser verlassen können.

Ich lebe in der christlichen Tradition, und ich hoffe, daß ich Dir genug davon im Laufe unseres gemeinsamen Lebens mitteilen kann. Wendewege zu beschreiten, ist auch eine der Grundbotschaften des Neuen Testaments. Der Wandel ist das zentrale christliche Handlungsgebot. Jesus hat geboten, den Nächsten so zu lieben, wie sich selbst. Das bedeutet, daß man auf den Nächsten ständig neu und offen zugehen muß. Da sich der andere und seine Situation ständig ändern, muß auch ich mein konkretes liebevolles Tun ständig ändern.

Jesus hat sich mit den Pharisäern angelegt, die auf die Buchstaben der Gebote festgelegt waren. Jesus war deshalb so provozierend, weil er sich ständig fragte: Was heißt es: Liebe Deinen Nächsten wie Dich selbst? Und seine Antwort war: Die Gebote sollen den Menschen helfen, sind also für die Menschen da und nicht umgekehrt. Das wollten die Pharisäer nicht wahrhaben. Deshalb haben sie Jesus beseitigt. Seine Mörder standen für ein starres System, in dem der Mensch sich nur den Geboten unterzuordnen hatte. Sie hatten den Menschen ihre Freiheit und ihre Würde genommen.

Im Sinn Jesu will ich fortwirken. Ich will in neuen Situation neu nachdenken, dabei die Menschen nicht aus dem Blick verlieren. Und ich werde mich in seinem Sinn immer denjenigen zuwenden, die in der Gefahr sind, ausgestoßen zu werden.

Dabei ist es, lieber Justus, auch wichtig, sich seiner Gefühle nicht zu schämen: Liebe, Abneigung, Traurigkeit. Tränen sind kein Zeichen der Schwäche! Laß es Dir aus meinen Erfahrungen der letzten Monate sagen: Tränen machen Dich menschlicher. Du kommst durch sie anderen näher. Laß Dich von den Tränen anderer aber auch nicht gleich einfangen oder unter Druck setzen. Tränen dürfen Dich nicht abhalten, Notwendiges zu tun. Tue es aber mit Wärme und mit Gefühl.

Ich habe im Umgang mit den Militärs bestätigt gefunden, daß bestimmte Ereignisse bestimmter Formen bedürfen. Das war mir als Pfarrer, als Gestalter von vielen Gottesdiensten, in Fleisch und Blut übergegangen. Dieses Wissen ist in den letzten Monaten um eine zusätzliche Dimension erweitert worden. Auch auf dem Hintergrund dieser Erfahrungen habe ich vor einer Woche um die Form der Übergabe der Nationalen Volksarmee gerungen.

Ich bin mir ziemlich sicher, daß die Übergabe der Nationalen Volksarmee an die Bundeswehr die einzige Zusammenführung zweier staatlicher Institutionen am 3. Oktober 1990 war, die in einem feierlichen Rahmen stattfand. Soviel ich weiß, ist Herrn Kiechle, dem Bundesminister für Landwirtschaft und Ernährung, das Ministerium nicht in einem feierlichen Akt "überreicht" worden. Aus dem Ministerium für Auswärtige Angelegenheiten der DDR weiß ich, daß die Mitarbeiter sich schon seit vier Wochen um ihr persönliches Fortkommen gekümmert haben, daß sie nur noch selten das Gebäude betreten haben. Hans-Dietrich Genscher hat keine Mitarbeiter des DDR-Außenministeriums mit einer offiziellen Begrüßung freundlich übernommen. In allen Institutionen, Verwaltungen und Einrichtungen wurde in den letzten Tagen der DDR aufgelöst, übergeleitet und vereinigt. Ein Beispiel für eine freiwillige Auflösung eines Staates, einer Armee und eines ganzen Verwaltungsgefüges gibt es nach meiner Kenntnis in der modernen Geschichte nicht.

Wir hatten uns überlegt, wie die Zusammenführung der Armeen würdig und angemessen zu gestalten sei. Wir haben auch über einen Festakt nachgedacht. Wir wollten die Nationalhymne der DDR bewußt zum letzten Mal spielen, die Fahne der DDR einholen und die gemeinsame neue Fahne der Bundesrepublik Deutschland aufziehen.

Aber davon sind wir wieder abgekommen - mußten wir abkommen. So haben wir die NVA am 2. Oktober 1990 aufgelöst und die Truppenfahnen bei einem Appell eingerollt und in die Archive getragen. Danach haben wir die Soldaten und Offiziere die Uniformen ausziehen lassen. Am 3. Oktober beim Festakt trugen alle die neuen Uniformen der Bundeswehr. Die NVA gab es an diesem Morgen - so wie die DDR - schon nicht mehr.

Die Reden von General Schönbohm und Minister Stoltenberg für diesen Tag sind veröffentlicht worden. Meine Rede von diesem Tag wirst Du nirgends gedruckt finden. Ich habe sie als Minister a.D. gehalten, als Vertreter eines Staates, den es zum Zeitpunkt der Rede schon nicht mehr gab. Sie schien den Druck schon nicht mehr wert zu sein. So lege ich Dir mein korrigiertes Redemanuskript dazu, damit wenigstens Du nachlesen kannst, was ich gesagt habe.

Für mich galt es am 3. Oktober 1990, den Abschied von Menschen zu gestalten, die mir anvertraut wurden. Die Geschichte kennst Du ja inzwischen ausführlich. Die Wegemarke, die die Übernahme dieses Amtes für mich bedeutete, ist von Bedeutung, weil ich ein halbes Jahr später durchaus mit Wehmut von diesen Menschen gegangen bin.

Uns hat nur ein kurzer gemeinsamer Weg miteinander verbunden. Begegnungen waren häufig vom Zufall abhängig. Die Lösung von Sachproblemen hat uns zusammengebracht. Viele von den Menschen werde ich nicht wiedersehen. Mich berührt diese Trennung. In einigen wenigen Fällen tut der Abschied sogar weh.

Ich habe während dieses halben Jahres versucht, Arbeit und Verantwortung in die Hände anderer zu legen. Hätte ich als Pfarrer der Samaritergemeinde nicht vorher schon Übung im Anleiten von Menschen und im Delegieren von Arbeit gehabt, es wäre mir sicherlich noch schwerer gefallen. Immer wieder mußte ich Verantwortung übertragen. In letzter Konsequenz blieb sie jedoch bei mir, auch wenn z. B. meine Staatsekretäre in meinem Auftrag etwas ausführten.

Das galt natürlich auch für die Soldaten. Grundsätzlich standen sie mir loyal zur Seite. Nur im September gab es Anzeichen von Auflehnung und Unruhen unter den Offizieren der Nationalen Volksarmee. Damals zogen sich die Verhandlungen über die Übernahme durch die Bundeswehr und die Rentenversorgung der ausscheidenden Offiziere in die Länge. Es wurde sehr intensiv verhandelt. Das Verteidigungsministerium in Bonn ließ sich Zeit. Der die Verhandlungen führende Staatssekretär Ablaß, die Vertreter der Soldatenverbände und die hohen Offiziere drängten mich zu Zusagen und zur Durchführung einer Kommandeurstagung.

In den täglichen Lagesbesprechungen wurden die Zustände immer dramatischer geschildert, so als wollten Offiziere mit Panzern vor die Volkskammer fahren oder stünden kurz vor einem Aufstand. Ich hielt das für Drohgebärden. Ich wollte mich und die Regierung nicht erpressen lassen. Ich habe mit Kurier die Lageberichte an Minister Stoltenberg geschickt, damit er informiert war. Die Verantwortung blieb dennoch bei mir. Ich wollte, wenn ich vor die Truppe trat, definitive Auskünfte geben können. Einen Tag nach dem Delegationsgespräch mit unseren beiden Stäben im Verbindungsbüro in Berlin, bei dem Stoltenberg die verbindlichen Regelungen zur Übernahmeverordnung und zum Rentenüberleitungsgesetz vorgelegt hat, bin ich am 12. September vor die Kommandeure getreten und habe ihnen diese Regelungen erörtert. Danach war Ruhe in der Truppe. Ich glaube, die Offiziere und Soldaten haben gespürt, daß sie mit den ausgehandelten Regelungen würden leben können, daß ein Mehr an Leistungen für sie aber auch Unwillen und Neid in der Bevölkerung geschürt hätten. Meine Fürsorge und meine Verantwortung galt den Soldaten und der Regierung, die den Einigungsprozeß friedlich und geordnet abschließen wollte. Drei Wochen später, am 3. Oktober 1990, habe ich die Verantwortung dann endgültig in die Hände anderer gelegt.

Die sechs Monate dauernde Wegstrecke ist für mich eine gewaltige Bereicherung gewesen. Ich habe bei der Arbeit viel gelernt. Ich bin Menschen begegnet, die mir Wärme und Zuwendung gezeigt haben, die Verständnis und Gefühl offenbart haben und die mir unvoreingenommen und manchmal auch selbstlos ihre Hilfe angeboten haben. Ich habe in diesem Sinn echte Solidarität erfahren. Das habe ich nicht immer erwartet. Darum hat es mich besonders gefreut.

Und es tat gut, vor allem auch angesichts der vielen "Wendehälse", jener Menschen, die sich unter der SED-Herrschaft als leidenschaftliche Vertreter von Kommunismus und Planwirtschaft darstellten und jetzt nach unserer friedlichen Revolution ganz rasch all dem abschwören und zu lautstarken Befürwortern von Demokratie und sozialer Marktwirtschaft wurden. Das finde ich eklig. Darum ist es wohltuend, Menschen zu begegnen, die nicht vergessen haben, was ihnen gestern wichtig war.

Es hat einige Offiziere gegeben, die mir offen gesagt haben: "Ich kann mich nicht ändern, zumindest nicht so schnell. Ich habe vierzig Jahre geglaubt, daß mein Verhalten richtig war. Ich will mich jetzt nicht einfach um 180 Grad wenden". Ich habe diese Haltung respektiert. Auch von diesen Menschen sind einige Weggefährten geworden, zum Beispiel Admiral Theodor Hoffmann. Deshalb fand ich es auch selbstverständlich, daß ich am 3. Oktober den Offizieren gedankt habe, daß sie den Weg zur Vereinigung mit geebnet haben. Ich weiß, daß es nicht allen leicht gefallen ist, friedlich zu bleiben. Ich weiß natürlich auch, daß viele unseren Weg der Veränderung nicht aktiv unterstützt haben. Menschen brauchen Zeit zum Nachdenken, zum Besinnen, zum Sich-verändern-Wollen. Diese Zeit brauchen auch die Unteroffiziere und Offiziere der ehemaligen Nationalen Volksarmee.

Es waren unterschiedliche Menschen, denen ich in diesen 168 Tagen begegnete. Ohne sie wäre mein Weg einsamer gewesen und kälter. Ich bin aber - wie Du - ein Mensch, der Wegbegleiter braucht. Ich hoffe, daß ich immer wieder solchen begegne, die mir weiterhelfen, mich stärken, mich stützen.

Dir, mein lieber Junge, wünsche ich von Herzen solche treuen Begleiter für Dein ganzes Leben.

In Liebe,

Dein Rainer

20. Anstelle eines Nachworts

3. Oktober 1991

Liebe Evi,

heute vor einem Jahr habe ich in Strausberg "mein drittes Leben" beendet. Nun stecke ich schon wieder in der Aufbauarbeit. Als wir vor einem Jahr unsere Zukunft neu planten, habe ich Dir gesagt, ich werde wieder Lernender sein. Ich bin es in einem viel stärkeren Maß, als ich es mir vor einem Jahr vorgestellt hatte.

Wir haben am 2. Oktober um 24 Uhr über unsere damaligen Gefühle gesprochen. Von einer Minute auf die andere gab es die DDR nicht mehr. Wir hörten auf, Bürger eines Staates zu sein, der unser Denken, Handeln, Planen beeinflußt, unseren Alltag, ja unser ganzes Leben geprägt hat. Mit einem Schlag waren wir Bundesbürger. Es galten ab 0 Uhr völlig neue Gesetze und Handlungsmuster. Alles, was wir in den letzten vierzig Jahren gelernt und gelehrt bekommen hatten, war mit einem Schlag entweder gar nicht mehr, oder nur noch bedingt verwendungsfähig. So war es auch mit den bisherigen Erfahrungen unseres Lebens, mit den guten wie den schlechten. Sie hatten uns zu dem gemacht, was wir waren: DDR-Bürger, die halbwegs zurechtkamen, ihre großen und kleinen Kompromisse eingingen, die sich mit ihren großen und kleinen Wünschen leidlich eingerichtet hatten.

Und nun war alles anders, neu, fremd... In abgemilderter Form hatten wir das schon am 1. Juli 1990 erlebt, bei der Einführung der Wirtschafts-, Währungs- und Sozialunion. Ich weiß noch, wie wir uns beim Betreten eines Ladens umgewöhnen mußten. Solange ich zurückdenken konnte, folgte der Begrüßung immer die Frage "Haben Sie...?". Jetzt konnte man einfach sagen: "Ich möchte...!"

Aber auch die Verkäuferin mußte umlernen, ihre Einstellung zum Kunden und zur Ware wenden, war doch ihre Situation auf einmal völlig anders. Während sie früher drei Artikel für zehn Kunden hatte und darum die Ware versteckte, um sie dann "meistbietend" zu verkaufen, hat sie heute zehn Artikel für drei Kunden und muß die Ware darum freundlich anpreisen.

Beim Autofahren waren immer nur die Fragen gestellt worden: "Kommen wir an? Hält die Karre durch? Wo kriegen wir Ersatzteile her, wenn was passiert?" Seit einiger Zeit "quälen" wir uns mit der Frage, welches Auto wir denn kaufen und wie gut es ist. Wir fragen nach der Bequemlichkeit der Sitze. Wir beschäftigen uns mit der Güte des Katalysators und der geringsten Umweltbelastung unseres Autos. Diese Sichtweisen konnten wir uns früher nicht leisten. Da ging es nur um die Frage: Hast Du ein Auto, oder hast Du keins? Wie lange - wieviele Jahre - mußt Du noch warten? Wählerisch konnten wir nicht sein.

Wir haben am 3. Oktober vor einem Jahr bei einer Flasche guten Weins zusammen mit einigen Freunden all die Bereiche aufgelistet. Per Fernseher waren wir vor dem Reichstagsgebäude dabei. Wir sahen die große Freude, spürten sie auch in uns. Sie war verbunden mit dem Stolz: Wir haben dazu beigetragen, daß dies möglich wurde.

Und doch - bei aller Freude - gab es auch Nachdenklichkeit, Fragen und Sorgen: War nicht, bedingt durch die politischen und ökonomischen Zwänge, die Vereinigung menschlich zu schnell gekommen? Werden wir das schaffen, gut zusammenzuwachsen? Werden wir das menschlich schaffen? Wir aus dem Osten und wir aus dem Westen, die über vierzig Jahre nebeneinander herlebten, herleben mußten, und eigentlich so wenig voneinander wissen. Werden wir zusammenbleiben und weiter zusammenwachsen? Werden wir es auch wollen, wenn wir die anderen nicht verstehen, uns ihre Ungeduld oder Überheblichkeit ärgert, wenn die Probleme immer größer werden?

Uns ist vor einem Jahr immer wieder etwas Neues eingefallen, was wir ein Jahr davor noch nicht wußten, was wir dazugelernt hatten. Vor allem des DDR-Bürgers liebste Verhaltensweise: "Maul halten, Arsch an die Wand und nur nicht auffallen!" galt seit dem 1. Juli schon nicht mehr. Da machten wir bereits die ersten Schritte in die "Ellenbogengesellschaft", in der man sich durchsetzen muß, sich nicht mehr verstecken darf! Wir mußten uns um Versicherungen kümmern, um Steuerfragen und um Mietrecht. Alles war neu für uns. Wir waren 45 Jahre lang die Zukurzgekommenen: Wir verglichen uns und unsere

Möglichkeiten doch nicht mit Bangladesch, sondern mit der Bundesrepublik Deutschland! Im Ostblock waren wir die Reichsten, die mit dem höchsten Lebensstandard, den besten Wohnverhältnissen und der höchsten Arbeitsleistung in den Betrieben. Abends im Fernsehen konnten wir sehen, wie es den anderen Deutschen ging. Und beim Fernsehen wurde uns bewußt, wie es auch sein könnte, was uns fehlte. Wir wollten nicht länger die armen Verwandten sein!

Inzwischen wissen wir es noch besser. Wir haben unsere Erfahrungen miteinander gemacht und uns gegenseitig zutiefst verunsichert. Die Fernsehwelt ist mit der realen Welt eben doch nicht identisch. Nach fünfhundert Tagen müssen wir erkennen: Wir stehen erst am Anfang. Beide Seiten waren auf die Vereinigung nicht ausreichend vorbereitet. Damit wird der Weg aufeinander zu und gemeinsam in ein neues Deutschland nicht einfacher sein.

Es hat sich als Irrtum herausgestellt, zu glauben, daß wir Ostdeutschen mit Carl Lewis und Ben Johnson im Hundertmeterlauf sofort um die Wette laufen könnten. Und viele glaubten gar, sie könnten gewinnen, obwohl wir eigentlich erst neu laufen lernen müssen. - Es wird wohl noch eine Generation dauern, bis wir gleiche Bedingungen und Chancen "auf der Rennstrecke" haben werden.

Es war uns vor einem Jahr, als wir dem Jubel und der rauschhaften Stimmung auf dem Platz vor dem Reichstag zusahen, wohl bewußt, daß sich der Prozeß des Zusammenwachsens schwierig gestalten würde. Wir haben 45 Jahre lang unter völlig verschiedenen ökonomischen, politischen, sozialen und psychologischen Bedingungen gelebt. Inzwischen haben wir viel mehr über uns und die anderen gelernt.

Auch die immer wieder gestellte Frage nach dem, was wir in die Vereinigung mitbringen, hat uns zur klaren Analyse gezwungen.

Ich will nicht das wiederholen, was ich in den Briefen geschrieben habe, aber es wird immer deutlicher, daß unsere Unsicherheit größer geworden ist und noch viele Gefahren in sich birgt. Du erinnerst Dich, daß ich im Sommer immer von uns und unserem bisherigen Leben sprach, von der Wärme in sozialen Gruppen und den beiden Grunderfahrungen: dem Umgang mit einer Parteiendiktatur und dem Erfolg, eine friedliche Revolution gestaltet zu haben. Beides mischt sich nun in ganz fataler Weise.

Wir haben in der DDR öffentliches und privates Leben systematisch getrennt. Im öffentlichen Bereich haben sich die meisten unauffällig und angepaßt verhalten. In der Familie und in privaten Gruppen, zu denen ich auch die Kirchen- und Jugendgruppen mitzählen möchte, haben wir unsere eigenen Vorstellungen von Individualität und Solidarität zunehmend frei und selbstbewußt verwirklicht. Nun muß ich feststellen, daß gerade diese kleinen Gruppen in einem Maß mit Stasi-Mitarbeitern durchsetzt waren, daß viele Außenstehende sich fragen, welche Handlungen von uns selbst, den Aufmüpfigen und nach Freiheit und Bürgerrechten Strebenden entwickelt und angestoßen wurden und welche Handlungen taktisch von den "Inoffiziellen Mitarbeitern" provoziert waren.

Wir beide wissen um unsere Selbstbestimmtheit, aber es sind zu viele ins Zwielicht geraten, die zu Symbolfiguren des Umbruchs geworden sind. Erst wenn wir uns zu einer ehrlichen Aufarbeitung durchgerungen haben, können wir das Trauma überwinden, das uns droht.

Demnächst wird es ein Stasi-Unterlagen-Gesetz geben. Wir müssen hier im Bundestag in Bonn regeln, wie mit den Akten umgegangen werden kann. Aber es zeigt sich jetzt schon, daß uns damit wahrscheinlich eine weitere Illusion geraubt wird. Die meisten der befragten Ostdeutschen haben auf die Frage, was sie an der DDR besser fanden, angegeben, es sei die soziale Wärme gewesen, das Vertrauen im Freundeskreis und die Gewißheit, daß man sich aufeinander verlassen konnte und einander half. Ein Blick in die Stasi-Akten wird uns klüger, aber auch ärmer machen.

Eine Tageszeitung hat neulich veröffentlicht, daß mindestens 43 Mitarbeiter der Staatssicherheit allein auf mich angesetzt waren, daß es bei uns in Samariter gottesdienstliche Vorbereitungskreise gegeben hat, in denen von sieben Mitgliedern nur zwei nicht von der Stasi waren! Was machen wir denn, wenn wir demnächst alle Namen der 43 kennen? Wieviele Freunde werden wir verlieren? Ich kenne inzwischen 11 von den 43. Mit zweien habe ich geredet. Ich hoffte, daß einige den

Mut finden, sich selbst zu "enttarnen", das versöhnliche Gespräch von sich aus suchen, bevor sie entdeckt werden. Leider ist das nicht eingetreten. Keiner ist gekommen. So wird der von mir gewünschte gemeinsame Weg der Versöhnung nicht einfacher.

Wir beide,liebe Evi, sind uns einig, daß wir nicht die ersten Steine werfen. Wir wollen aufbauen.

Das politische System der DDR ist total zusammengebrochen, das sozial-ökonomische ebenfalls. Am Fernsehschirm war die "BRD" das unerreichbare politische, ökonomische und kulturelle Vorbild. Wir hatten geglaubt, die Übernahme der Wirtschaftsordnung, des sozialen Netzes und der Rechtsordnung würde die Probleme sehr schnell lösen.

Politisch haben wir alles erreicht, was wir in den Tagen der friedlichen Revolution auf unseren Transparenten forderten. Am wichtigsten waren uns: Reisefreiheit - Demokratie - Stasi in die Produktion - die Einheit Deutschlands - freie Wahlen.... Das alles haben wir heute. Dennoch macht sich bei vielen Bürgern Enttäuschung breit, obwohl es kaum einem von uns wirklich schlechter als vorher geht. Es ist ein ungeheurer Aufschwung zu erkennen, aber die Existenzen bleiben viel ungesicherter als vorher angenommen, viele haben keine Arbeit, sehen noch keine Perspektive.

Viele Bürger haben offensichtlich das Gefühl, von einer Abhängigkeit in die nächste geraten zu sein. Das ist nicht verwunderlich. Wir übernehmen ein System rechtlicher Regelungen, verwaltungstechnischer Verfahren, pädagogischer Inhalte, gesellschaftlicher und individueller Verhaltensweisen, die wir alle nicht selber entwickelt haben. Die Helfer aus dem Westen sind mit unseren Befindlichkeiten meist nicht vertraut. Sie verbergen ihre eigenen Unsicherheiten häufig hinter großer Selbstsicherheit und besserwisserischem Verhalten. Hinzu kommt, daß das, was in den letzten zwanzig Jahren hervorragend im westdeutschen marktwirtschaftlichen System funktioniert hat, bei uns im Osten versagt hat oder ganz anders als erwartet faßt.

Ich habe den Eindruck, daß erst ganz allmählich den Westdeutschen aufgeht, daß es die alte Bundesrepublik seit dem 3. Oktober 1990 nicht mehr gibt.

Erst allmählich kommen die Experten dahinter, daß Menschen wichtiger sind als Konzepte und Modelle. Unsere sozialen Charaktereigenschaften sind so grundverschieden, daß man sie nicht mit den Gesetzen oder mit Hilfe der Deutschen Bundesbank einander angleichen kann, oder daß dies zumindest Zeit braucht: Zeit zum Lernen.

Wir beide haben uns häufig im Laufe des letzten Jahres über neue Probleme und Schwierigkeiten unterhalten, über bestimmte Auswüchse bei der Einführung der Wirtschafts-, Währungs- und Sozialunion. In der Bundesrepublik herrschen Formen des Arbeitsrechts, des Tarifrechts, des Verbraucherschutzes und anderer Schutzschilde, die extreme wirtschaftliche Praktiken, die wir als negativ empfanden, abmildern oder gar verhindern. Wir müssen das Rechtssystem nachbessern, wir müssen vor allem für seine Durchsetzung sorgen. Aber gerade weil wir das Rechtssystem der Bundesrepublik übernommen haben, scheinen viele sich erobert vorzukommen. Alle Bereiche unseres Lebens werden nach neuen, fremden, westlichen Gesetzen umgestaltet.

Und während uns in der ehemaligen DDR gar nichts anderes übrig bleibt, als uns mit einer völlig veränderten Lebenssituation auseinanderzusetzen, hat sich das Leben in der Bundesrepublik bisher kaum verändert. Aber ich erlebe auf meinen Vorträgen und an den Abenden, an denen ich in Kreisen der Christlichen Arbeitnehmerschaft oder vor CDU-Ortsverbänden spreche, zunehmend Verständnis für uns und die insgesamt veränderte Situation. Es setzt sich langsam die Erkenntnis durch, daß 45 Jahre unterschiedlicher Lebensgestaltung mit unterschiedlichen Hoffnungen und Enttäuschungen, mit unterschiedlichen politischen Erfahrungen und ganz persönlichen individuellen Lebensschicksalen zwar Anlaß zu Konflikten bieten, aber zugleich auch Herausforderung und Chancen sind. Ich sehe bei vielen die Erkenntnis heranreifen, daß auf dieser Grundlage ein Weg gegangen werden kann, der die beiden Volksteile eng miteinander verbindet. Die Bundesrepublik Deutschland ist nicht mehr die alte. Das wissen immer mehr. Der Zusammenbruch der DDR-Wirtschaft, die "Abwicklung" ganzer Wirtschaftszweige, die Umgestaltung der Universitäten und Schulen, des gesamten Kulturbetriebs und nicht zu vergessen die Aufarbeitung der Stasi- und SED-Vergangenheit stellt uns alle vor eine völlig neue Situation und vor große und komplizierte Aufgaben. In den gerade vergangenen 365 Tagen haben wir vieles noch nicht regeln können oder noch nicht geschafft. Wir haben aber auch Grund, stolz und dankbar und hoffnungsvoll zu sein: In diesem einen Jahr ist uns dennoch Enormes gelungen!

Evi, wir haben nicht nur diese innerdeutsche Sicht zu beachten. Wir werden von außen voller Aufmerksamkeit, aber auch mit Argwohn betrachtet. Für unsere Nachbarn ist ein neues Deutschland entstanden, ein Wirtschaftsriese. Nicht nur ein Wirtschaftsriese, auch ein politischer Riese. Wir liegen nun einmal im Zentrum Europas, sind Brücke zwischen Ost und West und Süd und Nord. Gerade die Verbindung zum Osten Europas gilt es zu festigen. Die Völker Europas betrachten uns mit vielen Hoffnungen, aber auch mit erhöhter kritischer Aufmerksamkeit. Vor allem die Osteuropäer werden uns nach unseren Erfahrungen befragen, die wir mit der Umstellung von einer sozialistischen Kommandowirtschaft und Diktatur zur sozialen Marktwirtschaft und Demokratie machen. Wir werden also aufpassen müssen, daß wir uns nicht - wieder einmal - als die Lehrmeister der anderen Völker verstehen, sondern als hör- und hilfsbereite Freunde. So wird diese neue Bundesrepublik einen Sog auf andere Völker ausüben und gleichzeitig Angst erzeugen. Auch daran müssen wir bei unserem Wegebau denken.

Der Dresdner Historiker Wendelin Szalai hat neulich in einem Rundfunkvortrag das Bild vom Weg zu einer gemeinsamen deutschen Geschichte gemalt. Er sagte dabei: *"Auf dem Weg zu einer gemeinsamen Geschichte haben wir Ostdeutschen zweifellos die lange, steile, schmale Strecke vor uns, während die Westdeutschen das kurze, gerade, breite Wegstück gehen können. Aber bewegen sollten wir uns alle. Dazu müssen wir dieses alle auch wollen. Und da kann selbst das kurze und breite Wegstück sich als schwierig erweisen".*

Wir müssen uns unseren neuen Weg gemeinsam erarbeiten. Ich meine, wir können das am besten, indem wir einander erzählen, einander zuhören und voneinander lernen. Bei meinen Vorträgen in Westdeutschland oder bei ungeduldigen Menschen in meinem Wahlkreis, erzähle ich immer wieder meine Geschichte von der Rüdersdorfer Brücke:

Zwischen Berlin und meinem Wahlkreis liegt die Rüdersdorfer Brücke. Sie ist eine lange Brücke. Vierspurig überspannt sie ein großes Tal mit See, Häusern und Straßen. Ich kenne diese Brücke seit 1981. Immer wenn ich von Berlin nach Grünheide zu Robert Havemann fuhr, mußte ich über diese Brücke. Ich erinnere mich: Schon damals standen auf der Brücke zwei Straßenschilder: "80 km/h" und "LKW im Abstand von 60 m". Das blieb Jahre so.

Mitte der 80er vollbrachte der erste deutsche Arbeiter- und Bauernstaat eine enorme Aufbauleistung an dieser Brücke: Er nahm die zwei Schilder fort - und stellte zwei neue Schilder auf: "60 km/h" und "LKW im Abstand von 80 m".

Nun haben wir die Einheit Deutschlands und die D-Mark, und an der Rüdersdorfer Brücke ist es schlimmer als je zuvor!

Da stehen erneut zwei neue Schilder: "40 km/h" und "LKW im Abstand von 100 m"! Das ist fürchterlich! - Und das 365 Tage nach der Deutschen Einheit! - Warum das so ist?

Die Brücke hat nur noch zwei Spuren, die anderen zwei sind abgerissen und werden neu aufgebaut. Das wird noch ungefähr ein Jahr dauern.

Und dann? - Dann werden die zwei Schilder in die andere Richtung gestellt werden, und ich kann weitere zwei Jahre nur 40 km/h fahren.

Aber nach drei Jahren werde ich über eine neue und heile Rüdersdorfer Brücke mit - vielleicht - 130 km/h fahren können.

Brückenbauen braucht Zeit.

Liebe Evi, auch die Elbe braucht Zeit, um wieder ein sauberer Strom zu werden... Die Lausitz braucht Zeit, um wieder eine heile Landschaft zu werden... Berlin, um Regierungssitz zu werden... Bonn, um loszulassen... Handwerk und Industrie, um sich umzustrukturieren... die Landwirtschaft, um sich zu fangen... die Ex-DDRler, um sich zu finden... die Deutschen, um zusammenzuwachsen und den einheitlichen Sozialstaat aufzubauen. Osteuropa braucht Zeit, die Völker der Sowjetunion...

Wir alle brauchen Zeit - und Freiheit in Frieden. Nehmen wir sie uns und schenken wir sie uns. Dann wird es gelingen.

Das wünsche ich uns.

Dein Rainer

ANHANG

Stationen

12. Feb.	**1943**	meine Geburt in Berlin
ab Sept.	**1959**	Besuch des Johannes-Kepler-Gymnasiums in West-Berlin
13. Aug.	**1961**	Mauerbau - Ich wohne in Ostberlin und kann deshalb das Gymnasium in Westberlin nicht weiter besuchen. Ab September Arbeit als Dachdeckerhilfsarbeiter
	1962	Beginn der Maurerlehre
	1965	Abschluß der Maurerlehre und Arbeit als Maurer
	1966	Verweigerung des Waffendienstes; Einberufung als "Bausoldat" - Verweigerung des Gelöbnisses; Prozeß; Urteil: acht Monate Gefängnis
	1969	Beginn des Studiums der evangelischen Theologie in Berlin an der Fachschule "Predigerschule Paulinum"
27. Dez.	**1969**	Heirat mit Eva-Maria, geb. Strauth
Juni	**1970**	Ulrike wird geboren.
Dezember	**1972**	Wiebke wird geboren.
April	**1974**	Martin wird geboren.
Dezember	**1974**	Ich beende mein Theologiestudium mit dem zweiten Examen und werde Gemeindepfarrer in der Samariter-Gemeinde und Kreisjugendpfarrer für den Kirchenkreis Berlin-Friedrichshain

	1977	Erste Blues-Messen in der Samaritergemeinde mit 250 Teilnehmern: bei weiteren Blues-Messen stiegen die Teilnehmerzahlen auf 6 -10000 Besucher aus der gesamten DDR
April	**1977**	Niels wird geboren
September	**1981**	Brief an den Staatsratsvorsitzenden Erich Honecker; seine Veröffentlichung im "Stern"
Spätherbst	**1981**	Interview mit Robert Havemann, das Band wird der ARD und dem ZDF zugespielt;
Februar	**1982**	"Berliner Appell";
Frühjahr	**1982**	Friedenskreis-Samariter entsteht
Sommer	**1982**	erste Friedenswerkstatt in Berlin
Winter	**1983**	erstes Seminar "Konkret für den Frieden" in Berlin
11. Juni	**1988**	Ehe-Scheidung
Dezember	**1988**	Ich finde in unserer Wohnung die erste Abhöranlage der Stasi und erstatte mit Hilfe des ev. Konsistoriums Anzeige
7. Mai	**1989**	Kommunalwahl; erste empirische Feldstudie durch Bürgerrechtler zur Wahlüberprüfung; z. B. in Berlin-Friedrichshain durch den Friedenskreis der Samaritergemeinde und andere; ich verklage die SED in Friedrichshain wegen Wahlfälschung

18. Aug.	**1989**	Veröffentlichung einer "Gemeinsamen Erklärung zum 50ten Jahrestag des Überfalls auf Polen" des Friedenskreises der Samartiergemeinde und des "Gesprächskreises Kirchen und Liberalismus" der FDP-Niedersachsen
23. Aug.	**1989**	Konzeptionsgespräch in Dresden zur geplanten Gründung einer oppositionellen Partei gemeinsam mit acht kirchlichen Mitarbeitern
11. Sept.	**1989**	Öffnung der ungarischen Grenze
12. Sept.	**1989**	mein Gespräch mit Genscher in Bonn
13. Sept.	**1989**	mein erstes Pressegespräch im Westen, in Hannover
19. Sept.	**1989**	"Neues Forum" beantragt offizielle Zulassung als "Vereinigung"
1. Okt.	**1989**	Gründungsversuch des "Demokratischen Aufbruchs" (DA) wird durch die Stasi verhindert, dennoch erarbeiten 17 Gründungsmitglieder den Entwurf einer vorläufigen Satzung
7. Okt.	**1989**	Gründung der SDP in Schwante
7. Okt.	**1989**	Vierzigster Jahrestag der Staatsgründung der DDR; Gorbatschow: "Wer zu spät kommt, den bestraft das Leben;" Protestdemonstration in Berlin
29. Okt.	**1989**	gelungener Gründungsversuch des "Demokratischen Aufbruchs" als politische Vereinigung im Königin-Elisabeth-Hospital in Ost-Berlin
9. Nov.	**1989**	Öffnung der Grenze

November	**1989**	Beginn der Militärreform der NVA
26. Nov.	**1989**	mein Gespräch mit Graf Lambsdorff in der Samaritergemeinde
Dezember	**1989**	Justus wird geboren
7. Dez.	**1989**	erste Sitzung des "Runden Tisches" im Bonhoeffer-Haus der evangelischen Kirche in Ost-Berlin
12. Dez.	**1989**	"sozialistisch" wird aus dem Parteiprogramm des DA gestrichen;
17. Dez.	**1989**	offizielle Gründung der Partei "Demokratischer Aufbruch" (DA) in Leipzig; erste Mitglieder verlassen den DA
5. Feb.	**1990**	ich werde für den DA in der Regierung Modrow ("Regierung der Nationalen Verantwortung") Minister ohne Geschäftsbereich
Februar	**1990**	Mit Modrow in Moskau; ich überreiche Gorbatschow eine Altar-Kerze als Zeichen des Dankes
Februar	**1990**	Verordnung über den Zivildienst in der DDR
15. März	**1990**	Wolfgang Schnur wird als Stasi-Offizier enttarnt; ich übernehme kommissarisch den Vorsitz des DA
18. März	**1990**	erste "freie, gleiche und geheime Wahl" zur Volkskammer;
18. März	**1989**	ich werde einer der vier Abgeordneten des DA; der DA bildet eine Fraktionsgemeinschaft mit der CDU

7. Apr.	1990	Lothar de Maizière bittet mich, das Verteidigungsministerium zu übernehmen; ich erkläre mich bereit, "Minister für Abrüstung und Verteidigung" zu werden
10. Apr.	1990	erster vorbereitender Besuch in Strausberg; Abends Gespräch mit dem noch amtierenden Verteidigungminister, Admiral Theodor Hoffmann, in Wilkendorf; Hoffmann stimmt zu, als "erster Soldat" unter dem Minister Eppelmann weiterzudienen
12. Apr.	1990	Bildung einer Koalitionsregierung aus CDU/DA, DSU, Liberalen und SPD unter Lothar de Maizière. Ich werde als "Minister für Abrüstung und Verteidigung" berufen und vereidigt; die Volkskammer beschließt Beitritt zur Bundesrepublik nach Art. 23 des Grundgesetzes.
18. Apr.	1990	Amtseinführung in Strausberg
20. Apr.	1990	Erstes Gespräch mit dem Oberkommandierenden der sowjetischen Streitkräfte in Deutschland, Armeegeneral Snedkow und dem Oberkommandierenden der Vereinten Streitkräfte der Teilnehmerstaaten des Warschauer Vertrages, Armeegeneral Luschew
22. Apr.	1990	ich werde auf dem Parteitag in Schwerin zum Vorsitzenden des DA gewählt
26. Apr.	1990	Volkskammer beschließt neuen Fahneneid für die Wehrpflichtigen der NVA
27. Apr.	1990	Erstes Treffen mit dem Verteidigungsminister der Bundesrepublik, Gerhard Stoltenberg, im "Holyday Inn" in Köln

29. Apr.	**1990**	Delegationsreise mit Lothar de Maizière nach Moskau; Gespräch mit Gorbatschow; Arbeitsessen mit Ministerpräsident Ryschkow
30. Apr.	**1990**	Gespräch mit Bundestagspräsidentin Rita Süssmuth in Wilkendorf
2. Mai	**1990**	erste Kommandeurstagung in Strausberg
7.-10.Mai	**1990**	Gespräche in Moskau und Leningrad;
8. Mai	**1990**	Gespräch mit Verteidigungsminister Marschall Jasow und Generalstabschef Armeegeneral Moissejew
9. Mai	**1990**	Teilnahme an der Parade zum 8. Mai in Moskau;
10. Mai	**1990**	Gang mit Armeegeneral Luschew über den Heldenfriedhof Piskariowska in Leningrad
11. Mai	**1990**	Wahlkampf mit Norbert Blüm in Dortmund und Düsseldorf
16. Mai	**1990**	Treffen mit dem niederländischen Verteidigungsminister Ten Beek in Berlin-Grünau
18. Mai	**1990**	Besuch bei den Landstreitkräften; Gespräch mit Falin im Verbindungsbüro des Ministeriums für Abrüstung und Verteidigung in Berlin
21. Mai	**1990**	Besuch in Polen, Gespräche mit Verteidigungsminister General Siwicki
24. Mai	**1990**	Besuch bei dem ersten Ausbildungslehrgang für den neukonzipierten Abschirmdienst der NVA

26. Mai	**1990**	Besuch der Mitglieder der CDU/CSU des Verteidigungsausschusses des Bundetages unter Leitung von Bernd Wilz in Strausberg und Wilkendorf
27. Mai	**1990**	Vier-Augen-Gespräch mit Stoltenberg
28. Mai	**1990**	Zweites Delegations-Gespräch mit Minister Stoltenberg (in Strausberg)
1. Juni	**1990**	"Wilkendorfer Gespräch" u.a. mit dem Vorsitzenden des Verteidigungsausschusses des Bundestages, Uwe Ronneburger, über die "zukünftige europäische Sicherheitsordnung"
6. Juni	**1990**	Mit de Maizière, Meckel, Bergmann-Pohl in Moskau; Gespräch mit Gorbatschow
11. Juni	**1990**	Evi und ich heiraten zum zweiten Mal
13.-14.Juni	**1990**	Sitzung der Verteidigungsminister des Warschauer Vertrages im Tagungszentrum in Strausberg unter meiner Leitung
18.-19.Juni	**1990**	Besuch bei der Volksmarine; Manöver der Vereinten Flotte auf der Ostsee (Teilnehmer: Sowjetunion, Polen, DDR)
19.-20.Juni	**1990**	Treffen mit dem französischen Verteidigungsminister Chevenement, Gespräch mit dem Verteidigungsrat und Flottenbesuch in Toulon
23. Juni	**1990**	erstmals: "Tag der offenen Tür" mit großem Volksfest im Ministerium für Abrüstung und Verteidigung in Strausberg

25. Juni	**1990**	Besuch der Luftstreitkräfte
29. Juni	**1990**	An- und Abtrittsbesuch bei den Grenztruppen (werden dem Innenminister Diestel unterstellt)
1. Juli	**1990**	Die Grenzkontrollen zwischen beiden deutschen Staaten entfallen; der Vertrag über die Wirtschafts-, Währungs- und Sozialunion tritt in Kraft
1./2.Juli	**1990**	Gespräche in Ungarn mit Verteidigungsminister Ljanos Für
3. Juli	**1990**	Gespräche mit Mitgliedern des NATO-Parlaments in Strausberg
6. Juli	**1990**	Gespräch mit Wehrdienst-Total-Verweigerern in Strausberg
16. Juli	**1990**	Kohl erzielt mit Gorbatschow im Kaukasus den sicherheitspolitischen Durchbruch mit dem "Acht-Punkte Programm". Auch die SU stimmt zu, daß Gesamtdeutschland Mitglied in der NATO wird;
20. Juli	**1990**	Feierstunde zum "20. Juli" in Strausberg; Neu-Vereidigung der Offiziere der NVA; Umbenennung der Haupthäuser des Ministeriums nach Graf von Stauffenberg und Henning von Tresckow
7. Aug.	**1900**	Einweihung des ersten europäischen Konversionsinstituts in Dresden durch den Staatsekretär für Abrüstung, Frank Marczinek
9. Aug.	**1990**	Gespräche mit Verteidigungsminister Vacek und mit Außenminister Dienstbier in Prag

10. Aug.	**1990**	Vier-Augen-Gespräch mit Stoltenberg in St. Peter Ording
23. Aug.	**1990**	Beschluß der Volkskammer, den Beitritt zur Bundesrepublik Deutschland am 3. Oktober zu vollziehen
11. Sept.	**1990**	Treffen mit Minister Stoltenberg im Verbindungsbüro in Berlin
12. Sept.	**1990**	zweite Kommandeurstagung in Strausberg, nachdem verbindliche Aussagen der Bundesregierung und des Verteidigungsministers Stoltenberg zur Vereinigung der Armeen und ihrer Dislozierung vorlagen
14. Sept.	**1990**	Abschiedsbesuch bei den Landstreitkräften
21. Sept.	**1990**	Spieler beim ersten und einzigen Fußballspiel: Bundestag gegen Volkskammer in Berlin-Hohenschönhausen (Ergebnis 2 : 2)
24. Sept.	**1990**	Austritt aus dem Warschauer Vertrag; Unterzeichnung durch Armeegeneral Luschew und Minister Eppelmann im Berliner Büro des MfAV Verabschiedungsappell für die Generale der NVA
25. Sept.	**1990**	Abschiedsbesuch bei der Marine und bei den Luftstreitkräften der NVA
2. Okt.	**1990**	letzte Sitzung der Volkskammer; Auflösung der Nationalen Volksarmee
3. Okt.	**1990**	Feierliche Übergabe der NVA an die Bundeswehr durch mich, den Minister a.D. in Strausberg

November	**1990**	ich werde zu einem der stellvertretenden Landesvorsitzenden der CDU in Brandenburg auf dem Parteitag in Potsdam gewählt
2. Dez.	**1990**	Wahl zum ersten gesamtdeutschen Parlament; ich erringe ein Direktmandat im Brandenburger Wahlkreis 277 (Strausberg, Seelow, Fürstenwalde)
20. Dez.	**1990**	Konstituierende Sitzung des ersten gesamtdeutschen Bundestages im Reichstag in Berlin
Januar	**1991**	ich werde Vorsitzender des "Ausschusses für Familie und Senioren" des Deutschen Bundestages

Weggefährten

Werner Ablaß, Staatssekretär
Frank Marczinek, Staatssekretär für Abrüstung
Dr. Bertram Wieczorek, Parlamentarischer Staatssekretär

Admiral Theodor Hoffmann, Chef der Nationalen Volksarmee
Oberst Jochen Roth, Adjudant und Leiter des Verbindungsbüros in Berlin und ab 1. Sept.1990 Leiter des Büros in Strausberg
Oberst Uwe Hempel, Leiter des Presse- u. Informations-Stabes und ab 1. Sept. Adjudant des Ministers
Oberst Dr.Werner Melzer, Büroleiter in Strausberg bis zum 31. Aug. 1990
Karin Schon, Chefsekretärin des Ministers

Wolfgang Apfeld, Parlaments- und Kabinettsreferent
Egon Bahr, kooptiertes Mitglied des Beraterstabs mit begrenztem Zeitvertrag
Dr. Fred Ebeling, Wirtschaftsberater für Konversion
Gerd Engelmann, Personalchef im MfAV
Klaus Gille, Umweltschutzbeauftragter der NVA
Michael Hahn, Soldatenbeauftragter
Dietmar Herbst, Leiter des Beraterstabs des Ministers
Dr. Friedrich Huth, Mitglied des Beraterstabs
Herbert Kotzian, Leiter des Sicherheitsstabes des Ministers
Peter Marx, Öffentlichkeitsarbeit
Stefan Schwarz, persönl. Referent des Ministers
Margitta Wagner, Mitarbeiterin des Beraterstabs

Rudi Weigel, erster Kraftfahrer des Ministers
Eberhard Wegner, Leiter des Gästehauses des MfAV in Wilkendorf

Monika Woelke, Büroleiterin im Berliner Verbindungsbüro des MfAV
Karin Richter, Chef-Sekretärin
Frau Schmidt, Sekretärin
Michael Kloth, "Rechte Hand" des Ministers
Ronald Voigt, Technischer Mitarbeiter

Dokumente

BERLINER APPELL

Selig sind die Sanftmütigen
denn sie werden das Erdreich besitzen
(Jesus von Nazareth in der Bergpredigt)

Das Gleichgewicht des Schreckens hat den Atomkrieg bisher nur dadurch verhindert, daß es ihn immer wieder auf morgen vertagt hat.
Vor diesem herrannahenden Morgen des Schreckens fürchten sich die Völker. Sie suchen nach neuen Wegen, dem Frieden eine bessere Grundlage zu geben. Auch der "Berliner Appell" ist ein Ausdruck dieses Suchens. Denkt über ihn nach, macht unseren Politikern Vorschläge und diskutiert überall die Frage: Was führt zum Frieden, was zum Kriege.

Bekräftigt Eure Zustimmung zum "Berliner Appell" durch Eure Unterschrift.

Berlin, den 25. Januar 1982
(Rainer Eppelmann
1125 Berlin, Niehofer Str. 40)

Frieden schaffen ohne Waffen

1. Es kann in Europa nur noch einen Krieg geben, den Atomkrieg. Die in Ost und West angehäuften Waffen werden uns nicht schützen, sondern vernichten. Wir werden alle längst gestorben sein, wenn die Soldaten in den Panzern und Raketenbasen und die Generäle und Politiker in den Schutzbunkern, auf deren Schutz sie vertrauen, noch leben und fortfahren zu vernichten, was noch übriggeblieben ist.

2. Darum: Wenn wir leben wollen, fort mit den Waffen! Und als erstes: Fort mit den Atomwaffen! Ganz Europa muß atomwaffenfreie Zone werden. Wir schlagen vor: Verhandlungen zwischen den Regierungen der beiden deutschen Staaten über die Entfernung aller Atomwaffen aus Deutschland.

3. Das geteilte Deutschland ist zur Aufmarschbasis der beiden großen Atommächte geworden. Wir schlagen vor, diese lebensgefährliche Konfrontation zu beenden. Die Siegermächte des 2. Weltkrieges müssen endlich die Friedensverträge mit den beiden deutschen Staaten schließen, wie es im Potsdamer Abkommen von 1945 beschlossen worden ist. Danach sollen die ehemaligen Alliierten ihre Besatzungstruppen aus Deutschland abziehen und Garantien über die Nichteinmischung in die inneren Angelegenheiten der beiden deutschen Staaten vereinbaren.

4. Wir schlagen vor, in einer Atmosphäre der Toleranz und der Anerkennung des Rechts auf freie Meinungsäußerung die große Aussprache über die Fragen des Friedens zu führen und jede spontane Bekundung des Friedenswillens in der Öffentlichkeit zu billigen und zu fördern.

Wir wenden uns an die Öffentlichkeit und an unsere Regierung, über die folgenden Fragen zu beraten und zu entscheiden:

a) Sollten wir nicht auf Produktion, Verkauf und Einfuhr von sogenanntem Kriegsspielzeug verzichten?

b) Sollten wir nicht anstelle des Wehrkundeunterrichts an unseren Schulen einen Unterricht über Fragen des Friedens einführen?

c) Sollten wir nicht anstelle des jetzigen Wehrersatzdienstes für Kriegsdienstverweigerer auch sozialen Friedensdienst zulassen?

d) Sollten wir nicht auf alle Demonstrationen militärischer Machtmittel in der Öffentlichkeit verzichten und unsere staatlichen Feiern stattdessen dazu benutzen, den Friedenswillen des Volkes kundzutun?

e) Sollten wir nicht auf die Übungen zur sogenannten Zivilverteidigung verzichten? Da es im Atomkrieg keine Möglichkeiten einer sinnvollen Zivilverteidigung gibt, wird durch diese Übungen nur der Atomkrieg verharmlost. Ist das nicht womöglich eine Art psychologischer Kriegsvorbereitung?

5) Frieden schaffen ohne Waffen - das bedeutet nicht nur: Sicherheit zu schaffen für unser eigenes Überleben. Es bedeutet auch das Ende der sinnlosen Verschwendung von Arbeitskraft und Reichtum unseres Volkes für die Produktion von Kriegswerkzeug und die Ausrüstung riesiger Armeen junger Menschen, die dadurch der produktiven Arbeit entzogen werden. Sollten wir nicht lieber den Hungernden in aller Welt helfen, statt fortzufahren, unseren Tod vorzubereiten?

Mitglieder des Friedenskreises der Samaritergemeinde und des Arbeitskreises Menschenrechte in Berlin, Deutsche Demokratische Republik

Arbeitskreis „Liberalismus und Kirche" der F.D.P. in Niedersachsen, Bundesrepublik Deutschland

Gemeinsame Erklärung zum 50. Jahrestag des Überfalls auf Polen

Mit dem Überfall auf Polen am 1. September 1939 begann der 2. Weltkrieg. Sein Ende am 8. Mai 1945 bedeutet zugleich das Ende des faschistischen Terrorregimes in Deutschland.

Die Ansätze demokratischer Tradition des Vormärz, des Kaiserreichs und der Weimarer Republik blieben in Deutschland schwach und brachen fast widerstandslos unter dem Ansturm der Nationalsozialisten zusammen. Eine starke demokratische Opposition fehlte. Noch vorhandene oppositionelle Gruppen wurden zerschlagen, ihre Publikationsorgane verboten, führende Mitglieder verhaftet oder ermordet. So gelang es den Natinalsozialisten bis 1938 eine weitgehende Übereinstimmung mit den Regierten herbeizuführen.

Presse und Rundfunk waren gleichgeschaltet; eine einseitige Propaganda hatte alle vom Regime unerwünschten Meinungsäußerungen unterdrückt; kritisches Engagement und Widerstand waren mit Gewalt zerschlagen. Zu Beginn des Zweiten Weltkrieges unterstützte die Mehrzahl der Deutschen das nationalsozialistische Regime.

Vor diesem Hintergrund gilt es für uns, unabhängig von der jeweiligen staatlichen Zugehörigkeit, am 50. Jahrestag des Überfalls auf Polen Lehren für die Zukunft zu ziehen:

— Militarismus, Diktatur und Streben nach Alleinherrschaft entstehen bereits bei der Erziehung. Deshalb muß allen Tendenzen zur Militarisierung der Gesellschaft und gesellschaftlicher Gruppierungen von Grund auf entgegengewirkt werden.

— Verachtung von Menschenrechten und Unterdrückung Andersdenkender muß entschieden begegnet werden, damit immer auch oppositionelle Kräfte Kontrollmechanismen bilden können.

— Rassenhaß, Fremdenhaß und Ausländerfeindlichkeit, Hetze gegen Minderheiten, gegen Andersdenkende und Andersgläubige bedrohen nicht nur die unmittelbar Betroffenen, sie gefährden auch den Frieden und die Demokratie. Ihnen muß entschieden entgegengetreten werden, weil es keine Einteilung in wertvolle und wertlose Völker und Menschen geben darf.

— Die Rechte auf Mitbestimmung und Mitbeteiligung, auch die von Minderheiten, an den Entscheidungsprozessen aller Art müssen garantiert sein.

— Kultur, Kunst und Medien müssen sich frei und unbeeinflußt entwickeln können. Sie dürfen nicht in den Dienst staatlicher Ideologien gestellt werden.

Der 50. Jahrestag des Überfalls auf Polen gibt uns Anlaß, über eine friedliche Welt von Morgen nachzudenken:

— Wir wollen, daß von deutschen Boden nie wieder ein Krieg ausgeht.

— Wir wollen trotz unterschiedlicher gesellschaftlicher Systeme friedlich miteinander leben.

— Wir wollen, daß Menschenrechte und Gerechtigkeit als unabdingbare Voraussetzung für ein friedliches Zusammenleben geachtet werden.

— Wir wollen durch vertrauensbildende Maßnahmen und durch Schaffung des Ausgleichs von Interessen das Blockdenken überwinden, eine eigene und eine gemeinsame deutsche Identität stärken und zugleich ein europäisches Selbstbewußtsein fördern.

— Wir wollen eine gemeinsame europäische Friedens- und Rechtsordnung, die Gewalt in allen Formen als Mittel politischer Lösungen ausschließt.

— Wir wollen unsere Kultur, die Natur und die Schöpfung als gemeinsames Gut bewahren, achten und pflegen.

— Wir wollen, daß sich Historiker beider deutschen Staaten in einem gemeinsamen Institut öffentlichkeitswirksam mit der Aufarbeitung unserer Vergangenheit beschäftigen, um dadurch unseren Frieden und unsere Zukunft zu sichern.

— Wir wollen, daß insbesondere Jugendliche durch Austausch und Begegnungen sich verstehen und achten lernen.

— Wir wollen die Annäherung der Menschen und Systeme und dadurch den Abbau der Konfrontationen. Die Grenzen müssen ihren trennenden Charakter verlieren.

— Wir wollen die nachhaltige Abrüstung in allen Bereichen, die Überwindung der politischen Teilung Europas und die Verwirklichung des Selbstbestimmungsrechts in allen Ländern Europas.

Weil heute vor 50 Jahren deutlich wurde, wohin es führt, wenn staatliche Gewalt die Rechte des einzelnen übermäßig einschränkt, wollen wir Verantwortung übernehmen. Verantwortung übernehmen heißt nicht nur die Einmischung in die eigenen Angelegenheiten, sondern fordert von uns auch, eine fremde Sache zur eigenen zu machen, wenn Unrecht geschieht.

V.i.S.d.P.: Mathias Brandt, Wilhelm-Kopf-Platz 1, 3000 Hannover 1, Telefon (0511) 1230-594/595

Mitglieder des Friedenskreises der Samaritergemeinde und des Arbeitskreises Menschenrechte in Berlin, Deutsche Demokratische Republik

Arbeitskreis "Liberalismus und Kirche" der F.D.P. in Niedersachsen, Bundesrepublik Deutschland

Gemeinsame Erklärung zum 50. Jahrestag des Überfalls auf Polen

Mit dem Überfall auf Polen am 1. September 1939 begann der 2. Weltkrieg. Sein Ende am 8. Mai 1945 bedeutet zugleich das Ende des faschistischen Terrorregimes in Deutschland.

Die Ansätze demokratischer Tradition des Vormärz, des Kaisserreichs und der Weimarer Republik blieben in Deutschland schwach und brachen fast widerstandslos unter dem Ansturm der Nationalsozialisten zusammen. Eine starke demokratische Opposition fehlte. Noch vorhandene oppositionelle Gruppen wurden zerschlagen, ihre Publikationsorgane verboten, führende Mitglieder verhaftet oder ermordet. So gelang es den Nationalsozialisten, bis 1938 eine weitgehende Übereinstimmung mit den Regierten herbeizuführen.
Presse und Rundfunk waren gleichgeschaltet; eine gegenseitige Propaganda hatte alle vom Regime unerwünschten Meinungsäußerungen unterdrückt; kritisches Engagement und Widerstand waren mit Gewalt zerschlagen. Zu Beginn des Zweiten Weltkrieges unterstützte die Mehrzahl der Deutschen das nationalsozialistische Regime.

Vor diesem Hintergrund gilt es für uns, unabhängig von der jeweiligen staatlichen Zugehörigkeit, am 50. Jahrestag des Überfalls auf Polen Lehren für die Zukunft zu ziehen:

- Militarismus, Diktatur und Streben nach Alleinherrschaft entstehen bereits bei der Erziehung. Deshalb muß allen Tendenzen zur Militarisierung der Gesellschaft und gesellschaftlicher Gruppierungen von Grund auf entgegengewirkt werden.

- Verachtung von Menschenrechten und Unterdrückung Andersdenkender muß entschieden begegnet werden, damit immer auch oppositionelle Kräfte Kontrollmechanismen bilden können.
- Rassenhaß, Fremdenhaß und Ausländerfeindlichkeit, Hetze gegen Minderheiten, gegen Andersdenkende und Andersgläubige bedrohen nicht nur die unmittelbar Betroffenen, sie gefährden auch den Frieden und die Demokratie. Ihnen muß entschieden entgegengetreten werden, weil es keine Einteilung in wertvolle und wertlose Völker und Menschen geben darf.
- Die Rechte auf Mitbestimmung und Mitbeteiligung, auch die von Minderheiten, an den Entscheidungprozessen aller Art müssen garantiert sein.
- Kultur, Kunst und Medien müssen sich frei und unbeeinflußt entwikkeln können. Sie dürfen nicht in den Dienst staatlicher Ideologien gestellt werden.

Der 50. Jahrestag des Überfalls auf Polen gibt uns Anlaß, über eine friedliche Welt von Morgen nachzudenken:

- Wir wollen, daß von deutschem Boden nie wieder ein Krieg ausgeht.
- Wir wollen trotz unterschiedlicher gesellschaftlicher Systeme friedlich miteinander leben.
- Wir wollen, daß Menschenrechte und Gerechtigkeit als unabdingbare Voraussetzung für ein friedliches Zusammenleben geachtet werden.
- Wir wollen durch vertrauensbildende Maßnahmen und durch Schaffung des Ausgleichs von Interessen das Blockdenken überwinden, eine eigene und gemeinsame deutsche Identität stärken und zugleich ein europäisches Selbstbewußtsein förden.
- Wir wollen eine gemeinsame Friedens- und Rechtsordung, die Gewalt in allen Formen als Mittel politischer Lösungen ausschließt.
- Wir wollen unsere Kultur, die Natur und die Schöpfung als gemeinsames Gut bewahren, achten und pflegen.

- Wir wollen, daß sich Historiker beider deutscher Staaten in einem gemeinsamen Institut öffentlichkeitswirksam mit der Aufarbeitung unserer Vergangenheit beschäftigen, um dadurch unseren Frieden und unsere Zukunft zu sichern.
- Wir wollen, daß insbesondere Jugendliche durch Austausch und Begegnungen sich verstehen und achten lernen.
- Wir wollen die Annäherung der Menschen und Systeme und dadurch den Abbau der Konfrontationen. Die Grenzen müssen ihren trennenden Charakter verlieren.
- Wir wollen die nachhaltige Abrüstung in allen Bereichen, die Überwindung der politischen Teilung Europas und die Verwirklichung des Selbstbestimmungsrechts in allen Ländern Europas.

Weil heute vor 50 Jahren deutlich wurde, wohin es führt, wenn staatliche Gewalt die Rechte des einzelnen übermäßig einschränkt, wollen wir Verantwortung übernehmen. Verantwortung übernehmen heißt nicht nur die Einmischung in die eigenen Angelegenheiten, sondern fordert von uns auch, eine fremde Sache zur eigenen zu machen, wenn Unrecht geschieht.

V.i.S.d.P.: Mathias Brandt, Wilhelm-Kopf-Platz 1, 3000 Hannover 1, Telefon (0511) 1230-594/595

Welt am Sonntag 19. Aug. 1990

Bundesverteidigungsministerium über Minister Eppelmann verärgert

NVA-Manöver gegen Bundesrepublik

Von HEINZ VIELAIN

Bonn

Die Nationale Volksarmee (NVA) der DDR wird in den nächsten Tagen ungeachtet der bevorstehenden Vereinigung Deutschlands ein Manöver beginnen, dessen Stoßrichtung die Bundesrepublik Deutschland ist.

Der DDR-Abrüstungs- und Verteidigungsminister Rainer Eppelmann hat diese Entscheidung getroffen. Im Bonner Verteidigungsministerium herrscht darüber „Entsetzen", wie WELT am SONNTAG erfuhr.

Das Manöver soll die Bezeichnung „Nordwind" tragen und im nördlichen Teil der DDR stattfinden. Eppelmann beruft sich auf vertragliche Abmachungen für die militärische Großübung, die schon im vergangenen Jahr vom Warschauer Pakt geplant worden sei. Auf der Bonner Hardthöhe wird auch moniert, daß die Kosten eine Größenordnung von mehreren Millionen D-Mark erreichten und von der Bundesrepublik Deutschland bezahlt werden müßten.

Im Bundesverteidigungsministerium wird das Verhalten Eppelmanns mit wachsendem Unmut registriert: So sei ein DDR-Frachter mit Brückenlegepanzern für den Irak in Richtung der Kriegsregion Golf unterwegs. Er befindet sich auf hoher See. Eppelmann wolle ihn nicht zurückrufen. In der Dschungelkampf-Schule in Prora auf der Insel Rügen würden irakische Offiziere ausgebildet – zusammen mit PLO-Leuten und anderen Kräften der internationalen Terrorszene aus Libyen, Mozambique und Angola.

Wie WELT am SONNTAG bekannt wurde, kommt es in der Nationalen Volksarmee auch zu Schiebereien im großen Stil. So verschwänden Waffen, Munition, aber auch Eigentumsrecht an Villen – alles staatlicher Besitz – in private Kanäle. Dies geschehe mit Hilfe von NVA-Offizieren und Geschäftsleuten in der DDR und in der Bundesrepublik. Es gehe um Millionenverluste zu Lasten der Bevölkerung.

Welt am Sonntag 26. Aug. 1990

DDR repariert Jagdflugzeuge für den Irak

Von HEINZ VIELAIN

Bonn

In der DDR werden zehn irakische Jagdflugzeuge des Typs MiG-21 repariert und technisch überholt. Sie sollen in den nächsten Tagen wieder einsatzbereit sein und an den kriegstreibenden Irak ausgeliefert werden. Verantwortlich dafür ist DDR-Verteidigungsminister Rainer Eppelmann.

Das erfuhr WELT am SONNTAG aus Bonner Regierungskreisen. Bonn versucht derzeit, die Auslieferung der MiG's noch zu verhindern. Die zehn MiG-21 befinden sich zur Überholung in der Flugzeugwerft Dresden. Das DDR-Verteidigungsministerium bestätigte am späten Abend, daß die Maschinen auf einer Werft in Dresden gewartet würden. Der Sprecher schloß aber „absolut" aus, daß die Maschinen an den Irak ausgeliefert würden.

Welt am Sonntag 01. Dez. 1990

Widerruf

In der WELT am SONNTAG, Ausgabe Nr. 33 vom 19. August 1990 haben wir auf den Seiten 1 und 2 sowie in der Ausgabe Nr. 34 vom 26. August 1990 auf Seite 3 u.a. behauptet, der Minister für Abrüstung und Verteidigung der DDR Rainer Eppelmann

a) habe einen DDR-Frachter mit Brückenlegepanzern für den Irak auf hoher See nicht zurückrufen wollen,

b) sei für eine angeblich bevorstehende Auslieferung von Jagdflugzeugen an den Irak verantwortlich,

c) habe ein Manöver der Nationalen Volksarmee mit der Stoßrichtung gegen die Bundesrepublik Deutschland angeordnet.

Diese Behauptungen widerrufe ich hiermit als unwahr.

Heinz Vielain

P r o t o k o l l

über die Herauslösung der Truppen der Nationalen Volksarmee der Deutschen Demokratischen Republik aus den Vereinten Streitkräften der Teilnehmerstaaten des Warschauer Vertrages

Im Zusammenhang mit der bevorstehenden Vereinigung beider deutscher Staaten und der Beendigung des Wirkens der Deutschen Demokratischen Republik im Rahmen des Warschauer Vertrages sind der Minister für Abrüstung und Verteidigung der Deutschen Demokratischen Republik und der Oberkommandierende der Vereinigten Streitkräfte der Teilnehmerstaaten des Warscheuer Vertrages über folgendes übereingekommen:

Artikel 1

Mit dem Beitritt der Deutschen Demokratischen Republik zur Bundesrepublik Deutschland löst die Nationale Volksarmee der DDR ihre Truppen aus den Vereinten Streitkräften der Teilnehmerstaaten des Warschauer Vertrages heraus und wird von allen diesbezüglich eingegangenen Verpflichtungen und Vereinbarungen entbunden.

Artikel 2

Es werden keine Stäbe, Truppen und Flottenkräfte der Nationalen Volksarmee der DDR mehr für die Vereinten Streitkräfte der Teilnehmerstaaten des Warschauer Vertrages bereitgestellt.
Die Erfüllung von Aufgaben im Rahmen des gemeinsamen Diensthabenden Systems der Vereinten Streitkräfte der Teilnehmerstaaten des Warschauer Vertrages durch Truppen der Nationalen Volksarmee der DDR wird beendet.

Artikel 3

Die Tätigkeit von Angehörigen der Nationalen Volksarmee der DDR in Führungsorganen und Einrichtungen der Vereinten Streitkräfte der Teilnehmerstaaten des Warschauer Vertrages wird eingestellt.
Gleichzeitig beendet der Apparat der Vertretung des Oberkommandierenden der Vereinten Streitkräfte der Teilnehmerstaaten des Warschauer Vertrages seine Tätigkeit in der Nationalen Volksarmee der DDR.

Artikel 4

Zur Gewährleistung militärischer Sicherheitsinteressen der Teilnehmerstaaten des Warschauer Vertrages wird entsprechend
- dem Abkommen zwischen der Regierung der DDR und der Regierung der UdSSR über den Übergabemodus von Chiffriertechnik sowjetischer Produktion, die die DDR von der UdSSR erworben hat, an die UdSSR vom 29.08.1990 sowie
- dem Protokoll über die Übergabe von Spezialausrüstung durch die Seite der DDR an die Sowjetische Seite vom 08.09.1990

verfahren.

Artikel 5

Alle Dokumente, die die Nationale Volksarmee der DDR von Führungsorganen der Militärorganisation des Warschauer Vertrages erhalten hatte, werden an die entsprechenden Organe zurückgegeben bzw. nach Abstimung mit ihnen in eigener Zuständigkeit vernichtet.
Der Inhalt dieser Dokumente wird dritten Ländern nicht zugängig gemacht und nicht offengelegt.

Artikel 6

Die Deutsche Demokratische Republik stellt zu dem im Artikel 1 genannten Zeitpunkt die Zahlung von in den "Grundsätzen über die Vereinten Streitkräfte und das Vereinte Kommando im Frieden " sowie in anderen Vereinbarungen festgelegten finanziellen Beiträgen an das Vereinte Kommando ein.
Die Führungsorgane der Nationalen Volksarmee der DDR und die der Militärorganisation des Warschauer Vertrages erheben im Zusammenhang mit den Rechten und Pflichten, die sich aus der Mitgliedschaft der DDR in der Militärorganisation des Warschauer Vertrages ergaben, gegeneinander keine Ansprüche und Forderungen mehr. Das schließt finanzielle Ansprüche bzw. Forderungen ein.
Von diesen Festlegungen werden Verpflichtungen, die sich aus zweiseitigen Verträgen der Nationalen Volksarmee der DDR mit anderen Armeen der Teilnehmerstaaten des Warschauer Vertrages ergeben, nicht berührt.

Dieses Protokoll tritt mit dem Tage seiner Unterzeichnung in Kraft.

Angefertigt in Berlin am 24.09.1990 in zwei Originalen, jedes in deutscher und in russischer Sprache, wobei beide Texte gleichermaßen gültig sind.

Für das Vereinte Kommando der
Vereinten Streitkräfte der
Teilnehmerstaaten des
Warschauer Vertrages
Armeegeneral

P. Luschew

Für die Regierung der
Deutschen Demokratischen
Republik

R. Eppelmann

Rede des Ministers für Abrüstung und Verteidigung a.D., Rainer Eppelmann, anläßlich der Übergabe der NVA an Min. Stoltenberg in Strausberg am 3. Oktober 1990

Strausberg, 3. Oktober 1990

Sehr geehrter Herr Minister Stoltenberg,
meine Damen und Herren,

Gestern habe ich den Befehl gegeben, die Fahnen der DDR einzurollen, die Truppenfahnen einzurollen.
Die NVA und die DDR haben aufgehört zu existieren.

Nach 168 Tagen als Minister für Abrüstung und Verteidigung kann ich heute als Minister a.D. eine Armee in den deutschen Einigungsprozeß einbringen und an die Bundeswehr übergeben, die diszipliniert und geordnet und arbeitsfähig meine Achtung erworben hat und - wie ich meine - eine ehrliche Chance verdient hat.

Als ich am 18. April diese Armee übernahm, befand sie sich in einem relativ desolaten Zustand.

Fahnenfluchten waren an der Tagesordnung. Zukunftslosigkeit und Hoffnungslosigkeit schienen die Grundhaltung der Soldaten und Offiziere zu sein.

Diesen Zustand galt es zu ändern, oder zumindest zu versuchen, ihn zu verändern.

Mein Vorgänger, Admiral Hoffmann, und die anderen Stellvertreter des Ministers erklärten sich bereit, ins Glied zurückzutreten und der hohen Aufgabe der Sicherung des Friedens, der riesigen Waffenlager und der Stabilität zu dienen.

Sie hätten sich auch zurückziehen können, sich pensionieren lassen.

Sie haben vor und nach der Kommandeurstagung am 2. Mai 1990 mit dafür gesorgt, daß in die Armee wieder Ruhe und Disziplin einzogen. Für diesen Akt der Loyalität gegenüber dem zivilen Minister, gegenüber dem neuen Staat DDR, gegenüber dem Volk gilt ihnen stellvertretend für alle Soldaten und Offiziere, die bis heute ihren Dienst unter oftmals erschwerten Bedingungen versehen haben, Dank und Anerkennung.

Es war das Ziel unserer Bemühungen um Abrüstung, den Prozeß der Abrüstung im personellen Bereich sozial verträglich und menschlich zu gestalten. Jeder Soldat sollte in Würde aus dieser Armee ausscheiden können, wenn er es will.

Umschulungsmaßnahmen, Konversionsmaßnahmen, Firmengründungen sollten dabei helfen.

Ich glaubte, dafür eineinhalb bis zwei Jahre Zeit zu haben, um dieses Ausscheiden und den Eintritt ins zivile Leben innerhalb der NVA gestalten zu können.

Dann kam aber alles ganz anders.

Die großartigen Ergebnisse der Verhandlungen von Helmut Kohl und Michail Gorbatschow im Kaukasus haben einen völlig neuen zeitlichen und inhaltlichen Rahmen gerade für die sicherheitspolitischen Aspekte in Europa geschaffen. Seit dem 17. Juli war klar:

1. Deutschland wird sich schneller vereinigen, als alle bis dahin gedacht und gehofft hatten.
2. Die NVA wird zur gleichen Zeit Teil der Bundeswehr, was viele vorher für unrealistisch gehalten hatten, weil der Warschauer Vertrag noch bestand und weil es bis 1994 noch sowjetische Truppen auf deutschem Gebiet geben wird.
3. Das vereinte Deutschland wird Mitglied der NATO.
4. Die Obergrenze der gesamtdeutschen Armee beträgt 370.000 Mann.

Damit änderte sich der zeitliche Bezugsrahmen für die personelle Konversion innerhalb der NVA so radikal, daß alle Pläne umgestoßen werden mußten.

Der Beschluß der Volkskammer, die Vereinigung am 3. Oktober zu vollziehen, hat eine weitere Verkürzung der zur Verfügung stehenden Zeitspanne bewirkt.

Für mich hat diese Zeit neben der Freude über die nicht vorhergesehne schnelle Möglichkeit beider deutscher Staaten zur vollen Souveränität auch Sorgen gebracht. Ich hätte mir mehr Zeit gewünscht,

- damit die Soldaten behutsamer in die völlig neue Welt geführt werden können,

- damit die Herauslösung der Armee aus dem Warschauer Vertrag so gestaltet werden kann, daß die menschlichen Anknüpfungspunkte keinen Schaden nehmen,

- damit vor allem die Auflösung der Westgruppe parallel zur Teilauflösung der NVA umweltverträglich und freundschaftlich vonstatten gehen konnte.

Viele Probleme blieben. Vieles, was angestoßen ist, muß fortgesetzt werden. Ich hoffe, daß das Konversionsinstitut in Dresden seine Aufgaben in der Verzahnung mit der Bundeswehr fortführen kann.

Ich hoffe, daß die Zusammenführung der beiden Gesellschaften so gestaltet werden kann, daß über ein Dienstpflichtgesetz im gesamtdeutschen Bundestag weiter nachgedacht wird.

Ich hoffe, daß die Verbindung der Armeen fortgesetzt werden kann, wie es die Verbindungsgruppe des Bundesverteidigungsministeriums hier begonnen hat.

Den kameradschaftlichen Umgangsformen der abgestellten Offiziere ist es vorwiegend zu verdanken, daß die Gespräche sachlich und in hohem Maße vertrauensbildend abgelaufen sind. Die Befürchtungen, daß die Zusammenführung der Armeen eine Übernahme der unterlegenen NVA durch den Sieger Bundeswehr sein würde, hat sich im großen und ganzen nicht bewahrheitet.

Dafür möchte ich der Verbindungsgruppe danken. Ich wünsche Ihnen, Herr General Schönbohm, eine allzeit glückliche Hand im Umgang mit den Soldaten und Offizieren und - entschuldigen Sie, wenn ich das so sage - Weitblick und Klugheit im Umgang mit den Vertretern der Westgruppe und viel Glück, damit diese Armee nie zum Einsatz kommt.

Abbildungsnachweis:

Bild 1, 3, 9–12, 16, 19, 20, 22 a–c: Dietmar Herbst

Bild 2, 4–8, 13–15, 17, 18: NVA-Archiv

Bild 21: dpa